李顿调查团研究丛书　卷二

主编　张　生　陈海懿　宋书强

南京国民政府
对国联调查团的因应

宋书强　著

南京大学出版社

图书在版编目(CIP)数据

南京国民政府对国联调查团的因应 / 宋书强著.
南京：南京大学出版社，2024.10. —（李顿调查团研
究丛书 / 张生，陈海懿，宋书强主编）. — ISBN 978 - 7 -
305 - 26727 - 7

Ⅰ. D829

中国国家版本馆 CIP 数据核字第 2024GR9803 号

出版发行	南京大学出版社		
社　　址	南京市汉口路 22 号	邮　编	210093

丛 书 名　李顿调查团研究丛书
丛书主编　张　生　陈海懿　宋书强
书　　名　南京国民政府对国联调查团的因应
　　　　　　NANJING GUOMINZHENGFU DUI GUOLIAN DIAOCHATUAN DE YINYING
著　　者　宋书强
责任编辑　官欣欣

照　　排　南京南琳图文制作有限公司
印　　刷　南京爱德印刷有限公司
开　　本　718 mm×1000 mm　1/16　印张 14　字数 241 千
版　　次　2024 年 10 月第 1 版　2024 年 10 月第 1 次印刷
ISBN　978 - 7 - 305 - 26727 - 7
定　　价　98.00 元

网址：http://www.njupco.com
官方微博：http://weibo.com/njupco
官方微信号：njupress
销售咨询热线：025 - 83594756

本书由
国家社会科学基金"抗日战争研究"专项工程
"国外有关中国抗日战争史料整理与研究之一：
李顿调查团档案翻译与研究"(16KZD017)

南京大学中日历史问题研究中心

教育部人文社会科学重点研究基地
"南京大学中华民国史研究中心"

江苏省优势学科经费

资助

序　言

　　中国历史的奥秘，深藏于大兴安岭两侧的广袤原野。

　　明治维新以来，日本企图步老牌帝国主义后尘，争夺所谓"生存空间"；俄国自彼得大帝新政，不断东进，寻找阳光地带和不冻港。日俄竞争于中国东北，流血漂杵；日本逐步占得上风，九一八事变发生，中国面临亡国灭种的新危机。

　　日本侵华之际，世界已进入全球化的新时代，民族国家成为国际社会的主体，以国际条约体系规范各国的行为，以政治和外交手段解决彼此的分歧，是国际社会付出重大代价以后得出的共识。而法西斯、军国主义国家如德、意、日，昧于世界大势，穷兵黩武，以求一逞。以故意制造的借口，发动侵华战争，霸占中国东北百余万平方公里土地、数千万人民，是日本昭显于世的侵略事实。

　　国际联盟（League of Nations）应中国方面之吁请，派出国联调查团处理此事。1932年1月21日，国联调查团正式成立。调查团团长由英国人李顿爵士（The Rt. Hon. The Earl of Lytton）担任，故亦称李顿调查团（Lytton Commission）。除李顿外，美国代表为麦考益将军（Gen. McCoy），法国代表为亨利·克劳德将军（Gen. Claudel），德国代表为希尼博士（Dr. Schnee），意大利代表为马柯迪伯爵（H. E. Count Aldrovandi）。为显示在中日间不做左右袒，国联理事会还决定顾维钧作为顾问代表中国参加工作，吉田伊三郎代表日方。代表团秘书长为国联秘书处哈斯（Mr. Robert Haas）。代表团另有翻译、辅助人员。1932年9月4日，代表团完成报告书，签署于中国北平。报告书确认：第一，九一八事变之责任，完全在于日本，而不在中国；第二，伪满洲国政权非由真正及自然之独立运动所产生；第三，申明东三省为中国领土。日本为此恼羞成怒，退出国联，自

I

绝于国际社会。

《李顿调查团档案文献集》就是反映李顿调查团组建、调查过程、调查结论、各方反应和影响的中、日等国相关资料的汇编,对于研究九一八事变和李顿调查团,具有重要的参考价值。

如何看待李顿调查团来东亚调查的来龙去脉?笔者认为应有三个维度的观照:

其一,在中国发现历史。

美国历史学家柯文提出的这一范式,相比"冲击—反应"模式,即从外部冲击观察中国历史的旧范式,自有其意义。近代以来,由条约体系加持的列强,对中国社会产生了巨大的影响。中国沿海通商口岸是中国最早接触西方世界的部分,在资本主义全球化的过程中得风气之先,所谓"西风东渐",对中国旧有典章制度的影响无远弗届。近代中国在西方裹挟下步履跟跄,蹒跚竭蹶,自为事实。但如果把中国近代历史仅仅看成西方列强冲击之结果,在理论、方法和事实上,均为重大缺陷。

主要从中国内部,探寻历史演进的机制和规律,是柯文提出的范式的意义所在。

事实上,九一八事变发生、国联调查团来华前后,中国社会内部对此作出了剧烈的反应。在瑞士日内瓦所藏国联巨量档案文献中,中国各界通过电报、快邮代电、信函等形式具名或匿名送达代表团的呈文引人注目,集中表达了国难当头之时中华民族谴责日本侵略、要求国际社会主持公道、收回东北主权、确保永久和平的诉求,对代表团、国联和整个国际社会形成了巨大影响,显示了近代中国社会演进的内在动力。

东北各界身受亡国之痛,电函尤多。基层民众虽文化程度不高,所怀民族国家大义却毫不含糊。东北某兵工厂机器匠张光明致信代表团称:"我是中华民国的公民,我不是'满洲国'人,我不拥护这国的伪组织。"高超尘说:"不少日子以前,'满洲国家'即已成立了,但那完全是日本人的主使,强迫我辽地居民承认。街上的行人,日人随便问'您是哪国人',你如说是'满洲人'便罢,如说是中国人,便行暴打以至死。"辽宁城西北大橡村国民小学校致函称:"逐出日本军,打到[倒]'满洲国',宁做战死鬼,不做亡国民。"陈子耕揭露说:"自事变

Ⅱ

以后,日本恶势力已伸张入全东北,如每县的政事皆由日人权势下所掌握,复又收买警察、军人、政客等,以假托民意来欺骗世界人的耳目,硬说建设'满洲国'是中华人民的意思,强迫人民全出去游行,打着欢迎建设'新国家'的旗号……我誓死不忘我的中华祖国,敢说华人莫非至心不跳时、血停时,不然一定于[与]他们周旋。"小学生何子明来信说:"我小学生告诉您们'满洲国'成立我不赞成……有一天我在学校,日本人去了,教我们大家一齐说'大日本万岁',我们要不说他就杀我们,把我迫不得已的就说了。其中有一位七岁的小孩,他说'大中华万岁! 打倒小日本!'日本人听了就立刻把那个小同学杀了,真叫我想起来就愁啊。"

经济地位和文化水平较高者,则向代表团分析日本侵占中国东北的深远危害。哈尔滨商民代表函称:"虽然,满洲吞并,恐不惟中国之不利。即各国之经济,亦将受其影响。世界二次大战,迫于眉睫矣。"中国国民党青年团哈尔滨市支部分析说:"查日本军阀向有一贯之对外积极侵略政策,吾人细玩以前田中义一之满蒙大陆政策,及最近本庄繁等上日本天皇之奏折,可以看出其对外一贯之积极侵略政策,即第一步占领满蒙,第二步并吞中国,第三步征服世界是也。……以今日之日本蕞尔岛国,世界各国尚且畏之如虎,而况并有三省之后版图增大数倍,恐不数年后,即将向世界各国进攻,有孰敢撄其锋镝乎?……勿徒视为亚洲人之事,无关痛痒,失国联之威信,而贻噬脐之后悔也。"

不惟东北民众,民族危亡激起了全中国人的爱国心。清华大学自治会1932年4月12日用英文致函代表团指出:中国面临巨大的困难,好似1806年的德国和1871年的法国,但就像"青年意大利"党人一样,青年人对国家的重建充满信心。日本的侵略,不仅危害了中国,也对世界和平形成严重威胁,青年人愿意为国家流尽"最后一滴血"。而国联也面临着建立以来最大的危机,对九一八事变的处理,将考验它处理全球问题的能力。公平和正义能否实现,将影响到人类的命运。他们向代表团严正提出"五点要求":1. 日本从中国撤军;2. 上海问题与东北问题一起解决;3. 不承认日本侵略和用武力改变的现状;4. 任何解决不得损害中国的领土和主权完整;5. 日本必须对此事件的后果负责。南京海外华侨协会1932年3月16日致电代表团:日本进兵东三省和淞沪地区,"违反了国联盟约和《凯洛格—白里安公约》,扰乱了远东地区和世界的和平。

同时,日本一直在做虚假的宣传,竭力蒙蔽整个世界。我们诚挚地请求你们到现场来,亲眼看看日军对中国人民的生命财产进行怎样的恣意破坏。希望你们按照国际法及司法原则,对其进行制裁。如果你们不能完成这一使命,那么世界上将无任何公平正义可言。在这种情况下,为了民族的生存,我们将采取一切手段自卫,决不会向武力屈服。"

除了档案,中国当时的杂志、报纸,大量地报道了九一八事变和国联调查团相关情况,其关切的细致程度,说明了各界的高度投入。那些浸透着时人忧虑、带着鲜明时代特色的文字表明:九一八事变的发生,对当时的中国社会是一场精神洗礼,每个人都从东北沦陷中感受到切肤之痛。这种舆论和思想的汇合,极大地改变了此后中国社会各界的主要诉求,抗日图存成为压倒性的任务,每一种政治力量都必须对此作出回应。

其二,在世界发现中国历史。

以中国为本位,探讨中国历史的内生力量,是题中应有之义。但全球化以来,中国历史已经成为世界历史的一部分。仅仅依靠中国方面的资料,不利于我们以更加广阔的视野看待中国历史和"九一八"的历史。

事实上,奔赴世界各地"动手动脚找东西",已经成为中国学者深化中国近现代史,特别是抗战史研究的不二法门。比如,在中日历史问题中占据核心地位的南京大屠杀问题。除中国各地档案馆、图书馆外,中国学者深入美、德、英、日、俄、法、西、意、丹等国相关机构,系统全面地整理了加害者日方、受害者中方和第三方档案文献,发现了大量珍贵文献、图像资料,出版《南京大屠杀史料集》72卷。不仅证明了日军进行大屠杀的残酷性、蓄意性和计划性,也证明南京大屠杀早在发生之时,就引起了各国政府和社会舆论的关注;南京和东京两场审判,进行了繁复的质证,确保了程序和判决的正义;日方细致的粉饰,在中国人民和全世界正义人士的揭露下真相毕露。全球性的资料,不仅深化了历史研究,也为文学、社会学、心理学、新闻传播学、艺术学等跨学科方法进入相关研究提供基础;不仅摧毁了右翼的各种谬论,也迫使日本政府不敢公然否认南京大屠杀的发生和战争犯罪性质。

国际抗战资料,展现了中国抗战史的丰富侧面。如美国驻中国各地使领馆的报告,具体生动地记录了战时中国各区域的社会、政治、军事等各方面情形,对战时国共关系亦有颇有见地的分析;俄、美、日等国档案馆的细菌战资料,揭示了战时日本违反国际法研制细菌武器的规模和使用情况,记录了中国各地民众遭遇的重大伤亡和中国军民在当时条件下的应对,以及暗示了战后美国掩饰"死亡工厂"实情的目的;英美等国档案所反映的重庆大轰炸和日军对中国大中小城市的普遍的无差别轰炸,不仅记录了日本战争犯罪的普遍性,也彰显了战时中国全国军民同仇敌忾、不畏强暴的英勇气概。哈佛大学所藏费吴生档案、得克萨斯州州立大学奥斯汀分校所藏辛德贝格档案、曼彻斯特档案馆所藏田伯烈档案等则从个人角度凸显了中国抗战在"第三方"眼中的图景。

对于李顿调查团的研究,自莫能外。比如,除了前述中国各界给国联的呈文,最近在日内瓦"国联和联合国档案馆"中发现:调查团在日本与日本政要的谈话记录,在中国各地特别是在北平和九一八事变直接相关人士如张学良、王以哲、荣臻等人的谈话记录,调查团在东北实地调查、询问日军高层的记录,中共在"九一八"前后的活动,中国各界的陈情书,日本官方和东北伪组织人员、汉奸的表态,世界各国、各界的反应等。特别是张学良等人反复向代表团说明的九一八事变前夕东北军高层力避冲突的态度,王以哲、荣臻在"九一八"当晚与张学良的联系,北大营遭受日军进攻以后东北军的反应等情况,对于厘清九一八事变真相,有着不可取代的意义。

我们通过初步努力发现,李顿调查团成立前后,中方向国联提交了论证东北主权属于中国的篇幅巨大的系统性说帖,顾维钧、孟治、徐道邻等还用英文、德文进行著述。日方相应地提交了由日本旅美"学者"起草的说帖,其主攻点是中国的抗日运动、东北在张氏父子治下的惨淡、东北的"匪患",避而不谈柳条沟事件的蓄意性。日方资料表明,即使在九一八事变发生数月后,其关于"九一八"当晚情形的说辞仍然漏洞百出、逻辑混乱,在李顿询问时不能自圆其说。而欧美学者则向国联提供了第三方意见,如 *The Verdict of the League: China and Japan in Manchuria*(《国联的裁决:中日在满洲》),哈佛大学法学院教授曼利·哈德森(Manley O. Hudson)著;*Manchuria: Cradle of Conflict*(《满洲:冲突的策源地》),欧文·拉铁摩尔(Owen Lattimore)著;*The Manchuria Arena: An Australian View of the Far Eastern Conflict*(《满洲竞技场:远东冲突的澳洲视角》),卡特拉克(F.M. Cutlack)著;*The Tinder Box of Asia*(《亚洲的火药桶》),乔治·索科尔斯基(George E. Sokolsky,中文名索克斯)著;*The World's Danger Zone*(《世界的危险地带》),舍伍德·艾迪(Sherwood Eddy)著;等等,为国联理解中国东北问题提供了有益的视角。另外,收藏在美国斯坦福大学胡佛研究所的蒋介石日记等也反映了当时国民政府高层的态度和举措。

这次出版的资料中,收集了中国台湾地区的"国史馆"藏档,日本外务省藏档,国联和联合国档案馆S系列藏档等多卷档案。丰沛的资料说明,即使是李顿调查团这样过去在大学教材中只是以一两段话提出的问题,其实仍有海量的各种海外文献可资研究。

可以说,世界各地抗日档案和各种资料,不仅补充了中国方面的抗日资料,也弥补了"在中国发现历史"范式的不足,体现了历史唯物主义对历史研究全面性、客观性的要求,自然地延伸推导出"在世界发现中国历史"的新命题。把"中国的"和"世界的"结合起来,才能更深广、入微地揭示抗日战争史的内涵。

其三,在中国发现世界历史。

中国历史,是世界历史的重要组成部分;中国抗战,构成了第二次世界大战的东亚主战场。离开中国历史谈世界历史注定是不周全的。只有充分发掘中国历史的世界意义,世界史才能获得真正的全球史意义。

过往的抗战史国际化,说明了中国抗战的世界意义。研究发现,东北抗联资料不仅呈现了十四年抗战的艰苦过程,也说明了战时东北亚复杂的国际关系。日方资料中的"华北治安战""清乡作战"资料,从反面反映了八路军、新四军的顽强,其牵制大量日军的事实,从另一面说明中共敌后游击战所发挥的中流砥柱作用。1937年12月12日在南京江面制造"巴纳号事件"的日军航空兵官兵,后来是制造"珍珠港事件"的主力之一,说明了中国抗战与太平洋战争的联系。参与制造九一八事变、华北事变和南京大屠杀的许多日军部队,后来在太平洋战场上被美澳等盟国军队消灭,说明了太平洋战场和中国战场的相互支持。中国军队在滇缅战场的作战和在越南等地的受降,中国对朝鲜、马来亚、越南等地游击战和抗日斗争的介入和帮助,说明了中国抗战对东亚、东南亚解放的意义和价值。对大后方英美军人、"工合"人士、新闻界和其他各界人士的研究,彰显了抗日统一战线的多重维度,等等。这对我们的研究富有启发性意义。

李顿调查团的相关资料表明,九一八事变及其后续发展,具有深刻的世界史含义。

麦金德1902年在英国皇家地理学会发表文章,提出"世界岛"的概念。麦金德认为,地球由两部分构成:由欧洲、亚洲、非洲组成的世界岛,是世界上面积最大、人口最多、最富饶的陆地组合。在"世界岛"的中央,是自伏尔加河到长江,自喜马拉雅山脉到北极的心脏地带,在世界史的发展中具有重要意义。其实,就世界近现代史而言,中国东北具有极其重要的地缘战略意义,堪称"世界之砧"——美国、俄罗斯、日本等这些当今世界的顶级力量,无不在中国东北及其周边地区倾注心力,影响世界大局。

今天看来,李顿调查团的组建,是国际社会运用国际规约积极调解大国冲突、维护当时既存的凡尔赛—华盛顿体系的一次尝试。参与各国均为当时世界强国,即为明证。

英国作为列强中在华条约利益最丰的国家,积极投入国联调查团的建立。张伯伦、麦克米伦等知名政治家均极愿加入代表团,甚至跟外交部官员暗通款曲,询问排名情况。李顿在中日间多地奔波,主导调查和报告书的起草,正是这一背景的反映。

美国作为国联非成员国,积极介入调查团,说明了美国对远东局势的关切,其态度和不承认日本用武力改变当时中国领土主权现状的"史汀生主义"是一致的。日美之间的紧张关系,一直延续到珍珠港事变发生。在日美最终谈判中,中国的领土和主权,仍然是美方的先决条件。可以说,九一八事变,从大历史的角度看,是改变日本和美国国运的大事。

苏联在国联未能采取强力措施制止日本侵略后,默认了伪满洲国的存在,后甚至通过对日条约加以承认,其对日本的忍让和妥协,延续到它对日本宣战。但日本关东军主力在苏联牵制下不敢贸然南下,影响了中国抗日战争的形态。

日本侵占中国东北,却始终得不到中国和国际主流社会的承认,乃不断扩大侵略,不仅影响了对苏备战,也使得其在"重庆政权之所以不投降,是因为有英美支持"的判断下,不断南进,最终自取灭亡。2015 年 8 月 14 日,日本首相安倍晋三在战后 70 年讲话中承认:"日本迷失了世界大局。满洲事变以及退出国际联盟——日本逐渐变成国际社会经过巨大灾难而建立起来的新的国际秩序的挑战者,前进的方向有错误,而走上了战争的道路。其结果,70 年前,日本战败了。"从这个意义上说,九一八事变—李顿调查—退出国联,成为日本近代史的转折点。

　　亚马孙雨林的蝴蝶振动翅膀,可能在西太平洋引发一场风暴。发生在沈阳一个小地方的九一八事变,成为今天国际秩序的肇因。其故焉在? 马克思和恩格斯在《德意志意识形态》中指出:在历史演进的过程中,人的"普遍交往"逐步发展起来,"狭隘地域性的个人为世界历史性的、真正普遍的个人所代替"。近代以来中国人民的历史,与世界历史共构而存续。

　　回望李顿调查团的历史,我仿佛感受到了太平洋洋底的咆哮呼啸前来,如同雷鸣。

　　是为序。

张　生

2019 年 10 月

目　录

绪　论

一、选题缘起

1931年9月18日晚上10点20分,日本关东军炸毁了南满铁路沈阳柳条湖附近的一小段铁轨,并栽赃给中国军队。以此为借口,关东军炮轰东北军沈阳北大营,占领沈阳城,并向南满铁路沿线其他城市发动进攻,震惊世界的"九一八"事变由此爆发。在日本的军事进攻面前,张学良东北军采取不抵抗策略。1932年2月,东三省全境沦陷。同年3月,日本在东北扶植建立伪满洲国,开始长达十几年的统治。

"九一八"事变对于南京国民政府是一个严峻的考验。自1927年奠都南京以来,国民政府此时执政的时间只有4年,民众对于新政府尚缺乏政治认同;所谓的全国统一流于形式,中央与不遵政令的地方实力派之间关系紧张;国民党内部更是派系林立,党争与政争持续不断,几度造成法统分裂。严重的民族危机爆发后,南京国民政府既受制于国力的悬殊,又为此种内耗型的政治结构所困,希望诉诸国际公论,寻求国际社会的同情和支持,增加压迫日本的力量,以阻遏日本的侵略,寻求解决问题之道。

南京国民政府将中日冲突问题提交国联后,国联行政院决定派遣调查团到远东进行实地调查,以了解事实真相并为处理东北问题提供决策依据。国联调查团由英、美、法、德、意五国代表组成,英国人李顿①爵士(The Rt. Hon. The Earl of Lytton)担任团长,故又称"李顿调查团"。经过在中国内地和东北长达数月的调查后,调查团完成了《李顿调查团报告书》。报告书在事实部分确认了以下几点:(一) 东三省主权属于中国;(二)"九一八"事变时日军的

---

① 亦有译为莱顿、黎顿、雷顿者。

行动不能被认为自卫;(三)"满洲国"政权并非由真正及自然的独立运动产生。报告书建议部分则主张东北在国际共管下实行自治。1933 年 2 月,国联特别大会通过了以调查团报告书为基础的最终报告书,并声明对"满洲国"不予承认,日本随后悍然退出国联,与国际社会决裂,走上了自我孤立与穷兵黩武之路,也埋下了自身失败的种子。① 从这层意义上说,国联调查团并非"九一八"事变后的小插曲,而是影响中日两国关系乃至国际格局演变的重大历史事件。

目前,学界对于国联调查团的研究方兴未艾,学术成果不断涌现。在南京国民政府对国联调查团的因应问题上,也有不少成果问世。但既有研究在时段上多以南京国民政府对调查团在华期间和报告书发表后的应对为主,尚缺乏对调查团存续的整个时期内的系统全面的梳理。研究主题大多关注国联、日本和英美等外部因素对南京国民政府因应活动的影响,对于国民政府和中国社会的内部反应关注不足。"九一八"事变后,救亡图存成为压倒性的任务,国内各种政治力量几乎都对国联调查团作出过回应,社会各界也参与到因应调查团的活动之中,这些都显示了近代中国社会演进的内在动力,也对代表团、国联和整个国际社会形成了很大的影响。另外,在研究视角上,认为"九一八"事变后中日两国都没有实现必要的整合和动员。日本一直存在政府与军部、海军与陆军的分歧与主导权的争夺;国民政府内部各派力量短期内也没有因外侮快速走向协调,而是囿于一己私利,甚至以抗日为手段促成权力的重新分配。双方的应对策略都反映出内政外交之间的博弈,并呈现外交严重受制于内政的现象。在南京国民政府对国联调查团的因应问题上,目前尚缺乏以内政与外交的互动与制衡为视角的系统研究。

数年前,笔者参与国家社科基金抗日战争专项工程"李顿调查团档案翻译与研究"课题。课题组通过各种方式,从台北"国史馆"馆藏档案、日本亚洲历史资料中心档案和英美外交档案中广泛搜集关于国联调查团的内容。此外,课题组还两次赴日内瓦国联和联合国档案馆及图书馆,拍摄了其馆藏的全部李顿调查团档案和图书资料。这部分档案分为"S"系列、"R"系列和"BOOK"

---

① 日本学界把退出国联视为日本走向失败的第一步。参见小仓和夫『吉田茂の自問:敗戦、そして報告書「日本外交の過誤」』、藤原書店、2003 年;太田尚樹『世紀の愚行:リットン報告書からハル・ノートへ』、講談社、2020 年。

系列,系统地介绍了国联调查团在中日两国进行调查的全部经过,反映了中日两国和第三方的观点,内容丰富,卷帙浩繁。大量新史料的发现,为我们提供了在已有基础上对国联调查团乃至"九一八"事变进行拓展研究的契机,但目前学界对这些史料——特别是日内瓦国联和联合国档案馆藏李顿调查团档案——的利用程度还远远不够。在国联调查团的产生上,南京国民政府发挥了何种作用? 调查团组建并成为解决中日冲突问题的重要影响因素后,南京国民政府如何应对这一变化? 其应对活动怎样作用于国联调查团,产生了哪些影响? 在严重的外患面前,为了应对国联调查团的调查活动,国民政府的内政和外交政策做了什么调整? 这些调整如何反映到当时国内政局当中,又对中日冲突的未来走向产生了什么影响? 这些问题都是本书的研究旨趣所在。

带着以上问题,通过对上述大量的一手档案史料的梳理和研读,笔者发现无论在史料运用、研究主题还是观察视角上,对南京国民政府对国联调查团的因应的研究,依然存在许多可以进一步提升的空间,希望通过对这一问题的研究,可以加深对"九一八"事变和南京国民政府的认识。

二、既有研究成果

(一) 中国的研究成果

1. 大陆方面研究成果

1932 年,王造时撰写了《国际联盟与中日问题》[①]。该书介绍了国联的组织结构,审视了国联解决国际争端在盟约上的依据与以往的成绩,并记述了从"九一八"事变到 1931 年 12 月国联调解中日争端的经过。作者在书中批评国联 12 月决议案祖护日本,并表明反对国联调查团来华。1932 年国联调查团来华后,鲍德澂又"依据国联各项刊物和外部文件"编成《国联处理中日事件之经过》[②]。该书上自 1931 年 9 月"九一八"事变的发生,下至 1932 年 5 月上海停战协定签订,记述了国联处理"九一八"事变和"一·二八"事变的经过,收录了国联行政院及国联特别大会历次会议的重要辩论与决议案,以及国

---

① 王造时:《国际联盟与中日问题》,上海:新月书店,1932 年。

② 鲍德澂:《国联处理中日事件之经过》,上海:南京书店,1932 年。

联与中日往来的重要公文。两部书在内容上都涉及南京国民政府要求国联派遣调查团的吁请及其在此问题上与日本的外交斗争。整体来看,在国联处理中日纠纷时期,学界对这一问题的关注基本停留在对事件的叙述和形势的评判方面。

涉及本文主题内容最多的研究著作,首推俞辛焞教授的《唇枪舌剑——九一八事变时期的中日外交》①(1997)一书。该书是研究"九一八"事变时期中日外交的一部力作,其中第七章"李顿调查团与日本外务省"和第八章"南京政府与李顿调查团"是有关国联调查团的部分。在这两章当中,作者详细梳理和分析了在调查团的派遣、远东调查以及对《李顿调查团报告书》的态度等方面,中日两国各自的外交策略和外交活动。书中认为,南京政府对国联和列强外交的目的在于对抗日本侵略,最终否定"满洲国",将日本的势力驱逐出东三省。因此,南京政府力图依靠国联和列强对中国"同情"和"支持"的一面,解决"九一八"事变和"满洲国"问题。俞著优长之处是对日文档案的利用和对日本外交政策的梳理与分析,但在南京政府对调查团的因应研究上,因史料来源的单一(主要利用《顾维钧回忆录》),研究的视野和深度受到一定限制。

洪岚的《南京国民政府的国联外交》②(2010)一书,主要使用中文档案和报刊资料,梳理了南京国民政府利用国联这一舞台,与日本进行外交斗争的方针、政策及演变过程,并就其利弊得失做了综合分析。其第四章"《李顿调查团报告书》与各界的反响",专门论述了中日两国对报告书的态度、国际社会的反应以及最终报告书通过后日本退出国联的过程。唯关于南京国民政府因应部分的内容较少,没有进行更深入的研究。张敬录、宋振荣的《苦恼的国联——九一八事变李顿调查团来华始末》③(2005)一书,对李顿调查团来华调查的整个历史过程和南京国民政府的应对进行了全面梳理,但该书并不是严格意义上的学术著作。

金光耀的《顾维钧传》④(1999)是国内第一本完整的顾维钧传记。该书的

---

① 俞辛焞:《唇枪舌剑——九一八事变时期的中日外交》,桂林:广西师范大学出版社,1997年。

② 洪岚:《南京国民政府的国联外交》,北京:中国社会科学出版社,2010年。

③ 张敬录、宋振荣:《苦恼的国联——九一八事变李顿调查团来华始末》,南昌:江西人民出版社,2005年。

④ 金光耀:《顾维钧传》,石家庄:河北人民出版社,1999年。

亮点之一是对美国哥伦比亚大学珍本和手稿图书馆藏顾维钧文件的利用。其第五章"国难当头"和第六章"出使欧陆",是对顾维钧以顾问身份参与国联调查团以及此后作为中国驻国联代表参加国联会议的记叙。但正如作者所说,作为民国人物传记丛书之一,该书因篇幅限制,对于顾维钧外交活动的论述没有充分展开。

武向平的《满铁与国联调查团研究》①(2015),在使用大量日文档案特别是满铁原始档案资料的基础上,从满铁与国联调查团关系的研究视角出发,全面梳理了"九一八"事变到《李顿调查团报告书》发表期间满铁所进行的活动,包括事前制定应对策略、干涉调查团实地调查、引导调查团调查结论等,揭示了满铁在日本侵华战争中的地位和作用。这一研究对笔者关于南京国民政府对国联调查团因应问题的研究,具有一定的比对和参考作用。

总体而言,在中文著作方面,学界一般把南京国民政府对国联调查团的因应问题置于"九一八"事变后的历史叙述框架之中,在研究"九一八"事变、中日冲突、南京国民政府依赖国联的外交政策等主题的相关论著中常有涉及,但专题性的研究著作仍然十分稀少。

相较于著作而言,学术论文在南京国民政府对国联调查团的因应研究方面要广泛和深入许多。既有研究主要集中于以下几个方面。

(1) 关于南京国民政府对李顿调查团因应问题的总体研究

李广民在《中日两国围绕李顿调查团外交对策之比较》②一文中,对中日两国对李顿调查团的因应全程进行了梳理,但内容相对粗略,而且对李顿调查团来华之后这一关键时段着墨不多。洪岚的《李顿调查团与南京国民政府国联外交得失》③一文,分析了南京国民政府在李顿调查团来华期间以及国联大会最后处理中日争端阶段的活动,认为中国与国联进行外交时的成就孤立和打击了日本,从而使中国在道义上赢得了国际社会的同情和支持,该文旨在剖析南京国民政府外交政策的得失。崔海波的博士学位论文《九一八事变期间

①　武向平:《满铁与国联调查团研究》,北京:社会科学文献出版社,2015年。
②　李广民:《中日两国围绕李顿调查团外交对策之比较》,南开大学日本研究中心编:《日本研究论集》,天津:南开大学出版社,1998年。
③　洪岚:《李顿调查团与南京国民政府国联外交得失》,《北京电子科技学院学报》2004年第1期。

日本、中国与国联的交涉》①，对李顿调查团对中日冲突的调查、报告书的发表及中日两国的反应等史实进行了梳理，认为南京国民政府在应对日本侵略中国东北问题上表现迟缓，采取了军事上不抵抗、外交上诉诸国联的交涉策略，对于国联调处的单纯依赖，使中国付出了惨痛的代价。

　　俞辛焞《九一八事变后国联与中日的外交二重性评析》②一文，全面分析了中日及列强围绕国联调处"九一八"事变所展开的错综复杂的三角外交斗争，并提出了"外交二重性"的观点。文章认为，国际联盟是受西方列强操纵的国际组织，而列强和日本之间的关系具有二重性：既有相互的协力和支持，又有利益的争夺。日本对国联和欧美列强也采取二重态度，对其有利于日本的决议和行动表示接受，对其牵制日本的决议和行动则加以抵制。列强和日本有共同的侵略性质，但它们不满日本独霸中国的野心，有同情和支持中国的一面，中国反对它们的侵略行径，但又利用它们和日本的矛盾开展外交斗争，这是中国对国联和列强外交上的二重态度。同样，中日之间主要是被侵略和侵略的关系，但是两国之间也有调和与妥协的一面，这种关系也是一种外交上的二重性。以"外交二重性"的理论框架作为解释依据，作者认为，国联对中日冲突的调停和作为成果的报告书，既不完全偏袒日本，又不完全支持中国，力图调和双方，解决事变。但是，这种调和对日本的牵制居于主导地位，客观上起到了支持中国的作用。南京国民政府并未完全依靠国联和列强来解决事变，也以"二重性"态度对待国联和列强，即一方面依赖（主要的），一方面抗争（次要的），进行了有理有节的外交较量，因此对于南京国民政府"九一八"事变之后在国联的外交活动，不能过于责难。俞辛焞的文章极富思辨性，分析深刻有力。

　　(2) 关于南京国民政府在各时间节点对国联调查团因应问题的研究

　　关于国民政府在国联调查团产生时的因应问题，陈海懿基于中外各类档案文献特别是外文档案，发表了系列文章。其中《国际性与主体性：中日冲突

---

　　① 崔海波：《九一八事变期间日本、中国与国联的交涉》，博士学位论文，吉林大学东北亚研究院，2011年。

　　② 俞辛焞：《九一八事变后国联与中日的外交二重性评析》，《抗日战争研究》1993年第3期。

和国际联盟调查团产生研究》①《"九一八"事变后国联调查团的产生》②《九一八事变后国联调查团代表选定研究》③等论文,涉及南京国民政府在国联调查团产生及调查团人员选定问题中发挥的作用,加深了学界对这一问题的认识。

关于国民政府在国联调查团在华期间的因应问题,张生在《"新史学"的宗旨:中国各界致李顿调查团呈文初解》④一文中指出,李顿调查团在华调查期间,中国东北和关内各界纷纷呈文,表达对于事件真相、伪满洲国和中日冲突的看法,体现了强劲的民族国家立场,呈文影响了李顿调查团的结论,进而影响了中日关系和东亚局势演变。李珊《国联调查团来华期间调停中日冲突的尝试及其失败》⑤一文认为,国联调查团在华期间,除调查事实外,也在试图寻找解决中日冲突的方法。南京国民政府曾经与调查团达成基本共识,由后者居间促成中日和谈,并做出不以日本撤兵为先决条件、同意建立东北自治文官政府等让步,但是日本执意承认伪满洲国,强硬拒绝和谈方案,使得国联调查团调停中日冲突的尝试就此失败,《李顿调查团报告书》就是在这种局面下出台的。

关于国民政府对《调查团报告书》的回应和评价问题,苏诚鉴在《国联调查团的来华及其颠倒是非的报告书》⑥一文中认为,国联调查团的派遣是英美帝国主义所授意的,报告书是"站在帝国主义侵略者的共同立场上,横蛮干涉中国内政,反共反苏,颠倒是非,混淆黑白,企图共管中国的一个凶恶文件",报告书的发表,教育中国人民丢掉幻想,逐渐走到抗日的大纛下。苏诚鉴的观点,代表了建国之后很长一段时期之内,史学界对国联调查团和《调查团报告书》

---

① 陈海懿、郭昭昭:《国际性与主体性:中日冲突和国际联盟调查团产生研究》,《抗日战争研究》2017 年第 3 期。

② 陈海懿:《"九一八"事变后国联调查团的产生》,《历史教学(上半月刊)》2020 年第 3 期。

③ 陈海懿:《九一八事变后国联调查团代表选定研究》,《社会科学辑刊》2021 年第 2 期。

④ 张生:《"新史学"的宗旨:中国各界致李顿调查团呈文初解》,《抗日战争研究》2021 年第 2 期。

⑤ 李珊:《国联调查团来华期间调停中日冲突的尝试及其失败》,《抗日战争研究》2020 年第 4 期。

⑥ 苏诚鉴:《国联调查团的来华及其颠倒是非的报告书》,《史学月刊》1960 年第 1 期。

全面否定的评价。周美云的《重评李顿调查团报告书》①一文抱持相反观点，认为《李顿调查团报告书》具有两重性：一方面，报告书指出日本强占中国领土，拒不承认伪满洲国，给中国以外交、道义和法律上的支持，有利于孤立日本，进一步遏制日本的侵略；另一方面，报告书又提出了有损于中国主权完整的解决方案，遭到了中国人民的谴责和反对。但是总体来看，报告书对中国利大于弊。洪岚在《〈李顿调查团报告书〉公布前后中国社会各界的反响》②一文中，分析了"南京国民政府、军政要员和外交官、学者及社会名流等"对报告书的讨论和意见，认为虽然因个人立场和社会角色不同，中国各界对报告书的认识和意见并不一致，但是总的趋势是开始放弃对国联和列强的幻想，逐渐认识到民族自强的重要性。

（3）关于各阶层、团体和人物对国联调查团因应的研究

除了对南京国民政府对李顿调查团的因应进行整体考察，还有一些论文聚焦不同的阶层、团体和人物与李顿调查团的关系及其对调查团的应对问题。谷小水的《"独立"社与国联调查团》③一文重点关注以胡适、丁文江、傅斯年等独立社成员为代表的知识分子群体，认为和南京国民政府完全寄希望于国联调停的"不作为"状态以及国内主流舆论慷慨激昂的高调情绪不同，独立社成员们运用个人的独立思考，力主对日直接交涉，并利用包括国联和国联调查团在内一切可资利用的资源，"九一八"事变后，与南京国民政府若即若离的胡适等人，在政治视野上表现出由独立逐渐内向的倾向。郑大华、刘妍的《中国知识界对国联处理九一八事变的不同反应——以胡适、罗隆基和胡愈之为例的考察》④一文，则以胡适、罗隆基和胡愈之三人为中心展开探讨。文章认为，国联对中日争端的调停引起了中国知识界的不同反应：胡适始终信任国联，相信国联外交；罗隆基对国联半信半疑，态度有一个从信到疑的变化过程；胡

① 周美云：《重评李顿调查团报告书》，《安徽师范大学学报（哲学社会科学版）》1992年第 3 期。

② 洪岚：《〈李顿调查团报告书〉公布前后中国社会各界的反响》，《史学月刊》2006 年第 5 期。

③ 谷小水：《"独立"社与国联调查团》，《福建论坛（人文社会科学版）》2004 年第 6期。

④ 郑大华、刘妍：《中国知识界对国联处理九一八事变的不同反应——以胡适、罗隆基和胡愈之为例的考察》，《抗日战争研究》2009 年第 1 期。

愈之则从一开始即对国联抱持不信任和批评的态度。三人之所以对国联处理"九一八"事变的反应不同,原因在于他们与国民党的关系、对国联的认识以及对中日实力的认识不同。黄飞的硕士学位论文《顾维钧与李顿调查团》①,系统阐述了顾维钧在李顿调查团来华前、调查团在华期间和报告书发表后三个时期的外交活动,分析了顾维钧对李顿调查团和《李顿调查团报告书》的影响。

此外,其他关于"九一八"事变和国联调查团的论文,也有部分文章牵扯到南京国民政府对调查团的因应问题,但因其关注重点并不在此,涉及内容较少,故不再一一列出。

2. 台湾地区研究成果

梁敬錞的《九一八事变史述》②(1964)一书,大量使用国联文书、日本文献、美国国务院档案,以及相关著述和回忆录,用近三分之一的篇幅叙述了"九一八"事变和国联调停中日纠纷的经过。梁尤其擅于分析国际背景,特别关注美国因素在其中发挥的影响。该书虽已出版五十多年,但其多国史料运用和国际化视角仍给人留下深刻印象。廖胜雄所著《民国廿年东北事变与国际联盟调处之经纬》③(1969),则全书聚焦国联调停中日纠纷的经过,虽然史料运用方面不及梁著,但在史实的梳理上更加全面细致。

刘维开的《国难期间应变图存问题之研究》④(1995)一书,借助大量资料(包括著作、文章、档案、日记、传记、年谱等),逐一探讨了"九一八"事变到"七七"事变期间发生的重要事件及相关问题,阐述了国民政府在此期间是如何应对内外变局、维持国家生存的。该书中文资料搜集颇勤,具有较高的参考价值,惜乎研究时段和关注重点等原因,对南京国民政府对国联调查团的因应问题着墨不多。

李云汉的《顾维钧与九一八事变之中日交涉》⑤,详细考察了顾维钧在李

---

① 黄飞:《顾维钧与李顿调查团》,硕士学位论文,安徽大学历史系,2012年。

② 梁敬錞:《九一八事变史述》,台北:世界书局,1964年。

③ 廖胜雄:《民国廿年东北事变与国际联盟调处之经纬》,台北:嘉新水泥公司文化基金会,1969年。

④ 刘维开:《国难期间应变图存问题之研究》,台北:"国史馆",1995年。

⑤ 李云汉:《顾维钧与九一八事变之中日交涉》,李云汉主编,刘维开编:《国民政府处理九一八事变之重要文献》,台北:近代中国出版社,1992年。

顿调查团来华前后的外交活动。文中论及顾维钧参与国联调查团的工作时，特别强调顾氏组织编写的说帖所发挥的作用，称其为"中国近代历史上有关中日关系的最重要文书"。此外，林振宙的硕士学位论文《顾维钧与九一八事变》①，也将研究主题放在顾维钧与"九一八"事变的关系上，其第四章"国联调查团的到访"和第五章"中日在国联的交锋"，重点考察了顾维钧以中方"襄助员"身份参与李顿调查团工作及其后来在日内瓦国联大会时代表中国与日本展开外交斗争的情形。

（二）其他国家的研究成果

作为冲突的当事一方，日本学界对"九一八"事变（日本称为"满洲事变"）和国联介入中日冲突进行研究的论著丰硕。日本放送协会的《十字架上的日本：与国际联盟诀别》②（1987）一书，运用关于国联调查团团长李顿以及中国代表顾维钧等人的丰富资料，从外部视角细致地描绘了日本退出国际联盟的经过。臼井胜美的《"满洲国"和国际联盟》③（1995）一书，则主要解析了"满洲国"的成立及其承认问题的国际背景，以及此种行为对日本后来的影响。绪方贞子在《满洲事变：政策的形成过程》④（2011）一书中，挖掘了关东军高级参谋片仓衷保留下来的一手史料，通过对日本外交政策一系列极其重要的细节的厘清，阐明了关东军、军部和日本政府之间错综复杂的关系，揭示了三方博弈的具体情景，展现了"九一八"事变这段历史的多面性与复杂性。后藤春美在《抗击国际主义：日本、国际联盟、大英帝国》⑤（2016）一书中，分析了国际秩序转型中的日本与"国际主义"的冲突。作者认为，国联以对中国的技术援助为手段，寻求在东亚发展国际主义，然而，这些活动与日本和英国建立的以帝国为基础的国际秩序产生了摩擦，最终日本退出了国联。这些著作主要从日本国内危机的角度出发考察"九一八"事变的发生，尤为关注日本退出国联的行

---

① 林振宙：《顾维钧与九一八事变》，硕士学位论文，政治大学外交学系，2001年。
② NHK"ドキュメント昭和"取材班編『十字架上の日本：国際連盟との訣別』、東京：角川書店、1987年。
③ 臼井勝美『満州国と国際連盟』、東京：吉川弘文館、1995年。
④ 緒方貞子『満州事変：政策の形成過程』、東京：岩波書店、2011年。
⑤ 後藤春美『国際主義との格闘：日本、国際連盟、イギリス帝国』、東京：中央公論新社、2016年。

为及其影响,反思日本外交政策的失败。

英美学界的研究中,美国学者韦罗贝(W. W. Willoughby)于 1935 年出版的《中日纠纷与国联》①是研究国联调停中日纠纷较早的著作之一。韦罗贝是南京国民政府驻日内瓦国联代表团的美国顾问,亲身经历了国民政府在国联的交涉活动。此书利用了大量当时国联官方刊发的会议资料,着重探讨"九一八"事变之后国联处理中日纠纷的活动,介绍了国联和国际条约在处理中日关系时的作用和影响。萨拉·R. 史密斯(Sara R. Smith)的著作《满洲危机1931—1932:国际关系中的悲剧》②(1948),对国际联盟和美国在处理和应对中日问题上的行动和策略进行了详尽考察和分析。英国学者华尔脱斯(F. P. Walters)的《国际联盟史》③(1964)是研究国联历史的重要著作。在第四十章"满洲"中,作者肯定了国联的这次行动,认为李顿调查团的活动确有种种不足,但"他的最后报告将证明对中国的事业是一个这样出色的贡献,以至于补偿它开始的缺点而绰有余裕"④。克里斯托弗·G. 索恩(Christopher G. Thorne)的《外交政策的局限:西方、联盟和 1931—1933 年的远东危机》⑤(1972)一书,考察了西方(特别是英国和美国)在远东危机爆发时的态度和政策,审视了西方国家的决策过程及影响其决策的因素。总体而言,西方对李顿调查团的研究重点放在国际政治和大国外交的层面,英美等国在处理远东问题时的态度和决策以及英美、英日、美日等国之间的国际关系是其研究核心。

由于立场和关注点的不同,日本和英美学者的著作中,对于南京国民政府对国联调查团的因应问题几无涉及,但对笔者深入理解和细致研究这一问题错综复杂的国际背景具有重要的参考价值,故在此做一简要叙述与回顾。

----

① W. W. Willoughby, *The Sino-Japanese Controversy and the League of Nations*, Baltimore: Johns Hopkins University Press, 1935. 中译版见[美]韦罗贝著,薛寿衡等译:《中日纠纷与国联》,上海:商务印书馆,1937 年。

② Sara R. Smith, *The Manchurian Crisis*, 1931—1932: *A Tragedy in International Relations*, New York: Columbia University Press, 1948.

③ [英]华尔脱斯著,汉敖、宁京译:《国际联盟史》上卷,北京:商务印书馆,1964 年;[英]华尔脱斯著,封振声译:《国际联盟史》下卷,北京:商务印书馆,1964 年。

④ [英]华尔脱斯著,封振声译:《国际联盟史》下卷,第 27 页。

⑤ Christopher G. Thorne, *The Limits of Foreign Policy*: *The West*, *the League*, *and the Far Eastern Crisis of* 1931—1933, London: Hamish Hamilton, 1972.

<h1 style="text-align:center">三、研究思路</h1>

南京国民政府对国联调查团的因应,呈现出简单化和复杂化的双重面相。说其简单,是因此种因应活动跨越的历史时段不长,主客双方的动机和目标都很明确;说其复杂,是因其事关重大,而且介入者众多,除南京国民政府和国联调查团外,还牵扯到国内外各方力量,体现了时局的纷繁变动之下各利益攸关方的多重博弈。

研究时段上,本书将调查团的产生、组建、在华调查和报告书的发表四个时段设为研究的主要节点。在调查团的产生上,在二十世纪二三十年代处理地区争端时,国联派人现地调查是一种常见的方式,但是国民政府将中日冲突诉诸国联后,调查团派遣决议案却迟迟不能出台,最终的决议案竟是在日方主动提议和国民政府表示反对的情况下产生的,其间情由,耐人寻味。调查团的组建也是一个重要问题,成员来源国、成员人选、行期与路线等问题,既体现了国联对调查团的期待与擘画,也影响到调查团日后的作为与效能。调查团在华调查时期是关键时段,这一时段南京国民政府因应活动的能动性最强,对调查团施加的影响力最大,因应活动的结果和成效也最为显著。报告书是李顿调查团的最大成果,也是后来国联处理中日冲突的主要依据,其历史影响力更甚于调查团的东亚之行。报告书发表前后,南京国民政府在内政外交领域做出的一系列决策都与其有重要关联,可以视为调查团影响的余绪。至于国联对报告书的审议和日本最终退出国联,虽然从广义上也可以理解为调查团的后续影响,但是调查团的使命在报告书发表后基本宣告结束,而且学界对于国联审议报告书时期南京国民政府的外交折冲已有充分研究,无需赘言。故本书以上述四个时段为节点,将研究时段设定为1931年9月至1932年10月。

研究内容上,影响南京国民政府对调查团因应活动的因素十分复杂。从外部因素看,涉及作为调解仲裁方的国联,作为敌对方的日本及其扶植的伪满洲国傀儡政权,以及以英、美、法、德、意等调查团成员所属国为代表的国际社会;从内部因素来看,牵连到南京中央政府与东北地方实力派,蒋介石、汪精卫等主政者与国民党内反对派和地方反蒋势力(蒋、汪之分合亦错综复杂),以施肇基、顾维钧、颜惠庆等人为代表的外交官群体,以及各类民间力量等。内外力量的多重博弈,形塑了南京国民政府对调查团因应活动的主要面貌,也决定了其应对效能的张力与界限。因此,对此问题的研究不能局限于南京国民政府本身,既要基于各种国内因素,又要将其置于中日关系乃至世界格局之下,力求进行多方视角的考察和分析。

本书的研究首先基于档案资料的搜集与整理,主要有日内瓦国联和联合国档案馆藏李顿调查团档案、日本外务省档案、英国外交部解密档案、英国海外政策文件、美国对外关系文件和台北"国史馆"藏"外交部"档案等,大量的日文、英文资料以及一部分法文资料需要处理。其次,在上述工作的基础上进行撰写。具体方法如下:(一)历史文献分析法。"忠于史料,论从史出"是治史的基本准则,本文基于多种文字的原始档案、档案文献集、报刊、日记、自传和回忆录等文献,力图详细梳理南京国民政府因应国联调查团的全貌,对其进行多元化的解读和研究。(二)跨学科研究法。南京国民政府对调查团的因应问题涉及外交学、国际政治和国际关系等相关学科知识,尤其是在分析国联和英美等大国在处理远东问题时的态度和决策,以及英美、英日、美日等国之间的国际关系时,多学科专业知识的交叉运用,可以使得对这一问题的论述更加详尽和充分,更具有说服力。

四、创新之处

本书的要旨就是全面考察南京国民政府对国联调查团因应的全过程。主要创新之处有以下几点。

新史料的运用。本书的研究充分利用了以日内瓦国联和联合国档案馆藏李顿调查团档案为代表的各类史料。国联李顿调查团档案内容极为丰富,其中一部分虽在近年得以出版,但仍有大量核心卷宗尚待整理、翻译和研究。本文在撰写过程中,系统梳理并利用了这些未刊国联李顿调查团档案,将一些前人未曾注意或重视的问题纳入研究视野中,从而丰富了对"九一八"事变后这段历史的认识。

新领域的涉及。新史料的发掘带来了研究领域的拓展。如国联调查团派遣案出台后,其组建与成行是一个重要问题,五大国代表如何产生? 调查团为何舍近求远,选择了经美国、日本再到中国的海路方案,迟至半年后才到达"九一八"事变发生地调查? 南京国民政府在此过程中的政治利益诉求如何表达? 对这些问题,学界虽曾有疑问与猜测,但有关研究近乎空白。本文利用日内瓦国联和联合国档案馆藏李顿调查团档案与英、美、日等多国档案,结合台北"国史馆"藏外交部档案,对此问题进行了细致考察。又比如国联调查团来华期间,南京国民政府与其数次会晤,协商解决东北问题方案,但这些会议记录一直作为机密文件,外界无从得知。对于南京国民政府在调查团来华后解决东北问题的方案及其调整,学界的研究极为薄弱,本文通过国联和联合国档案馆藏李顿调查团档案和台北"国史馆"藏"外交部"档案,对此问题进行了审视与探讨。

新视角的切入。"九一八"事变后,南京国民政府之所以实行依赖国联的外交政策,既是因为囿于虚弱的国力,也是因为受制于内耗型的国内政治。派系竞逐的政治结构,限制了国民政府的外交政策,同时,民族危机的加深以及依赖国联外交政策的需要,也影响和制约了国内政局的发展。在南京国民政府对国联调查团的因应问题上,目前尚缺乏对内政与外交互动与制衡的系统研究,本书对此进行了尝试。另外,李顿等人对中国、对中国人、对中日冲突持何种态度?调查团如何看待南京国民政府的应对举措?调查团的回应又对国民政府的内外政策和中国政局的走向产生了何种影响?这些都是令人感兴趣的问题,但是目前学界的关注和研究还不够,本书对这些问题进行了初步探析。

第一章 "九一八"事变后南京国民政府
对派遣调查团的吁请

"九一八"事变后,南京国民政府经过多方权衡,确定了依赖国联解决问题的外交政策,将中日冲突诉诸国联。围绕东北问题,中日两国在国联展开了针锋相对的外交斗争。1931年12月10日,国联行政院作出决议,派遣调查团到远东,"就地研究任何情形影响两国关系,而有扰乱中日两国和平或和平所维系之谅解之虞者,并报告于行政院"①。调查团由此产生,成为国联调处中日冲突的重要媒介和影响中日两国的重要力量。

派人现场调查,是国联在处理地区争端时的常用手段。在中日冲突问题上,南京国民政府一再呼吁国联派遣调查人员,但国联行政院历时三个月,经过三次议决,才出台调查团派遣决议案。在此期间,东北的事态几经变化,最终的派遣案竟是在日方主动提议和国民政府表示反对的情况下产生的。本章拟对此中情由加以考察,从而窥视在调查团产生问题上,南京国民政府的关切与期待。

第一节 国民政府依赖国联外交政策的确立

一、依赖国联外交政策的确立

"九一八"事变发生后,东北边防军参谋长荣臻迅即通过电话向在北平的张学良报告情况并请示应对办法。张学良指示:"尊重国联和平宗旨,避免冲

---

① 《国联行政院第六十五届会议对于中日争议通过之第三次决议案》(1932年12月10日),罗家伦主编:《革命文献》第39辑,台北:"中央"文物供应社,1966年,第2413页。

突。"①在上级命令下,对于日军的进攻,东北军"抱不抵抗主义,毫无反响"②,北大营和沈阳城迅速失陷。

1932年9月19日凌晨1时,张学良召集北平的东北军高级长官在协和医院召开紧急会议,讨论应对方法,决议如下:(一)急电中央请示;(二)电令东北各军政长官竭力维持地方秩序,并将所有军队撤退至相当地点,听候解决;(三)派顾维钧、汤尔和赴驻北平各公使馆,陈明日本暴行经过。③ 19日凌晨6时左右,张学良邀请顾问顾维钧出席会议并征询其意见。顾维钧提议:第一,立刻电告南京,要求国民政府向国联提出抗议,并请国联行政院召开紧急会议处理局势;第二,立刻派人会见日本关东厅长官和满铁总裁,探听日方意图。④ 张学良决定采纳第一条意见,报告中央。⑤

19日上午,南京国民政府外交部已经从日本通讯社发布的消息中获悉事变,当即致电张学良和辽宁省政府主席臧式毅,询问确切情况。⑥ 不久张学良发来电报,报告了9月18日晚上日军攻击北大营和占领沈阳的情形。⑦ 外交部立即向日本政府和日本驻华公使重光葵提出紧急严正抗议,同时电令中国驻日内瓦代表施肇基向国联报告情况,向英、美、法、意等《非战公约》签字国

---

① 《九一八事变之经过情形(荣臻参谋长报告)》,秦孝仪主编:《中华民国重要史料初编——对日抗战时期》续编(一),台北:中国国民党中央委员会党史委员会,1981年,第262页。

② 《张学良为日军袭击北大营占领沈阳事致张作相等电》(1932年9月19日),辽宁省档案馆编:《辽宁省档案馆珍藏张学良档案 5 张学良与九一八事变(上)》,桂林:广西师范大学出版社,2000年,第285页。

③ 《沈阳全部沦陷经过》,《民国日报》1931年9月20日,第3版。

④ 顾维钧著,中国社会科学院近代史研究所译:《顾维钧回忆录》第一分册,北京:中华书局,1983年,第414页。

⑤ 顾维钧在回忆录中称,其第二条建议除了探明日本意向,其实隐含和日本直接交涉的意图,但张学良认为此举没有用处。顾维钧对张氏意图的分析是:张学良想将问题提交给国民政府,而不是由其个人单独负责。参见顾维钧著,中国社会科学院近代史研究所译:《顾维钧回忆录》第一分册,第414—415页。

⑥ 《外交部致张学良急电》,1931年9月19日,《日军占领东北(一)》,第27—28页,"外交部"档案,台北:"国史馆"藏,020-990700-0043。

⑦ 《张学良致外交部急电》,1931年9月19日,《日军占领东北(一)》,第30页,"外交部"档案,台北:"国史馆"藏,020-990700-0043。

正式通告日本的军事侵略行动。① 当晚,张学良又致电蒋介石和外交部部长王正廷,建议将事件提交国联处理,称:"日军占据沈阳……此际我方若直接交涉,尚难着手,应先电达国联,请根据盟约召集行政院临时会议,讨论制止侵略办法。"②当时身兼南京国民政府主席、行政院院长和陆海空总司令数职的蒋介石正在前往南昌"督剿"红军的途中,戴季陶、于右任、丁惟汾和朱培德等中央常务委员会委员在京。戴季陶等人深感事态严重,于19日当晚召集中央常务委员、执行委员、监察委员以及各候补委员等17人,在中央党部召开临时会议。会上,各委员听取了王正廷关于事变情况和应变措施的汇报,决定继续向日方提出抗议,训令驻国联代表向国联提出申诉,同时电请蒋介石回京。③

对于"九一八"事变的发生,蒋介石可谓激愤交加。9月19日,蒋在其日记中写道:"内乱不止,'叛逆'毫无悔祸之心,国民亦无爱国之心,社会无组织,政府不健全,如此民族,以理论决无存在于今日世界之道,而况天灾、'匪祸'相逼而来之时乎?"④20日,蒋介石又检讨自己对外交的忽视:"内乱平定不遑,故外交不太注意。"⑤21日,蒋介石回到南京,召集中央要员会商处理方针。蒋主张:"日本占领东省事实,先行提出国际联盟会与签订非战公约诸国。此时惟有诉诸公理也。一面则团结国内,共赴国难。忍耐至于相当程度,乃出以自卫之最后行动。"会议做出以下决定:"(一)外交方面,加设特种外交委员会,为对日决策研议机关;(二)军事方面,抽调部队北上助防,并将讨粤及'剿共'计划悉予停缓;(三)政治方面,推蔡元培、张继、陈枢铭三人赴广东,呼吁统一团结,抵御外侮;(四)民众方面,由国民政府与中央党部分别发布告全国

---

① 《外交部致张学良急电》,1931年9月19日,《东省事变之解决方针及措置(一)》,第104页,"外交部"档案,台北:"国史馆"藏,020-010112-0030。

② 《张学良致蒋介石、王正廷电》,1932年9月19日,《东省事变之解决方针及措置(一)》,第125页,"外交部"档案,台北:"国史馆"藏,020-010112-0030。

③ 《中国国民党中央执行委员会第一六〇次常务会议(临时会)记录》,中国第二历史档案馆编:《中国国民党中央执行委员会常务委员会会议录》,桂林:广西师范大学出版社,2000年,第277页。

④ 周美华编注:《蒋中正总统档案:事略稿本》(12),台北:"国史馆",2005年,第78页。

⑤ 周美华编注:《蒋中正总统档案:事略稿本》(12),第80页。

同胞书,要求国人镇静忍耐,努力团结,准备自卫,并信赖国联公理处断。"①22日,蒋介石在南京市党部党员大会上发表讲话,认为日本此次暴行,正可以"试验国际间有无正义与公理,及世界各国有无制止横暴、确保世界和平之决心",呼吁国民"上下一致,先以公理对强权,以和平对野蛮,忍痛含愤,暂取逆来顺受态度,以待国际公理之判断"。同时,蒋介石也表示:"此刻暂且含忍,决非屈服。如至国际条约信义一律无效,和平绝望,到忍耐无可忍耐,且不应忍耐之最后地步,则中央已有最后之决心与最后之准备。"②

南京国民政府在"九一八"事变之后确立的依靠国联处理中日冲突的外交政策,不仅是蒋介石的个人主张。由于当时东北"仅名义上归属于国民政府,而军权、政权、财权,俨然独立"③,所以南京国民政府在处理"九一八"事变时,必须征询张学良的意见并尊重其态度。张学良本人在事变初期主张提交国联,称:"事变之后,政府和我的见解是一致的,认为条约神圣,国际正义存在,对于日本这种侵略的行为,必当仗义执言,遂信赖国联。"④除了蒋和张,当时政府大多数要员也赞成依靠国联的外交政策。9月19日晚,在国民党中央执行委员会临时会议上,"众意对外仍采诉之国联,请其主持公道"⑤。20日上午,戴季陶、朱培德联名电请蒋介石回京统筹大局,也认为"政府只有始终宣示和平,从国际上做功夫","此时天灾人祸均至极点,救灾建设皆赖国际援助,东事更非此不可"。⑥ 23日,国民党中央政治会议召开时,个别委员发表了不同观点,认为"我们把这件事向国联宣传宣传是很好的,希望国联帮助我们是不可能的","日本决不会根据国联的决议而撤兵的,我们要另外想办法",但是依

---

① 《蒋主席召集会议决定对日方略纪事》(1931年9月21日),秦孝仪主编:《中华民国重要史料初编——对日抗战时期》续编(一),第281页。

② 蒋介石:《一致奋起共救危亡》,罗家伦主编:《革命文献》第35辑,台北:"中央"文物供应社,1965年,第1195—1196页。

③ 《蒋委员长对日本的忠告》,秦孝仪主编:《中华民国重要史料初编——对日抗战时期》续编(三),台北:中国国民党中央委员会党史委员会,1981年,第618页。

④ 张学良著,张之宇校注:《杂忆随感漫录——张学良自传体遗著》,台北:历史智库出版股份公司,2002年,第127页。

⑤ 邵元冲著,王仰清、许映湖标注:《邵元冲日记(1924—1936)》,上海:上海人民出版社,1990年,第775页。

⑥ 《戴季陶、朱培德致蒋介石电》,1931年9月20日,《沈阳事变(一)》,第142—143页,蒋中正"总统"文物,台北:"国史馆"藏,002-090200-00003-105。

靠国联仍然是大多数委员的意见。① 除国内党政要员外,中国驻日内瓦的外交人员也纷纷致电政府,表示"日军侵辽事,就一般观察,提出国际联合会较为有利"②"国联会空气对我极佳……请政府坚持由国际联合会解决"③,支持政府诉诸国联的政策。由此可见,依靠国联解决中日冲突,不仅是蒋介石个人的意见,也是南京国民政府内部大多数人的共识。

二、依赖国联外交政策的成因

"九一八"事变后,南京国民政府为何要确立依赖国联的外交政策呢?

第一,除中日之间的国力悬殊外,对东北问题特殊性的认识是其重要原因。蒋介石曾说:"吾人苟悉心研究东北之历史与地位,更可认识东北事变有其特殊之性质……百年来之东北,本为帝国主义角逐之场,其根深蒂固,久已构成一极错综之关系,打破此种关系,断非如一七年之统一东北,一举而得者之简单而便易。东北问题,早成历史上国际之问题……非东北之单纯问题,当留待东亚问题全部之解决。"④顾维钧在东北问题上也有类似认识:"满洲在国际交通上地位重要,若为他国占领,则国际势力之均平必见破坏,而沿太平洋岸各国之地位,必发生重大危险,且势必引起国际战争",故"满洲问题非仅中国之问题,乃一国际之问题。此问题之解决,与世界前途实有重大关系"。⑤既然把东北问题看作国际问题,其处理方式也会寻求国际化,这是南京国民政府将"九一八"事变诉诸国联的重要原因。

第二,从当时的国际政治局势来看,国联成立后的十余年间,处理过多起

---

① 《中国国民党中央执行委员会政治会议第二九〇次会议速记录》(1931年9月23日),李云汉主编,刘维开编:《国民政府处理九一八事变之重要文献》,台北:中国国民党中央委员会党史委员会,1992年,第180页。

② 《张学良电蒋介石电》,1931年9月20日,《东省事变之解决方针及措置(一)》,第128页,"外交部"档案,台北:"国史馆"藏,020-010112-0030。

③ 《吴凯声致外交部电》,1931年9月22日,《东省事变声请国联》,第38页,"外交部"档案,台北:"国史馆"藏,020-010112-0034。

④ 蒋中正:《十年来革命经过之回顾——中国革命有成功无失败》(1934年6月16日),秦孝仪主编:《"总统"蒋公思想言论总集》卷十二"演讲",台北:"中央"文物供应社,1984年,第240页。

⑤ 《外交部长顾维钧为日本侵占东三省对世界宣言》(1931年12月21日),罗家伦主编:《革命文献》第35辑,第1285页。

国际争端,颇有实效。9 月 21 日,王正廷在主持外交部"总理纪念周"讲话时称:"年来国联对两国纠纷均予处理,如巴拉圭与玻利维亚、波兰与立陶宛、希腊与保加利亚,咸有相当之处理。如国际间是非尚未泯灭,对此次日军之侵略,与我不抵抗大规模之受攻击,世界当能更予以正当之裁判。"①第一次世界大战后,以国际条约规范各国的行为,以政治和外交手段解决彼此的纷争,已逐渐成为国际社会的共识。国联是公认的主要国际和平机构和制裁机构,负有维护世界和平的重大责任。中日同为国联的会员国,受《国联盟约》的制约,在发生矛盾冲突时,有义务将其提交国联处理。国联本身并无实力,重大问题的处理上受英、法等大国主导,并且需要美国的协助。1931 年,欧洲和美国都处于严重的经济金融危机中,政治上也动荡不安,难以顾及远东。另外欧美列强在维护殖民地利益上和日本并没有本质区别,所以对日本有理解和同情的一面,②不希望在中日问题上得罪日本,这是影响国联解决东北问题的不利因素。但是,日本入侵东北,严重挑战华盛顿会议确立的远东秩序及威胁国际和平,对英美等国的在华利益也构成一定威胁,英美等国也不能坐视不理。早在1930 年 1 月,英国在其对华政策备忘录中即明确表示:"我们的第一个考虑是保持我们在中国的贸易地位……充分保护英国人的生命、财产和企业投资。我们的第二个考虑是维持'门户开放'原则和对一切人的机会均等,并注意不使中国落入任何一个国家的保护之下。"③美国作为《九国公约》召集国,维护门户开放政策和华盛顿体系的愿望比其他国家更为强烈。一战后的国际政治环境和欧美列强与日本之间既妥协又对立的矛盾关系,为南京国民政府外交手段的施展提供了空间,这也是南京国民政府确立依赖国联的外交政策,寄希望于国联和大国能维护公理与正义的重要原因。

第三,从国内政局来看,"九一八"事变发生之时,中国国内仍处于各派势力对立抗争的态势中。北方的冯玉祥及阎锡山等人虽被击败,但仍持反蒋态度;南方的汪精卫等人在广州另组国民政府,宁粤分裂对峙;再加上共产党在

---

① 《家可破,人可亡,领土不可失,如国际间是非未泯,当能有正当之评判——王正廷在纪念周上之痛语》,《中央日报》1931 年 9 月 22 日,第 4 版。

② 俞辛焞:《唇枪舌剑——九一八事变时期的中日外交》,桂林:广西师范大学出版社,1997 年,"序论",第 4 页。

③ 徐蓝:《英国与中日战争(1931—1941)》,北京:首都师范大学出版社,1991 年,第32 页。

南方的红色革命和国民政府对其的"围剿",中国政局纷扰不安。1931年,全国又发生特大洪灾,受灾区域达十几个省份,灾民总数五千万以上。天灾与内乱困扰下的中国,寻求外交手段解决冲突,不失为一种重要的应对策略。

对于中日两国的实力差距和中国面临的内外局势,南京国民政府当局有清醒的认识。9月23日中央政治会议上,朱家骅反驳了对依赖国联外交政策的异议,表示:"国家若是有力量,也要有外交。我们不靠外交靠什么? 日本军队的力量很充足,但它也要全靠外交的,国联对这件事不至于偏护日本的,我们在外交上很可以设法。"孔祥熙对此表示赞成:"中国如有力量,把日本人打出去就得,还有什么问题? 只是现在我们的军队不大好,而内战又复不已,用什么力量去打日本?"[①]12月2日,特种外交委员会委员长戴季陶在致中央政治会议的报告中指出了政府依靠国联外交政策的有利之处,表示自诉诸国联以来,虽然"国联未能采取任何有力制裁",但是"此时仍需尽力表示中国完全信任国联之意思,并须设法显出时局益趋危害,由于国联不能完全尽责,不肯采取有效制裁方法"。如此,则"第一,对于国内可以减少人民责备政府之心理;第二,不致伤害各国之感情;第三,将来运用九国条约,面对美国做功夫时,较易说话"。[②] 在戴季陶看来,国联外交政策有利于争取从国联到《九国公约》签字国等各方面国际力量的支持,另一方面也可以将民众的关注点从追究政府失土责任转移到希望国际力量发挥作用上,有利于政权的内部稳定。

三、中日直接交涉的阻力

运用外交手段解决"九一八"事变,本有多种选择,除诉诸国联、依靠国联的调解和仲裁之外,和日本直接谈判,谋求两国之间直接解决,也是重要途径之一。"九一八"事变爆发后,日本一直要求两国直接谈判,但是南京国民政府则始终坚持交由国联处理,中日双方的外交主张针锋相对。

事变爆发之初,南京国民政府有过与日方接触的努力。据东北军陆军独立旅第七旅620团团长王铁汉的回忆,"九一八"当夜日军进攻北大营时,东北

---

① 《中国国民党中央执行委员会政治会议第二九〇次会议速记录》,李云汉主编,刘维开编:《国民政府处理九一八事变之重要文献》,第180—181页。

② 《特种外交委员会委员长戴传贤上中央政治会议报告》(1931年12月2日),李云汉主编,刘维开编:《国民政府处理九一八事变之重要文献》,第207—208页。

边防军参谋长荣臻和辽宁省政府主席臧式毅立即向日本驻沈阳总领事林久治郎提出交涉,林久治郎先是回答"全不知情,在向军部探询",继而表示"军方行动无权过问",到后来对荣臻等人干脆避而不见。① 其实林久治郎在接到荣臻等人的要求后,立即打电话给关东军高级参谋板垣征四郎,表示"此时尽力不扩大事件最为重要,希望通过外交机关处理事件"②,并派领事森岛守人到特务机关劝说。但板垣以"总领事馆不得干预统帅权"为由,强硬回绝。③ 9月19日,日本驻华公使重光葵和宋子文会面,讨论应变措施。双方商议组织委员会到东北调查,"使事件局部化,以期达到解决的目的"④。但此后随着关东军军事占领行动的不断扩大,南京国民政府决定向国联申诉,此种计划因此取消。

中日两国在事变初期难以实现直接交涉的重要原因是日本关东军一开始的方针就是占领东北,根本无意解决冲突。日本外务省在东北问题的处理方式上与军部之间存在意见分歧,并曾试图约束关东军的军事行动。但是事变发生后,随着关东军占领地区的迅速扩大,外务省也希望在军事胜利的基础上解决东北问题,以扩大日本的权益,双方的意见由存在矛盾分歧逐渐趋于统一。⑤ 在这种情况下,日本提出中日直接交涉以解决东北问题的主张,实质是想排斥国联和第三国的干涉,并以武力压迫中国让步,稳固其在东北的既得利益。南京国民政府方面既不相信日方谈判的诚意,也担心单独谈判会因遭日方逼迫而陷于失败,故而一直反对直接交涉。26日,蒋介石在接见张学良的代表万福麟时称:"外交形势,尚有公理,东省版图,必须完整,切勿单独交涉,而妄签丧土辱国之约。且倭人狡横,速了非易,不如委诸国联仲裁,尚或有根

---

① 王铁汉:《"不抵抗"的抵抗——沈阳北大营守军团长关于"九一八"的回忆》,《传记文学》编:《十四年:从1931到1945》,台北:台海出版社,2016年,第8—9页。

② 「奉天城内への発砲中止を交渉署より要請について」(1931年9月19日)、外務省編『日本外交文書:満州事変』第1卷第1冊、外務省、1977年、4頁。

③ [日]森岛守人著,赵连泰译:《阴谋·暗杀·军刀——一个外交官的回忆》,哈尔滨:黑龙江人民出版社,1980年,第48页。

④ [日]重光葵著,齐福林等译:《日本侵华内幕》,北京:解放军出版社,1987年,第36—37页。

⑤ 俞辛焞:《唇枪舌剑——九一八事变时期的中日外交》,第90页。

本收回之望。"①因为担心日方避开国民政府而与张学良直接谈判,蒋介石又在 9 月 26 日致电在北平的吴铁城,请其转告张学良,勿与一切日人见面,"如不得已时,派员代见,使日人不能造谣离间,否则与日人见面一次,必多予其一造谣机会也"。② 10 月,日本不但拒不执行国联的撤兵决议,而且轰炸锦州,破坏北宁铁路,不断扩大在东北的占领区域。事态危急之时,张学良认为不能完全依赖国联,应试探与日本直接交涉的可能性,蒋介石又致电张学良,称:"如果日方于接洽撤兵之际,或对蒋公使③有希望交涉之表示,我方自可迎机与之谈判,否则我愈着急,彼愈蛮横,不仅无补危机,且恐益陷绝境。故此时惟有从各方面促进日本实行撤兵之约言,而我则表示愿与商洽接收之办法。"④明确主张以日本撤兵作为中日间开展谈判的先决条件。

在是否赞成中日直接交涉的问题上,时任特种外交委员会委员的顾维钧持不同意见。顾维钧认为,不管争端如何严重,谈判是解决国际争端的正常方法,日本虽是侵略东北的祸首,但是已做出愿意同中国谈判的姿态,中国如果完全拒绝日方建议,便可使其抗拒国联,正中日本之计。顾维钧主张接受谈判的一般性建议,同时以修改日本谈判原则的形式提出反建议,换言之,和日本进行有条件的谈判。顾维钧是经验丰富的外交名流,其意见获得戴季陶、宋子文等人的重视和支持。⑤ 10 月 26 日,日本政府发布对国联行政院决议案宣言,正式提出中日直接交涉的五项基本大纲,其中第五条要求:"尊重条约上所规定日本在满洲之一切权益。"但其所谓条约,包括"二十一条"等在内的各项不平等条约,南京国民政府表示反对。⑥ 此后,由于日方坚持以五项基本大纲作为直接交涉的基础,先谈判再撤兵,使得中日之间的谈判难以实现。10 月

---

① 《蒋主席日记一则》(1931 年 9 月 23 日),秦孝仪主编:《中华民国重要史料初编——对日抗战时期》续编(一),第 287 页。

② 《蒋介石致吴铁城电》,1932 年 9 月 26 日,《革命文献——沈阳事变(一)》,第 17 页,蒋中正"总统"文物,台北:"国史馆"藏,002-020200-00012-017。

③ 即蒋作宾,时任中国驻日公使。

④ 《蒋主席致张学良副司令告以对日交涉方针电》(1932 年 10 月 6 日),秦孝仪主编:《中华民国重要史料初编——对日抗战时期》续编(一),第 291 页。

⑤ 顾维钧著,中国社会科学院近代史研究所译:《顾维钧回忆录》第一分册,第 417 页。

⑥ 《顾维钧致张学良电稿》(1932 年 10 月 16 日),李云汉主编,刘维开编:《国民政府处理九一八事变之重要文献》,台北:近代中国出版社,1992 年,第 282—283 页。

27 日,蒋介石致电参加宁粤谈判的南京方面代表蔡元培、张继和陈铭枢,指出:"现时对外所急应表示者,即'日本如不撤兵完毕,则我国决不与其直接交涉'之方针,此为今日外交成败、党国存亡之关键,请公等于此点有一共同精神之表现,其他非今日外交所急需也。"①10 月 31 日,南京国民政府向国联行政院发出节略,明确拒绝了日本直接谈判的要求,表示完全尊重国联行政院的决议,要求日军自占领区撤兵。②

"九一八"事变后,南京国民政府不愿与日本直接交涉,除因日本缺乏诚意,以军事力量压迫中国,谈判转圜余地不足外,还与当时国内反对直接交涉的舆论压力有很大关系。"自日本帝国主义军队侵占辽沈以来,风声所播,全国民气,如汤之沸。"③全国各界群情激愤,要求政府武力抵抗日本侵略,反对中日直接交涉。各地驻军、各团体与民众请缨御寇以及誓为前驱后盾的通电纷至沓来,知识界和舆论界也纷纷发表言论,反对与日本谈判。学界代表傅斯年指出:"中日问题决无和平解决之望,而在今日,希望与日本和平解决者,直是做梦。"④《中央日报》表示:"中国在如此现状下,可与如此无赖之国家直接交涉耶?"⑤《申报》在社论中认为:"我即欲直接交涉,除无条件承认东北为日人之保护领土,更加订若干辱国条约而外,日人岂其我允,岂能接受我国之谈判? 中国今日绝不能接受直接交涉之主张。中国民族今日所抱持之态度,为举国家与民族全置于国际协约尊严之基础上,静听公理正义之裁判。"⑥11月,日本进逼锦州,东北门户岌岌可危,时任代理外交部部长的顾维钧尝试与日方接触,并提出了将锦州划为中立区的解决方案。消息经报纸刊出后,引发国内一片反对浪潮。各民众团体致电南京,希望政府继续贯彻拒绝中日直接交涉的主张,不要软化对日态度。⑦ 上海抗日救国会通电全国,呼吁民众一致

---

① 王正华编注:《蒋中正总统档案:事略稿本》(17),台北:"国史馆",第 203—204 页。
② 《中国政府为日政府宣言事致国联行政院节略》(1931 年 10 月 31 日),罗家伦主编:《革命文献》第 39 辑,第 2387 页。
③ 《国民党中央执行委员会告全国学生书》(1931 年 9 月 25 日),陈觉编著:《九一八后国难痛史》,沈阳:辽宁教育出版社,1991 年,第 843 页。
④ 傅斯年:《日寇与热河平津》,《独立评论》第 13 号(1932 年 8 月 14 日),第 7 页。
⑤ 《国联能负荷其使命否乎?》,《中央日报》1931 年 10 月 19 日,第 3 版。
⑥ 《辟直接交涉》,《申报》1931 年 10 月 15 日,第 7 版。
⑦ 《顾维钧谈外交方针:在国联正力争,对日本无交涉,宗旨须定,方法、手段不便自缚;沪各团体电京警告政府勿软化!》,《大公报》(天津)1931 年 12 月 5 日,第 3 版。

抗争,并警告顾维钧:"中央迭次宣言不对日直接交涉之主张,已见动摇。公就任伊始,应请努力奋斗。以今日全国民众愤激状况,视'五四'者何如?是非贤不肖,决此一瞬。"①上海各大学教授抗日救国会则对顾维钧加以痛斥:"公长外交,即直接交涉,划锦州为中立区,卖国求荣,不惜为曹、章、陆之续。若不翻然变计,国人将以对曹、章、陆者对公。"②各地学生团体也宣布反对直接谈判,并到南京国民政府外交部抗议。由于国人的反对浪潮,加之英、法、美等国不愿意提供担保,划定锦州中立区的计划只得草草收场,顾维钧也被迫提出辞职。戴季陶在给中央政治会议的报告中表示"对日外交不能此时即有办法",因为"人民对政府信任未坚,此时时机未熟,见人谈话,稍一不慎,即召误解,且妨碍进行"。③ 民意汹汹之下,南京国民政府即使有和日本直接交涉的想法,也会心存顾忌。

由此,"九一八"事变之后,在南京国民政府内部以及政府和民众之间,形成了反对与日本直接交涉、依靠国联解决问题的主流策略认同。

第二节　国联调查团派遣案的出台

一、国联行政院第一期会议与调查团派遣案的搁置

"九一八"事变爆发时,正值国联行政院第65届常会召开。此届常会分为三期:9月19日至9月30日为第一期,主席为西班牙外长勒乐(Alejandro Lerroux);10月13日至10月24日为第二期,主席为法国外长白里安(Aristide Briand);11月16日至12月10日为第三期,主席为白里安。时任国联秘书长为英国人德留蒙④(James Eric Drummond)。

9月19日,南京国民政府外交部训令中国驻国联全权代表施肇基,将"九

---

① 《抗日会之严重表示:通电全国一致抗争,电施肇基贯彻主张,警告顾维钧请注意》,《申报》1931年12月4日,第9版。

② 《各大学教授抗日会昨日警告顾维钧:勿为曹、章、陆第二》,《申报》1931年12月4日,第9版。

③ 《特种外交委员会委员长戴传贤上中央政治会议报告》(1931年12月2日),李云汉主编,刘维开编:《国民政府处理九一八事变之重要文献》,第208页。

④ 亦有译为德拉蒙德者。

一八"事变的情形告知国联行政院。9 月 21 日,王正廷又令施肇基将此案正式提交给行政院,要求日本军队立即撤出,并由国联派武官监督撤军。① 21 日,施肇基奉命向国联秘书长德留蒙提出书面声请书,要求德留蒙根据《国联盟约》第 11 条②立即召集国联行政院会议,"采取紧急方法,阻止此种情势之扩大,以免危及国际间和平,同时恢复原来之状况"③。

22 日上午,国联行政院第 65 届常会第二次会议召开,正式讨论中国代表提交的声请。施肇基在发言中声明,根据国内电报,东北形势已更加严峻,日本人占领南满铁路沿线很多城镇,而且"切断了所有的电报、电话和无线电,因此政府很难获得完整的消息"。施肇基请求行政院依照其昨日递交的声请书要求,采取必要措施处理此案。施肇基陈述之后,日本驻国联全权代表芳泽谦吉发言,宣称:"根据我们掌握的官方信息,这起事件是由于中国军队破坏沈阳附近的一段日本铁路造成的,少量的日本军队被迫拿起武器自卫⋯⋯为了防止事态扩大并保护南满铁路及居住于此的日人的生命财产安全,有必要占领某些城镇的重要地点。"芳泽表示:"事件发生后,日本政府立即向驻满军队的指挥官发出正式命令,采取必要步骤防止动乱蔓延。日本政府⋯⋯毫无对中国发动战争之意。"芳泽接着透露说,据其所知,"中日两国政府一致认为,有必要防止任何有可能加重事态的行为",中方已提议"两国政府通过直接谈判寻求解决方法",认为这种情况下国联的过早干预会使得日本的公众感到不安,阻碍事件的解决。芳泽表示坚信两国政府之间通过直接谈判,可以和平解决事件。

施肇基随即提出中日代表的发言涉及事实的准确性问题,表示中国政府愿意将此事交由一个由国联任命的公正的委员会来调查。对于芳泽宣称的直

---

① 《外交部致日内瓦中国代表团电》,1931 年 9 月 21 日,《东省事变声请国联》,第 24 页,"外交部"档案,台北:"国史馆"藏,020-010112-0034。

② 《国联盟约》第 11 条规定:"(一)兹特声明,凡任何战争或战争之威胁,不论其直接影响联盟任何一会员国与否,皆为有关联盟全体之事,联盟应采取适当有效之措施以保持各国间之和平。如遇此等情事,秘书长应依联盟任何会员国之请求,立即召集行政院会议。(二)又声明,凡影响国际关系之任何情势,足以扰乱国际和平或危及国际和平所依之良好谅解者,联盟任何会员国有权以友谊名义,提请大会或行政院注意。"参见《国际条约集(1917—1923)》,北京:世界知识出版社,1961 年,第 270 页。

③ 《中国代表团对国际联合会秘书长提出之书面声请书》,《东省事变声请国联》,第 36 页,"外交部"档案,台北:"国史馆"藏,020-010112-0034。

接谈判,施肇基反驳道:"当我国的一大片领土被日本军事占领之时,我们怎能与之进行外交谈判?"中国政府准备依照行政院的提议采取行动,并遵照国联做出的任何决议。芳泽则答称,根据他收到的日本政府的电报,提议直接交涉的是南京国民政府的一名高层官员,日本政府准备接受建议,认为"这是一个可以通过两国政府直接谈判解决的事件"。

芳泽所称的南京政府高层官员指前文所述的宋子文。"九一八"事变之前,由于万宝山案和中村事件等相继发生,东北局势已极为紧张。为此,日本驻华公使重光葵主动接触宋子文,希望寻找缓和地方局势的方法。事变爆发后,9月19日,重光葵又拜访宋子文,双方商定由中日两国各自选定三名左右得力的委员,组成一个委员会,到东北去调查和处理事变。重光葵为此专门致电日本外相币原喜重郎,请求指示。① 但是其后日本大规模的军事行动仍在继续,国民政府决定将事件诉诸国联,所以宋子文在21日向重光葵正式声明:此种情况下委员会无法建立,原方案取消。② 重光葵和宋子文的这个设想,是组建调查团调查东北问题的初次尝试,只不过此种调查团是由当事双方即中日两国直接组成,而非国联或第三方,并且设想提出之后很快即因形势的发展而宣告废止。

中日两国代表辩论之后,英国代表薛西尔③(Robert Cecil)发言,称:"我们缺乏形成意见所需要的事实信息。两国代表在事件起因和内容上对我们的陈述相去甚远。"薛西尔认为,美国是《非战公约》和《九国公约》签字国,行政院应该将所有的议事程序和讨论内容向美国通报,以便其对此事有充分了解并采取行动。④

当天下午召开的第三次会议上,施肇基希望行政院关注和同意其提出的派遣调查团的建议。法国代表马西格利(René Massigly)敦促中日两国代表

---

① 「柳条溝事件善後処理方策に関する宋行政院副院長提案について」(1931年9月19日)、外務省編『日本外交文書:満州事変』第1巻第2冊、外務省、1978年、288頁。

② "Text of a telegram received by the Chinese delegation from Nanking, dated September 22nd, 1931", September 22, 1931, R1862, League of Nations and United Nations Archives, Geneva.

③ 亦有译为塞西尔者。

④ "Minutes of the second meeting (public) of the sixty-fifth session of the Council", September 22, 1931, R1865, League of Nations and United Nations Archives, Geneva.

尽最大努力,使行政院能尽早掌握关于事件的必要信息,主席勒乐表示,行政院将全力调查这一事件。① 当天,行政院授权勒乐向中日两国政府发出内容相同的通告,要求"两国立即撤兵",并决定将"行政院所有会议记录与有关该问题的文件转交美国参考"。②

9 月 23 日,施肇基向薛西尔表示,由于事态严重,行政院应该马上派遣一个中立的观察团,否则,中国将在公开会议上提出此种要求。薛西尔建议施肇基应该就这个问题给国联秘书长德留蒙发出正式照会。③ 当晚,勒乐和英、法、德、意四国代表召开秘密会议,并邀请中日代表加入。会上,薛西尔询问两国是否赞成派遣中立观察员——如驻北平使领馆的武官——去东北调查以了解实情,以及两国可以提供何种便利。④ 施肇基对此提议极表赞成,认为中日双方都应提供便利,但芳泽回应说,这个方案会刺激日本人的感情,给事件的解决增加困难。会议决定请芳泽致电日本政府,表明行政院急切希望派遣中立观察团,以获取关于东北形势的准确信息。此外,会议还建议中立观察团由7 人组成,其中行政院委派 3 人,中日两国各任命 2 人。⑤

五人委员会派遣中立观察团的提议得到了南京国民政府的积极响应。25 日,施肇基致电外交部,希望尽快确定中方提名的两位调查委员人选,并建议首选美国和法国驻北平使领馆的武官,次选英国和意大利人。⑥ 26 日,外交部部长王正廷致电张学良,征求张对调查人选的意见。⑦ 张学良表示:"关于

---

① "Minutes of the third meeting (public) of the sixty-fifth session of the Council", September 22, 1931, R1865, League of Nations and United Nations Archives, Geneva.

② "Text of the telegram despatched by the president in office of the Council to the government of China and Japan on September 22nd", September 22, 1931, R1865, League of Nations and United Nations Archives, Geneva.

③ 《日内瓦中国代表团致外交部第 7 号电》,1932 年 9 月 24 日,《东省事变声请国联》,第 46 页,"外交部"档案,台北:"国史馆"藏,020-010112-0034。

④ 《日内瓦中国代表团致外交部第 5 号电》,1932 年 9 月 24 日,《东省事变声请国联》,第 45 页,"外交部"档案,台北:"国史馆"藏,020-010112-0034。

⑤ 《日内瓦中国代表团致外交部电第 9 号电》,1932 年 9 月 24 日,《东省事变声请国联》,第 50—51 页,"外交部"档案,台北:"国史馆"藏,020-010112-0034。

⑥ 《日内瓦中国代表团致外交部电第 14 号电》,1932 年 9 月 24 日,《东省事变声请国联》,第 58 页,"外交部"档案,台北:"国史馆"藏,020-010112-0034。

⑦ 《外交部致张学良急电》,1932 年 9 月 26 日,《东省事变之解决方针及措置(一)》,第 131 页,"外交部"档案,台北:"国史馆"藏,020-010112-0022。

调查委员人选,最要在求公私两方对我观感良好者,始能于事有益。"张学良建议从美使馆武官中推荐一人,另一人则在英法两国驻华使馆武官中产生。①

但是,日本政府对于派遣中立观察员的建议表示明确反对。9月25日,日本外务省训示日本代表团:派遣观察员方案"不仅没有实际好处,而且鉴于我国有关满洲事变的舆论,只会刺激国内民心,引发不愉快的事态","确信两国间直接交涉是圆满解决本案的唯一手段"。② 外务大臣币原喜重郎还召见了英、法、意、美等国驻日大使,表明并解释了日本反对派遣调查团的决定。③

9月25日,国联行政院举行第四次会议。施肇基重申:"鉴于局势如此严重,行政院应立即派遣一个中立的观察员委员会。"日本代表芳泽则再次表明要求直接谈判的立场——"日本政府重申通过直接谈判和平解决这一事件的迫切希望",强调行政院解决和平争端的前提是"必须尊重各方的愿望"。芳泽警告行政院最好不要过早干预,因为这会对已经出现改善迹象的局势产生不良影响。英国代表薛西尔在发言中支持芳泽的观点,表示"争端问题应该主要由当事方解决,而不是由行政院处理",除非该问题根据《国联盟约》第15条提交给行政院,或者当事双方签署了其他某种仲裁条约。④ 会后施肇基致电外交部:"今日行政院空气不如以前。日本坚持直接交涉,我方极端反对。"⑤

9月28日,第五次会议召开。施肇基表示虽然中国向来主张由行政院派遣中立调查委员会,但是为促成和解起见,建议由中日两国组建一个委员会,在国联派出的中立代表的协助下,现场监督撤军。芳泽宣称他早已表述过日

---

① 《张学良致外交部电》,1932年9月28日,《东省事变之解决方针及措置(一)》,第133页,"外交部"档案,台北:"国史馆"藏,020-010112-0022。

② 「日支事件ニ関スル交渉経過(連盟及対米関係)第一卷 8」、JACAR(アジア歴史資料センター)Ref. B02030381300(第260画像目から)、満洲事変(支那兵ノ満鉄柳条溝爆破ニ因ル日、支軍衝突関係)/日支事件ニ関スル交渉経過(連盟及対米関係)第一卷(外務省外交史料館)。

③ 「日支事件ニ関スル交渉経過(連盟及対米関係)第一卷 8」、JACAR(アジア歴史資料センター)Ref. B02030381300(第267画像目から)、満洲事変(支那兵ノ満鉄柳条溝爆破ニ因ル日、支軍衝突関係)/日支事件ニ関スル交渉経過(連盟及対米関係)第一卷(外務省外交史料館)。

④ "Extract from minutes of the 4th meeting of the 65th session of the Council", September 25, 1931, R1865, League of Nations and United Nations Archives, Geneva.

⑤ 《日内瓦中国代表团致外交部15号电》,1932年9月25日,《东省事变声请国联》,第64页,"外交部"档案,台北:"国史馆"藏,020-010112-0034。

本政府关于撤军和派遣调查团的观点,无法同意中国代表关于向满洲派遣调查团的建议。施肇基反驳称,他并没有坚持在日内瓦设立调查委员会,事发地区就有中立国人士,他们可以帮助双方达成协议。两人僵持不下之时,英国代表薛西尔发言,表示中国代表的建议令人感兴趣,希望芳泽进一步考虑。按照他的理解,中国代表的建议是在满洲设立某种委员会或会议,主要由中国和日本代表组成,国联可以采取一些措施,帮助双方达成协议。芳泽谦吉急忙强调:他将薛西尔的建议理解为"中日双方将努力在没有外界帮助的情况下达成协议",如果是这样的话,他会将这一建议转交给日本政府。见芳泽依然排斥这一新方案,薛西尔只得表示,他关注的只是撤军问题,并不牵涉其他任何方面。①

9月30日的第七次会议是行政院常会第一期的最后一次会议。主席勒乐在会上宣读了决议案草案,要求日本政府继续将其军队尽速撤退至铁路区域内,中国政府在此期间负责保障日人的生命财产安全,双方采取一切必要步骤,防止事态扩大或形势恶化,同时应就时局的发展经常向行政院提供充分的信息等。决议案草案还授权行政院主席,根据从当事国和其他会员国方面得到的关于情势发展的消息,认为没有再次开会的必要时,可以取消预定于10月14日召开的会议。② 在中日两国代表都表示接受的情况下,决议案获得一致通过。

从上述第一期会议的情况看,中国方面从一开始即希望国联派出调查团到东北调查,但日本则主张由中日直接谈判来解决问题。英法两国为获取东北地区的实地信息,赞同国联派遣中立观察团。几次会议之后,南京国民政府为了尽早促使日本撤军,在调查团问题上做出让步,不再坚持从日内瓦派出调查团,而提议由中日双方组成委员会,在国联派出的中立人士帮助下监督撤兵问题。但是此种折中建议依然被日本拒绝。最终9月30日的决议案中,没有涉及国联调查团的内容。

国联调查团方案被搁置,和日本坚决反对的强硬态度自然有很大关系。

---

① "Extract from minutes of the 5th meeting of the 65th session of the Council", September 28, 1931, R1865, League of Nations and United Nations Archives, Geneva.

② "Draft resolution", September 28, 1931, R1865, League of Nations and United Nations Archives, Geneva.

"九一八"事变后,日本一再向国际社会表明对中国并无领土野心,事变只是一场局部冲突。行政院主席勒乐要求两国同时撤兵后,日本外务省在 9 月 24 日的答复中声明:"日本政府坚决追求防止事态扩大和恶化的目标,深切希望通过两国之间的谈判尽快和平解决问题","日本军队正在最大限度地撤出……日本政府打算随着局势的改善按比例继续向铁路区内撤退剩余军队"。① 在日本政府的约束下,关东军在满洲的军事行动也确实一度暂时停止。② 这些都促使国联产生一种印象,即日本政府能够约束军方,东北形势已经基本得到控制,进而影响了国联在调查团派遣必要性问题上的判断和决策。

此外,美国在调查团派遣问题上也采取了反对立场。美国虽然不是国联会员国,但是其经济实力居列强之首,主导建立了以《九国公约》为中心的华盛顿体系,又是《非战公约》签字国,对国际格局特别是远东事务有巨大影响。"九一八"事变后,日本外务省通过多重渠道,向美方解释强调日本对华没有领土欲望,外相币原经过一定时间的处理后可以控制住军方的行动。美国国务卿史汀生对留美出身的币原也抱有希望,称:"根据报纸及其他情报得悉,币原男爵对于这次事件深表痛心,并正在努力收拾时局,实堪同情……我确信在若槻首相之下由币原男爵负责外交的现任内阁,将环顾世界大势,并鉴于日本自身的利益,能够迅速撤消占领并解决这一事件。"③9 月 23 日,史汀生与驻瑞士公使威尔逊(Hugh R. Wilson)通话,在谈及七人中立观察团时表示:"我对于成立调查团委员会的提议非常不安……我认为它无助于日本接受我们为和平解决局势所做出的努力,相反,我担忧这样会激起在中国东北主导军事行动的那些日本人的民族主义情绪,使币原喜重郎的努力更加困难。"④9 月 25 日,日

---

① 「日支事件ニ関スル交渉経過(連盟及対米関係)第一巻 10」、JACAR(アジア歴史資料センター)Ref. B02030381500(第 17 画像目から)、満州事変(支那兵ノ満鉄柳条溝爆破ニ因ル日、支軍衝突関係)/善後措置関係/国際連盟ニ於ケル折衝関係/日支事件ニ関スル交渉経過(連盟及対米関係)第一巻(外務省外交史料館)。

② 俞辛焞:《唇枪舌剑——九一八事变时期的中日外交》,第 89 页。

③ 「米国務長官幣原外相による事変解決への期待表明について」(1931 年 9 月 23 日)、外務省編『日本外交文書:満州事変』第 1 巻第 3 冊、外務省、1978 年、13 頁。

④ "The Secretary of State to the Minister in Switzerland (Wilson), at Geneva", September 23, 1931, U. S. Department of State, *Papers Relating to the Foreign Relations of the United States* (*FRUS*), 1931, Vol. Ⅲ, The Far East, Washington: United States Government Printing Office, 1946, p. 48.

本驻美国大使出渊胜次访问美国国务院,声明日本反对向东北派遣观察员,副国务卿卡斯尔(W. Castle)也对日方的主张表示同情,称:"派遣调查委员不会收到任何实际效果,只会刺激舆论,我非常清楚地理解日本对满洲问题的心态。"①美国对中立观察团的反对立场,在很大程度上影响了国联的决策。9月26日,中国代表团致电外交部:"美国不愿负责,对于派调查团亦不赞成,恐将影响大势,与我不利。"②

英国方面,由于受经济危机困扰,介入远东事务的意愿和能力都受到削弱。但是英国作为国联的主导国,出于获取东北实地信息的迫切需要,对中方提出的派遣中立观察团的主张表示赞同。在9月22日召开的内阁会议上,外交大臣李定对"九一八"事变后的情况做了汇报,说明中国已要求国联解决问题,建议派遣观察员到东北,并要求美国支持此项行动。③ 李定的报告可以反映出英国对中日冲突问题的基本立场,即将事变限定在国联框架内,并通过和美国的合作来解决问题。但是此后日本坚决拒绝派遣中立观察团,特别是美国方面也持反对态度,使得英国开始调整外交策略,避免过于突显英国的作用而影响英日关系。英国驻国联代表薛西尔在行政院会议上由一开始赞成由国联派遣中立调查团的主张,到后来意见模棱两可,9月25日会议更是主张"争端问题应该主要由当事方解决",此种态度上的游移和变化,正是英国外交策略调整的反映。

国联派出调查团的方案虽然被搁置,但是南京国民政府为揭露日本发动"九一八"事变的真相并牵制日本的军事行动,仍然根据行政院决议的最后一条,向英、法、德、意、西等行政院会员国发出照会,请其派遣中立调查员赴东北调查,以便向行政院提供及时准确的消息。④ 英、美、西等国为了获取东北局势的报告,先后命本国驻中日两国使领馆的工作人员以独立身份到东北搜

---

① 「連盟よりの現地調査員派遣問題に関するキャッスル国務次官との会談について」(1931年9月26日)、外務省編『日本外交文書:満州事変』第1卷第3冊、13頁。

② 《日内瓦中国代表团致外交部电》,1932年9月26日,《东省事变声请国联》,第70页,"外交部"档案,台北:"国史馆"藏,020-010112-0034。

③ "Meeting of the Cabinet to be held at No. 10 Downing Street, S. W. L, on Tuesday, September 22, 1931, at 11.0 a. m. ", September 22, 1931, The Cabinet Papers 23 /68 /15, p. 4, The National Archives, London.

④ 《外交部致日内瓦中国代表团第68号电》,1931年10月3日,《国际联合会调查团(一)》,第12页,"外交部"档案,台北:"国史馆"藏,020-990600-2075。

集实地信息。为避免引起日本不满,中立观察员搜集到的信息向本国政府而不是国联行政院报告,实则这些信息通过各种渠道依然会辗转传递给国联。对于各国以此种方式派遣的中立观察员,日本政府不得不予以认可。此外,国联秘书长德留蒙也命令"九一八"事变前后暂留在中日两国的工作人员,如充当宋子文顾问的国联卫生局局长拉西曼等人,提供关于事变的信息。各国中立观察员到东北后收集到的信息虽然在准确性和完整性上都存在缺陷,但一定程度满足了国联和英美等国了解东北实地信息的迫切要求。此种方式的过渡,也为后来国联调查团派遣案的出台奠定了基础。①

二、国联行政院第二期会议与限期撤兵决议案的否决

第一期会议休会后,日本关东军采取了进一步的军事行动。10月8日,关东军轰炸了东北地区的临时军政中心锦州。9日,施肇基紧急致函行政院,要求立即重开会议。行政院被迫在10月13日提前召开第二期会议。由于主席勒乐因公羁留马德里,此期会议改由经验丰富的法国外长白里安主持。

当天中午的第8次会议上,施肇基指责日本在国联9月30日决议案出台后,不但没有撤兵,反而轰炸锦州,造成中方的财产损失和平民伤亡。施肇基表示:"中国已经把自己交付给国联……国联不能失败。"②下午第9次会议,芳泽首先为日军轰炸锦州的行为做辩护,声称:日本得知中国逃亡的军队在锦州集结并准备行动,于是派飞机去侦察,但是飞机"受到中国军队的袭击",故而投弹报复。芳泽强调:"日本在满洲没有领土野心,但是有至关重要的政治和经济利益。"芳泽叙述了日本与满洲的历史关系,以及"九一八"事变前发生的种种事件(抵制日货、万宝山案、中村事件及中方对南满铁路护路军的"挑衅"等),表示"目前的事件深深植根于过去,如果把这些事件视为孤立或偶然行为,而不顾及问题的根源,并以期在今后改进的话,日本人民绝对不能接受"。芳泽宣读了日本政府的来文,声称日本政府已经准备好就主要原则问题与中国展开谈判。

---

① 陈海懿:《国联调查团的预演:九一八事变后的中立观察员派遣》,《抗日战争研究》2019年第2期。

② "Minutes of the eight meeting (public) of the sixty-fifth session of the Council", October 13, 1931, R1865, League of Nations and United Nations Archives, Geneva.

对于芳泽要求中日直接交涉的发言,施肇基反驳称:"日本要求和中国通过直接谈判来解决当前争议是徒劳的。只要日本军队非法驻扎在中国领土上,并且没有就'九一八'以来对中国所犯错误达成令人满意的赔偿协议,中国就永远不会同意谈判。"施肇基表示:"事实上,正是日本自己首先拒绝了谈判……它向中国派遣了大量军队,占领了中国广大地区的重要地点并进行军事行动,导致大量中国人丧生,财产被破坏。因此,日本本身放弃了任何可能的直接谈判手段,并迫使中国向国联提出上诉……现在日本声称应通过直接谈判解决整个争端,这既不正确也不合理。"芳泽解释说:"我国政府的意图是,这些谈判不应该是去解决'九一八'事变所造成的细部问题,而应该是处理关于谈判的基本问题,以便与中国就撤军问题达成协议。"芳泽举出华盛顿会议后日本从山东撤兵以及三年前从济南撤兵的例子,证明这种初步谈判在中日交涉中的重要性。对此,施肇基回击道:"目前的情况与前两者并不相同……而且日本代表忽略了 1915 年中国直接与日本谈判的结果——'二十一条'。"①

轰炸锦州不仅使日本的外交信誉受损,而且激化了英美与日本的矛盾。英国因为通过锦州的北宁铁路有本国资本参与,所以非常关注日军对锦州的轰炸。美国也对日本轰炸锦州感到反感,史汀生特意命令美国驻日大使向日本政府提交备忘录表示抗议,并要求日本外务省对此事予以解释。② 与此同时,美国也开始调整对国联的政策,表示准备与国联合作。

有鉴于此,是否邀请美国派出观察员列席会议,成为行政院此后会议的讨论焦点。虽然芳泽从《国联盟约》和法律程序等方面对此表示异议,要求组建专家委员会对此问题进行讨论,但行政院大多数会员国都赞成邀请美国。10月 15 日,行政院会议对邀请美国案进行表决,结果只有日本一票反对票。由于《国联盟约》规定法律程序问题的表决支持票数过半即可,此项决议获得通过。对于国联行政院的邀请,美国政府很快表示接受,并派驻日内瓦总领事吉尔伯托作为观察员列席行政院会议。虽然在吉尔伯托列会之初,美国"仍然注

① "Minutes of the ninth meeting (public) of the sixty-fifth session of the Council", October 13, 1931, R1865, League of Nations and United Nations Archives, Geneva.

② "Memorandum left with Japanese Foreign Minister by American ambassador at Tokyo at the request of the Secretary of State", October 11, 1931, *Conditions in Manchuria*, *House nod Senate Documents*, Serial Set Id: 9520 S. doc. 55, pp. 16 - 17.

意把华盛顿和日内瓦分开"①,并未表现出与以往政策的明显不同,但这是美国在历史上第一次派观察员列席行政院会议,本身即加强与国联合作的信号,大大增强了国际社会处理中日冲突的力量。对此,顾维钧在给张学良的电报中认为:"现美国加入国联,声势愈觉良好。"②

10 月 16 日至 22 日之间,行政院又召开数次秘密会议,期间主席白里安几次与中日代表会谈。22 日行政院第 13 次会议上,白里安提出七项决议案草案。其中第四项规定:"(a)呼吁日本政府立即开始并逐步将其部队撤出铁路区,以便在行政院确定的下次会期之前,全面撤出;(b)呼吁中国政府履行其负责担保居住于满洲的所有日人的生命财产安全的责任,并制定日本军队撤退后该地区的接收办法,以保障该地日侨的生命财产安全,并请中国政府命令因此事所派之中国官员与各国代表联系,以便该代表能够监督此项办法之履行。"第六项规定:"建议中日两国政府在撤军完成后,立即交涉两国之间现存的悬案,尤其是最近事件引起的问题和因东省铁路局势而引发的所有困难。行政院提议双方设立调解委员会或类似的永久性机构。"③

这两项内容,一项规定了撤兵的具体日期,另一项规定了先撤兵然后谈判的解决方式,都对中国有利。芳泽声称,对此草案,日方保留在彻底审查之后就其细节提出意见的权利,并要求延期讨论。④ 次日,芳泽代表日本政府提出了修正案。在说明词中,芳泽表示,因为满洲地区气氛紧张和秩序混乱,日本根本不可能确定撤军完成的日期,日本政府认为恢复平静的情绪至关重要,为此已确定了中日关系正常化所依赖的若干基本原则。薛西尔询问芳泽所谓"基本原则"的含义是什么,芳泽答称是"保障日本国民生命和财产安全的初步

---

① 《日内瓦中国代表团致外交部第 22 号电》,1931 年 11 月 20 日,《东省事变之解决方针及措置(二)》,第 39 页,"外交部"档案,台北:"国史馆"藏,020-010112-0023。

② 《顾维钧、罗文干、刘哲致张学良电稿(1931 年 10 月 16 日)》,中国第二历史档案馆选编:《九一八事变后顾维钧等致张学良密电选(上)》,《民国档案》1985 年第 1 期,第 13 页。

③ "Minutes of the thirteenth meeting (public) of the sixty-fifth session of the Council", October 22, 1931, R1865, p. 3, League of Nations and United Nations Archives, Geneva.

④ "Minutes of the thirteenth meeting (public) of the sixty-fifth session of the Council", October 22, 1931, R1865, p. 5, League of Nations and United Nations Archives, Geneva.

办法"。①

10月24日下午，行政院对决议案草案和日本修正案进行表决。日本修正案以一比十三遭到否决，行政院决议案的投票结果为十三比一，只有日本反对。但是由于国联行政院决议案的表决采取"全体一致"原则，该决议案未能生效。

国联行政院第二期会议中，南京国民政府针对日本"讨论谈判基础—直接谈判—撤兵"的外交方针，针锋相对地提出先撤兵再谈判的策略。10月24日的决议案，在规定撤兵限期、先撤兵后谈判以及派中立国人员监督日方撤兵等问题上，都做了对中国有利的规定。虽然该决议案因日本否决未能产生效力，但正如白里安所说，这项决议仍有"道德上的充分力量"②。南京国民政府鉴于国联的氛围已经转向对己方有利，更加坚定了寻求国联和第三方介入的外交方针。10月27日，特种外交委员会通过议决，邀请中立国家任命观察员并派往东北。③ 28日，外交部向美国和所有行政院会员国发出邀请，并指示施肇基，请求德留蒙催促这些国家早日派出观察员。④ 蒋介石也表示："这个通过的决议案，以我们一般国民的立场论，当然未达到我们所要求的目的，未必能十分满意，不过我们若就另一方面去观察……也不能不说已表现了国联的精神与力量了。"⑤

三、国联行政院第三期会议与调查团派遣决议的出台

行政院第二期会议结束后，无效的决议案未能阻止日本关东军军事行动的扩展。11月4日，日军进攻嫩江桥，事变范围向东北北部扩大。19日，关东

① "Minutes of the fourteenth meeting（public）of the sixty-fifth session of the Council", October 23, 1931, R1865, pp. 3 - 7, League of Nations and United Nations Archives, Geneva.

② 《国联行政院主席白里安为日政府宣言事驳覆日本出席国联代表芳泽谦吉函》（1931年10月29日），罗家伦主编：《革命文献》第39辑，第2383—2385页。

③ 《中央政治会议特种外交委员会第二十三次会议记录》（1931年10月27日），李云汉主编，刘维开编：《国民政府处理九一八事变之重要文献》，第81—84页。

④ 《外交部致日内瓦中国代表团第175号电》，1931年11月2日，《国际联合会调查团（一）》，第15页，"外交部"档案，台北："国史馆"藏，020-990600-2075。

⑤ 蒋介石：《继续奋斗贯彻主张》（1931年10月26日），罗家伦主编：《革命文献》第35辑，第1223页。

军占领了黑龙江省会齐齐哈尔,并扶植建立了由当地军阀与汉奸构成的傀儡政权。

东北局势严重恶化后,施肇基连续致函国联秘书长德留蒙,请其注意"北满"局势的危险,并呼吁国联向事发地区派遣中立观察员。[①] 行政院主席白里安于 11 月 5 日向中日两国政府发出第一次呼吁,要求两国"立即向各自部队的指挥官发出指示,消除中日军队作战的所有可能性"[②]。11 月 8 日,南京国民政府回复白里安,再次要求行政院派遣中立代表到现场观察事态。

11 月 16 日,国联行政院第三期会议如期召开。因主席白里安无法抽身赴日内瓦,会议改在巴黎召开。美国派遣驻英大使道威斯(Charles Gates Dawes)为代表列席会议。会议开始后,白里安将 10 月 24 日以来东北局势的发展及中日两国与行政院的公文往来情况略述一遍后,即宣告转入秘密会议阶段。经过几日的协商,11 月 21 日,行政院召开第 18 次公开会议,白里安重申 9 月 30 日决议案要点及中日两国所做的保证,并述及最近东北局势的严峻,表示现在军事行动仍在持续,公众舆论不能恢复平静,如果两国无法以充分的诚信维持和平的话,行政院解决纠纷的努力将付诸东流。芳泽随即发言,称"目前在满洲发生的事件不仅仅是起源于 9 月 18 日","日本政府认为,从根本上解决这个问题的基本条件是真正了解满洲和中国本土的整体状况,正是出于这个原因,日本建议国联向现场派遣调查团……当然,该委员会无权参与双方可能发起的谈判,也无权监督双方军队的行动"。[③]

日本突然改变一直以来坚持中日两国直接谈判的主张,主动提议国联派出调查团,自有其自身背景。事变向东北北部扩大以后,中国代表施肇基多次呼吁行政院会员国派遣中立观察员到现场视察,国联也愈发感觉到观察员在搜集信息和观察事态发展上的重要性。11 月 11 日,白里安向中日两国发出

---

① 《日内瓦中国代表团致外交部第 102 号电》,《东省事变声请国联》,第 108 页,"外交部"档案,台北:"国史馆"藏,020-010112-0034。

② "Report by the Secretary-General on the action taken by the League on the Sino-Japanese dispute", February 29, 1932, R1872, p. 12, League of Nations and United Nations Archives, Geneva.

③ "Minutes of the eighteenth meeting (public) of the sixty-fifth session of the Council", November 21, 1931, R1865, League of Nations and United Nations Archives, Geneva.

第二次呼吁,要求两国"对行政院会员国派往嫩江桥附近的观察员予以便利"①。由于日军在东北军事行动的一再扩大,国联在处理中日冲突问题上陷入僵局,秘书长德留蒙开始与英法等国商议,希望通过派出调查团的方式,缓解国联当前面临的困境。11 月 2 日,德留蒙致信英国代表贾德干(Alexander C. Cadogan)和美国代表吉尔伯托,询问"国联是否可以根据盟约第 15 条第 1 款的规定②,组建调查团对满洲进行充分的调查",并表示这样做"国联能从压力中得到舒缓"。③英美等国苦于信息匮乏,早在行政院第一期会议后就开始派遣观察员赴中国东北进行信息搜集,组建调查团的提议符合他们的诉求。

日本方面,随着关东军在东北军事行动的不断扩展,其外交上承受的指责和压力越来越大,也希望采取措施摆脱这一局面。10 月 29 日,日本驻沈阳总领事林久治郎向外相币原报告:"许多来当地视察实际情况的外国人了解到,在满洲目前状态下,不可能急速撤退日本军队。如此时我方改变以往的行动,进而主动让国联派遣调查员,不仅有利于让国联了解满洲的实情,而且在这次事变的处理几乎陷入僵局的状态下,可以给国联一个出路并加以妥善诱导。再者,本庄司令官也认为,让国联调查员了解当地的实际情况是有利的。"④日本外务省经过内部研究讨论后,于 11 月 15 日向芳泽指示:"为实现启发(国联)目的,推动让行政院派遣视察员赴当地是为一策。可以预想,由我方主动要求派遣视察员,反而更加有利。"日本驻国联代表团草拟了关于派遣调查团的方案后,外务省又发出训令,要求在方案中明确:"任命有权威的委员会,以研究下列问题:(甲)从调查中国各地的排外和抵制日货的状况着手;(乙)调查

---

① "Report by the Secretary-General on the action taken by the League on the Sino-Japanese dispute", February 29, 1932, R1872, p. 12, League of Nations and United Nations Archives, Geneva.

② 《国联盟约》第 15 条第 1 款规定:"联盟会员国约定,如联盟会员国间发生任何足以决裂之争议,而未照第十三条提交仲裁或司法解决者,应将该案提交行政院。为此目的,各方中任何一方可将争议通知秘书长,秘书长应采取一切措施,以便详细调查及研究。"参见《国际条约集(1917—1923)》,第 271 页。

③ "No. 702 Letter from Sir E. Drummond to Mr. Cadogan", November 2, 1931, Documents on British Foreign Policy 1919—1939, Ser. 2, Vol. 8, *Documents on British Foreign Policy Overseas*(*DBPO*), F 6355/1391/10.

④ 「連盟より中国調査員派遣方に関し日本より提案方稟申について」(1931 年 10 月 29 日)、外務省編『日本外交文書:満州事変』第 1 巻第 3 冊、427—428 頁。

中国有无能力确保以及是否已确保在华外国人的生命财产安全；（丙）调查中国是否有能力履行以及是否正在履行同外国签订的条约；等等。"但是强调方案绝对不能包含干涉日中两国关于此次事件的直接谈判和监视日军行动的宗旨。① 由此可见，日本主动提出让国联派遣调查团的方案，是想通过这一外交措施来缓和由于关东军北进而激化的与国联和英美等国的矛盾，避免国联对日本军事行动的干涉，并通过限制调查的范围和权限等方式来引导和利用调查团，以获得对日本有利的结果。所以第三期会议伊始，日本代表团即与德留蒙和英美驻国联代表接触，透露日本准备提议让国联派遣调查团的想法，以试探国联和英美等国的反应。

11 月 19 日，行政院召开秘密会议，白里安表示，前面的一系列会议表明，中日双方的观点相去甚远，调解的希望渺茫，但是他得知日本有可能提出任命一个调查团调查整个中日局势的建议，这个调查团的调查可以帮助国联做一些有用的工作，最终解决中日之间存在的难题。② 11 月 20 日，德留蒙和白里安约见施肇基，告知其日本在第二天下午的公开会议上可能会提出以下建议：不再坚持以五项基本大纲作为谈判基础，而是派遣调查委员会研究中日问题。白里安补充说明调查团与撤兵并无关联，撤兵仍要继续，而调查团可以处理行政院会员国提出的任何问题，中国可以据此将责任和赔偿问题提请该团审查。白里安希望中国不要反对此项提议。施肇基对此表示不同意见，称："此项提议将令撤军延迟，余不能考虑，第一步办法仍须撤军。"对于施肇基的拒绝，白里安和德留蒙坦言："行政院已竭尽心力，除派遣调查团外，在任何条款下，实无其他办法。如中国有更大之要求，行政院意见将分裂。"在白里安和德留蒙的要求下，施肇基表示将向国民政府请训，但断言政府必不能接受。③

21 日行政院公开会议上，芳泽代表日本政府正式提出了派遣国联调查团

① 「中国調査員派遣問題に関する回訓について」(1931 年 11 月 20 日)、外務省編『日本外交文書：満州事変』第 1 巻第 3 冊、609 頁。

② "No. 754 United Kingdom Delegate (Paris) to Foreign Office (Received November 23)", November 19, 1931, Documents on British Foreign Policy 1919—1939, Ser. 2, Vol. 8, *DBPO*, F 6820/1391/10.

③ 《巴黎中国代表团致外交部电第 77 号电》，1931 年 11 月 21 日，《东省事变日本之答覆与提议及设中立区案》，第 26—29 页，"外交部"档案，台北："国史馆"藏，020-010112-0027。

的提案。施肇基表示：在未研究调查团的组成、职能等问题之前，对此提案不能表示任何意见，中国政府赞成以任何一种方式获得对"九一八"事变更准确的了解，但是"行政院当务之急是采取步骤，立即停止敌对行为，制止局势恶化，并确保日本军队马上开始并分批完成迅速的撤军"。除施肇基外，各国代表在发言中纷纷赞成调查团的设立，所以行政院决定研究日本的提案。①

一直要求直接谈判的日本，此时忽然主张国联派遣调查团，反倒让南京国民政府感到警觉，担心日本以此为借口，在东北延迟撤军。11 月 21 日，外交部指示施肇基："日方所提调查团办法，万不能承认……此时我之主张要点，要求国联保证日军迅速停止进攻，并履行撤退之决议。"②11 月 22 日，外交委员会开会拟定了七条办法，令施肇基提交国联行政院。③ 这份由宋子文拟成的修正案内容如下：（一）国联即时制止日军的侵略行为；（二）日军应于国联议决日起两星期内完全撤退；（三）中国声明在日本撤兵后保障东三省日侨生命财产的安全；（四）国联与美国共同派遣中立国代表团，调查东三省情形，监视撤兵与接收，并向第七项所规定的国际会议报告；（五）中日两国重申尊重国际条约的原则，特别是《国联盟约》、《非战公约》和《九国条约》；（六）中日两国在中立国代表团的监督下，即日开始商订接收的详细办法及撤兵后保障东三省日侨安全的办法；（七）中日间关于东三省的一切问题，本着保障东亚和平、实行国际合作、促进东三省经济发展的宗旨，由国联与美国共同召集有关各国参加国际会议，根据《国联盟约》、《非战公约》及《九国条约》的各项原则讨论决定。④ 在给施肇基的训电中，外交部指示："如果行政院拒绝我方修正案并逼迫接受调查团建议，应坚持两个条件：明确撤军时间，并在中立观察员监督下撤军；如果上述两点仍被拒绝，则为应对严重局势和保障中国权益起见，应最

---

① "Minutes of the eighteenth meeting（public）of the sixty-fifth session of the Council", November 21, 1931, R1865, League of Nations and United Nations Archives, Geneva.

② 《外交部致巴黎中国代表团电》，1931 年 11 月 21 日，《东省事变之解决方针及措置（二）》，第 70 页，"外交部"档案，台北："国史馆"藏，020-1010112-0023。

③ 《顾维钧致张学良电稿》（1931 年 11 月 22 日），李云汉主编，刘维开编：《国民政府处理九一八事变之重要文献》，第 289—290 页。

④ 《外交部致巴黎中国代表团第 31 号电丙部》，1931 年 11 月 22 日，《东省事变之解决方针及措置（二）》，第 87 页，"外交部"档案，台北："国史馆"藏，020-1010112-0023。

终拒绝派遣调查团之建议。"①23 日,针对正在起草的行政院决议案草案,特种外交委员会又提出了接受的条件:"应坚决主张下列三原则:(甲)严厉制止日军之侵略行为;(乙)在一定期间内撤兵;(丙)在中立国人员监视下撤兵……如国联不能接受,其他一切皆谈不到。"②可见在日军的军事压力之下,此时南京国民政府外交方针的重点在停止敌对行动和限期撤兵两个问题上,并以此作为接受国联调查团派遣方案的先决条件。

11 月 23 日,德留蒙约见施肇基,转交了其他会员国已经同意的行政院决议案草案,强调该草案是接下来行政院唯一的讨论方案,并征询施对草案的修正意见。施肇基称:"除了停止敌对行动和撤军外……中国不可能接受这项决议草案。"并表示由于形势已变得更加严峻,中国将考虑援引盟约其他条款。德留蒙认为,虽然他无权阻止中国援引其他条款,但是现在中国根据盟约第11 条吁请,要比根据第 10 条和第 15 条更好。施肇基表示,中国公众舆论要求的,不是一再重申 9 月 30 日的决议案。对此,德留蒙反问道:"国联还能做些什么呢?"对于中方强调的限期撤兵和派遣中立观察员监督撤军等问题,德留蒙指出,日本已经在 10 月 24 日的决议案中否决了这两项提议,现在日本同意派遣调查团,第一次承认满洲问题的国际化,已经是一种"进步",如果再对日本进一步施压的话,这些让步可能也会撤回。施肇基对调查团的调查范围从东北扩大到中国提出质疑,德留蒙解释道,这样做"有利于包括中国在内的各方的最大利益"。③

除德留蒙外,白里安和英国外长西蒙(John Simon)也先后劝说中国接受行政院决议案草案。西蒙建议可以对决议案草案进行细微的改动,比如在结尾处添加"委员会的调查,并非为了延迟撤军"的字句,以满足中国的要求。④白里安则表示,国联在 10 月 24 日决议案中所展现的努力已告失败,不希望现

① 《外交部致巴黎中国代表团第 31 号电甲部》,1931 年 11 月 22 日,《东省事变之解决方针及措置(二)》,第 81 页,"外交部"档案,台北:"国史馆"藏,020-1010112-0023。

② 《中央政治会议特种外交委员会第四十九次会议记录》(1931 年 11 月 24 日),李云汉主编,刘维开编:《国民政府处理九一八事变之重要文献》,第 155 页。

③ 《巴黎中国代表团致外交部第 88 号电》,1931 年 11 月 24 日,《东省事变国联之决议与措置(一)》,第 83—84 页,"外交部"档案,台北:"国史馆"藏,020-0101121-0030。

④ 《巴黎中国代表团致外交部第 89 号电》,1931 年 11 月 24 日,《东省事变之解决方针及措置(二)》,第 114 页,"外交部"档案,台北:"国史馆"藏,020-1010112-0023。

在的工作重蹈覆辙,如果出现这种结果,对中国也没有好处。白里安对施肇基坦言:"国联的手段是有限的,中国肯定也知道国联的能力和局限。"①美国国务卿史汀生也认为行政院决议案草案有许多好处,中国的修正案并不像前者那么有效,一些条款完全不可行,并要求道威斯向中国代表团转告他的意见。②

在国联和英美两国处屡屡碰壁之后,外交部已经意识到限期撤兵被行政院决议案接受的困难。这时法国驻华公使韦礼德(H. Wilden)向时任外交部部长顾维钧提议,可以要求国联调查团首先调查在日军拒绝撤兵的区域里,中国展现出的保护日人生命财产安全的能力,并将这一结果向国联报告,作为折中方案。③ 最终,中方接受了韦礼德的建议,这一方案也被国联行政院决议案草案采纳。

12月9日,行政院第19次会议上,白里安宣读了决议案草案。其中第五项规定:

> 鉴于本案之特殊情形,希望促进两国政府间各项问题之最后根本解决,在不妨碍上述办法实行的前提下,决定派遣一委员会,由五人组成,就地研究任何影响国际关系而扰乱中日两国和平或和平所维系之相关情形,并报告于行政院。中日两国政府得各派调查员一人参加,襄助该委员会。两国政府对于该委员会应予以一切便利,俾能就地获得所需之各种信息。如双方开始任何谈判,则此项谈判不在该委员会职权范围以内。该委员会对于任何一方军事办法亦无干涉之权。该委员会之委派及其考察,对于日本政府在九月三十日议决案内所做日军撤至铁路区域内之保证,并无任何妨碍。④

---

① 《巴黎中国代表团致外交部第 90 号电》,1931 年 11 月 24 日,《东省事变之解决方针及措置(二)》,第 112 页,"外交部"档案,台北:"国史馆"藏,020-1010112-0023。

② 《外交部致巴黎中国代表团第 276 号电》,1931 年 11 月 25 日,《东省事变之解决方针及措置(二)》,第 100 页,"外交部"档案,台北:"国史馆"藏,020-1010112-0023。

③ 《外交部致巴黎中国代表团第 311 号电》,1931 年 11 月 26 日,《东省事变国联之决议与措置(一)》,第 92 页,"外交部"档案,台北:"国史馆"藏,020-0101121-0030。

④ "Extract from minutes of the nineteenth meeting of the 65th session of the Council", December 9, 1931, R1865, League of Nations and United Nations Archives, Geneva.

在主席声明中,白里安又对第五项加以说明:

　　本项规定调查委员会之设立,此项委员会虽然是顾问性质,但是其职务范围甚广。在原则上,凡是该委员会认为应加研究者,都不得除外,但此项问题以影响国际关系而足以扰乱中日两国和平及和平所维系为限。两国政府之任何一方,可以请该委员会考虑该国政府特别希望研究之任何问题。该委员会有全权裁量决定以何项问题报告行政院,并提交临时报告。如果委员到达时,两方依照九月三十日议决案所为之保证,尚未履行,该委员会应将情势尽速报告于行政院。如果两方开始任何谈判,则该项谈判不在该委员会职权范围以内,而且该委员会对于任何一方之军事办法,无干涉之权。但此项规定对于委员会之调查职权并无限制。委员会应享有行动之完全自由以能获得所需报告之各种信息。①

12月10日,行政院第三期会议最后一次会议上,中日双方表示接受决议案,同时各自提出了保留意见。最后决议案获得一致通过。

小　结

　　"九一八"事变后,南京国民政府实行依赖国联的外交政策,既是囿于国力羸弱,内外交困,也不乏对"国际条约信义""正义与公理"的期待。由于日本在国联行政院会议上将"九一八"事变的责任反诬于中国,并做出愿意和平解决事件的姿态和外交表态,所以南京国民政府一开始即吁请国联派人到东北进行实地调查,希望以此揭露日军发动事变的真相,并现场监督日本撤兵。但是日本强硬反对国际力量介入,坚持两国直接谈判,英美等大国在中日冲突问题上又不愿得罪日本,所以9月30日的决议案中并没有涉及国联调查团的内容。

　　10月8日,日军轰炸锦州,国联行政院对日态度由弱转强,并邀请美国代表列席会议,以增强压迫日本的力量。日本则抛出"尊重条约论",指责中国违

---

　　① "Declaration by the President, Paris, 9/XII/1931", December 9, 1931, R1865, League of Nations and United Nations Archives, Geneva.

背条约,严重侵害日本在东北权益,并提出两国之间先谈判以保障日本在东北的利益,然后再解决撤兵问题。南京国民政府则针锋相对地提出先撤兵再谈判的策略。国联行政院 10 月 24 日决议案明确了先撤兵后谈判的原则,规定了撤兵限期,并准备派中立国人员监督日方撤兵。这一对中国有利的决议案因日本的否决未能产生效力,却使国民政府坚定了依靠国联和第三方的介入解决中日问题的决心。

随着关东军在东北北部军事行动的开展,日本为缓解外交压力、避免国联对其军事行动的干涉,主动提议国联派遣调查团到远东调查,并在调查范围和调查权限等问题上主导了国联行政院对调查团的制度设计。南京国民政府由于日军的步步紧逼和东北局势的全面恶化,将外交政策重心放在要求日本立即停止敌对行动和限期撤兵上,反对在上述问题解决前派出调查团,以免其成为日本推迟撤军的借口。但是国联为了纾解自身的困境,和英美等大国一起极力劝说中方,促成调查团的派遣。12 月 10 日的国联决议案未能满足中方的核心诉求,只是在主席声明中要求调查团到当地后首先调查双方执行 9 月 30 日决议案的情况并向行政院作报告,以作为对中方利益的关照。最终在各方博弈下,调查团派遣案出台。此时的南京国民政府,在东北领土被日军不断吞并、国际外交力量又为日本所压制的情势下,只能接受这一结果。

但从另一个角度来看,国联调查团的派出,也给一直坚持依赖国联外交政策的南京国民政府带来了新的寄托和希望。决议案通过后,国联行政院宣告休会,各方关注的焦点从国联的外交争斗转移到了马上要成立的国联调查团上。

第二章　国联调查团的成立与
南京国民政府的关切

国联调查团派遣案出台后,调查团的组建和成行被提上议事日程。在调查团的组建上,成员的构成及人数、人选的确定等事宜,体现了国联和英美等大国对调查团的期待与擘画,并影响到调查团的职责履行和效能发挥,既关乎中日两国利益,又牵扯到国际政治博弈。而调查团的经费、出发日期、路线和参考资料等问题,则影响到调查团早期调查活动的开展及其对中日冲突的初步认识和判断。在这些问题上,中日两国的应对表现出极大的差异。

对于上述问题,目前学界尚缺乏关注,相关研究极为薄弱。[①] 本章主要利用日内瓦国联和联合国档案馆藏李顿调查团档案、台北"国史馆"藏"外交部"档案以及日本外务省藏档,考察国联调查团产生时期南京国民政府的应对情形,探析这一时期国内动荡的政局对国民政府应对调查团组建和成行问题的影响及后果。

第一节　国联调查团的组建与南京国民政府的缺位

一、国联调查团的组建

1. 调查团成员的来源国及人数之争

调查团的组建方案,在 12 月 10 日国联行政院决议案通过前曾几经商讨。日本提出派遣调查团时,曾建议调查团成员由英、法、美三国的"一流"人物组

---

① 目之所及,学界在调查团代表人选问题上,只有陈海懿《九一八事变后国联调查团代表选定研究》(《社会科学辑刊》2021 年第 2 期)一文予以关注,其他人对此问题及对其他问题的研究尚付阙如。

成。11 月 20 日,德留蒙和白里安约见施肇基,告知国联调查团成员将会是"著名欧洲人及在欧洲之美国人"。① 11 月 26 日,行政院成立由英、法、西三国代表组成的起草委员会,负责调查团组建案的起草工作。当天,意大利驻英国临时代办马梅利(Signor Mameli)拜访英国外交部官员韦尔斯利(V. Wellesley),表示意大利政府为自身声望考虑,很希望调查团能包括一名意大利成员,这一建议已经获得白里安支持,如果英国政府也能支持的话,意大利政府将会非常感激。② 英国外交大臣西蒙支持意大利政府的意愿,并指示驻国联代表薛西尔在此事上予以帮助。③ 拉西曼(L. Rajchman)也向德留蒙表示,调查团要想充分发挥作用的话,必须拥有尽可能多的成员和更广泛的权力。④ 12 月 2 日的起草委员会会议上,意大利再次施压,"极力要求调查团中加入意大利代表",并提出了自己的候选人。⑤ 会议最后决定调查团委员改为 5 人,英、美、法、意各出一人,但是,第五位委员的来源国问题产生了很大争议。荷兰表示希望占据此席,也有会员国主张应由和远东没有直接关系的小国代表充任。德国代表墨的厄士(Gerhard von Mutius)则声称:"各中立大国与一小国既将加入委员团,德国自无屏除在外之理。"⑥对于让小国代表加入调查团的方案,日本表示坚决反对。最终在各国的争夺和行政院的权衡下,德国获得最后一个席位。这样,国联调查团的五位委员全部由欧美列强代表组成。

国联调查团成员来源国被行政院四个常任理事国和美国把持,引起了部分小国的不满。行政院休会后,12 月 15 日,挪威和西班牙两国以书面形式向

---

① 《驻国际联盟泽田局长致犬养外务大臣的函电(一)(1931 年 12 月 16 日)》,张生主编,陈海懿、马海天编:《李顿调查团档案文献集·日本外务省藏档(一)》,南京:南京大学出版社,2019 年,第 12 页。

② "Sir V. Wellesley to Signor F. Mameli", November 27, 1931, *Foreign Office Files for China*, 1919—1980, Adam Matthew, FO 371/15502, p. 936.

③ "Sir J. Simon to Lord Cecil (Paris)", November 27, 1931, *Foreign Office Files for China*, 1919—1980, FO 371/15502, p. 937.

④ "Sir M. lampson (Nanking) to the Foreign Office", November 30, 1931, *Foreign Office Files for China*, 1919—1980, FO 371/15502, p. 953.

⑤ "Telegram from Lord Tyrrell (Paris)", December 1, 1931, *Foreign Office Files for China*, 1919—1980, FO 371/15503, p. 15.

⑥ 《国联新决议案征求中日同意,剿匪条款开国际恶例,南美诸国反对甚烈,调查委员团增至五人,意、德、荷兰要求参加,议长将发宣言说明警务权利,中立区由华警负责维持治安》,《申报》1931 年 12 月 3 日,第 3 版。

主席提议,务必让一名非常任理事国的代表参加调查团,并提议瑞典前外相温登(Österen Undén)、曾出任第十一届和第十二届国联大会主席的罗马尼亚人蒂杜莱斯库(Nicolae Titulescu)和西班牙人坎博(Cambo)三人作为候补者。在小国的压力下,国联副秘书长爱文诺(Joseph Avenol)考虑将调查团成员人数由5人增加至6人,允许小国代表加入。日本则以调查团人数不宜过多且此种方案违反12月10日决议案为由,断然拒绝。① 由于当事国的明确反对,小国代表加入国联调查团一事无果而终。为此,波兰政府正式致函德留蒙,表示波兰虽无意参加国联调查团,但调查团内没有一名非常任理事国代表,不仅不符合《国联盟约》的基本理念,而且有违在广泛基础上建立国际合作的精神,波兰政府对此感到遗憾,并希望行政院下不为例。②

2. 各国代表的遴选与确定

调查团成员的来源国和人数确定之后,英、法、美、意、德五国启动了候选人的遴选工作。秘书长德留蒙要求五大国各提出三名候选人,但是各国在实际遴选过程中遇到了很多困难,绝大多数属意人选都不愿意出任这个职务。

法国提议的代表人选之一为吉拉马特(Adolphe Guillaumat)将军,吉拉马特本来希望出任调查委员,但因其亲属顾及其年龄以及健康状况而加以反对,只得退出申请。③ 另一位候选人里昂军团司令官塞里尼(Serigny)也未获通过,最终克劳德将军(Gen. Claudel)被提名为法国的正式候选人。意大利方面提出的代表中,第一候选人为前驻德国大使马柯迪伯爵(H. E. Count Aldrovandi-Marescotti),第二候选人为上议院议员和驻法大使萨尔瓦戈(Marchese Salvago-raggi),第三候选人为前外交大臣施恩泽(Carlos Schanzer),第四候选人为在任大使维托里奥·切瑞蒂(Vittorio Cerruti),第五候选人为海军大校德尔格雷科(Delgreco)④。意大利方面倾向用马柯迪,日

① 《驻国际联盟泽田局长致犬养外务大臣的函电(二)(1931年12月15日)》,张生主编,陈海懿、马海天编:《李顿调查团档案文献集·日本外务省藏档(一)》,第3页。

② "Communication from Polish representative on the Council", January 12,1932, R1874—33867, League of Nations and United Nations Archives, Geneva.

③ 《驻国际联盟泽田局长致犬养外务大臣的函电(一)(1931年12月16日)》,张生主编,陈海懿、马海天编:《李顿调查团档案文献集·日本外务省藏档(一)》,第12页。

④ 《驻意大利吉田大使致犬养外务大臣的函电(1931年12月15日)》,张生主编,陈海懿、马海天编:《李顿调查团档案文献集·日本外务省藏档(一)》,第5页。

本方面也表示同意,所以马柯迪比较顺利地成为正式候选人。德国提出的候选人有著名将领冯·赛克特(Hans von Seeckt)将军、前驻日大使佐尔夫(W. Solf)和前东非总督希尼博士(Dr. Schnee)。① 三人中冯·赛克特将军是对华友好人士,而佐尔夫则被视为亲日派。日本极力支持佐尔夫,中国则对此人表示反对,最后希尼博士被定为德国代表候选人。

　　五大国中确定候选人时间较晚的是英美两国。英国属意的候选人有常任上诉法官麦克米伦(Hugh Pattison Macmillan)、前外长张伯伦(Austen Chamberlain)以及泽特兰(Zetland)勋爵等,但几人先后都表示拒绝。其后英国外长西蒙致函李顿,邀请其担任英国代表。为引起李顿的兴趣,西蒙极力强调此项职务的重要性,称:"我们对调查团的工作寄予厚望,因为此种权威的调查将会为中日关系奠定基础,这对国联和英国政府来说,都具有不可估量的价值。我相信,你出现在调查团成员名单中,具有特殊的意义,将会大大提升报告书实用与可靠的预期。因此,我希望你能给我一个肯定的答复。如果你能够出任代表的话,你需要任何外交部的信息,都会悉听尊便。"② 李顿没有给出明确答复,仅复函表示需要考虑。为劝诱李顿,西蒙又一再强调"其他调查团成员也将是重要人物",希望李顿"能成为主席"③,德留蒙则强烈希望确保李顿"成为调查团主席"④。但是李顿仍犹豫不决,并以国联给出的薪金待遇未能符合自己的预期为由,一度予以拒绝。⑤ 美国一开始向国联推荐的代表人选是海因斯(Walker D. Hines)。海因斯是美国经济界的一流人物,曾为国联做过莱茵河及多瑙河航行问题的调查,受到国联的认可。但是海因斯本人一

---

① 《外交部致巴黎中国代表团第 364 号电》,1931 年 12 月 10 日,《各国对东省事变之态度及舆论(二)》,第 168 页,"外交部"档案,台北:"国史馆"藏,020-010112-0018。

② "The letter from Sir Simon to Lord Lytton", December 17, 1931, *Foreign Office Files for China*, *1919—1980*, FO 371/15505, pp. 571 - 572.

③ "The letter from Sir Simon to Lord Lytton", December 17, 1931, *Foreign Office Files for China*, *1919—1980*, FO 371/15505, p. 570.

④ "The letter from Sir Simon to Lord Lytton", December 21, 1931, *Foreign Office Files for China*, *1919—1980*, FO 371/15505, p. 581.

⑤ 国联最初给李顿的薪酬中,额外补贴的标准和其他委员同为 1200 英镑/年。但 12 月 22 日李顿致函英国外交大臣西蒙,表示他的预期额外补贴标准是最低 1600 英镑/年,否则将拒绝担任国联调查团团长。德留蒙和西门商议后,满足了李顿补贴标准高于其他委员的要求。参见:"Lord Lytton to Sir J. Simon", December 22, 1931, *Foreign Office Files for China*, *1919—1980*, FO 371/15507, pp. 891 - 899.

直不愿出任调查团代表，美国只得物色其他人选，并推荐了麦考益将军(Gen. McCoy)。到1932年1月初，李顿和麦考益先后同意参加国联调查团，英美两国才最终确定本国代表候选人。

1月4日，在经过本人及所在国确认后，国联公布了调查团成员候选人名单，并向中日两国征求意见。① 1月6日，中国率先同意人选名单，②日本政府因内阁辞职，政局变动，迟至1月11日也表示同意。③ 当事国没有异议后，调查团成员名单又被提交给行政院各会员国讨论。1月14日，国联调查团正式成立。行政院主席白里安在签发的委任书中表示："调查团到达现场后发送给我们的信息将形成证据，这些证据将证明由知名人士担任调查团成员带来的权威性，具有无可争辩的价值。我们确信，它在帮助行政院执行任务时，定能加快争端的最终解决。"④

在国联的官方文件中，调查团五位成员的履历如下：

李顿爵士：1876年出生于印度西姆拉，在伊顿公学和剑桥三一学院接受教育。1916年任海军部参事官，1920—1922年任印度事务次官，1922—1927年任孟加拉总督，在此期间于1925年4月—8月兼任印度代理总督。1927—1928年任国联第八届和第九届大会印度代表团团长，1931年为国联第十二届大会英国代表团成员。

马柯迪伯爵：1876年出生于博洛尼亚，法学博士。毕业后进入意大利外交部工作，1914—1919年任外交部秘书长、出席巴黎和会并任意大利代表团秘书长。第一次世界大战后，任驻荷兰、保加利亚和埃及公使，1924—1926年任驻阿根廷大使，1926—1929年任驻德大使。

克劳德将军：1871年生，毕业于圣西尔军事学院。1893年进入法国

① 《日内瓦中国代表团致外交部第179号电》，1932年1月4日，《国际联合会调查团(一)》，第34页，"外交部"档案，台北："国史馆"藏，020-990600-2075。
② 《驻国际联盟泽田局长致犬养外务大臣的函电(1932年1月6日)》，张生主编，陈海懿、马海天编：《李顿调查团档案文献集·日本外务省藏档(一)》，第29页。
③ 《日内瓦中国代表团致外交部第185号电》，1932年1月11日，《国际联合会调查团(一)》，第37页，"外交部"档案，台北："国史馆"藏，020-990600-2075。
④ "Appointment of the Commission of Enquiry provided for in Article 5 of the Resolution adopted by the Council on December 10th, 1931", January 18, 1932, R1874—33867, League of Nations and United Nations Archives, Geneva.

殖民地军服役,1894 年驻苏丹,1896 年驻克里特岛,1898 年驻苏丹和科特迪瓦,1905 年驻中国,1908 年驻毛里塔尼亚,1912 年驻摩洛哥。第一次世界大战期间先后任团长、旅长、师长和第 17 军军长,1916 年任总司令部第一助理少将。1922—1924 年任法属西非殖民地军总司令。时任法国殖民地军监察长、殖民地防御委员会主席和最高战争委员会委员。

麦考益少将:1874 年出生于宾夕法尼亚州路厄斯堡,毕业于西点军校和美国陆军大学。在古巴(1898 及 1900—1902)和菲律宾(1903—1906)时担任伦纳德·伍德少将(Leonard Wood)的副官,1906—1907 年任罗斯福总统的侍从武官。1906 年任古巴和平委员会委员,1910—1914年任职于总参谋部,1917 年任驻墨西哥武官。1917—1918 年任职于美国远征军总参谋部,1918 年先后任团长和旅长,1918—1919 年任美国远征军运输部主任。1919 年任美国驻亚美尼亚军事使团参谋长,1921 年任驻菲律宾特别使团参谋长,1921—1925 年任菲律宾总督助理。1923 年日本关东大地震时曾任美国救灾团主席和美国红十字会主席,带队到日本救灾。1928 年监督尼加拉瓜总统大选,1929 年玻利维亚、巴拉圭两国发生纠纷时,被举荐为调查和调解委员会主席。1928—1932 年任美国第四军区司令官。

希尼博士:1877 年出生于纽哈尔登斯莱本,在海德堡大学、基尔大学和柏林大学接受教育。1897 年在德国外交部工作,1898 年任德属萨摩亚群岛副总督,1908 年在外交部殖民事务部任职,1905—1906 年任职于德国驻英大使馆,1912—1919 年任德属东非总督,1924 年当选为众议院议员。①

除了五位委员,调查团还有国联秘书处派出的五名随行职员,分别是:秘书长哈斯(Robert Haas),法国人,国联秘书处交通部部长,1931 年曾应南京国民政府之邀访问中国并调查中国的交通改良事业;副秘书长派尔脱(Adrianus Pelt),荷兰人,国联秘书处情报部工作人员;卡尔利(E. O. Charrere),意大利人,国联秘书处情报部工作人员;万考芝(H. V. Von

① "Commission of Enquiry in the Far East", S49, League of Nations and United Nations Archives, Geneva.

Kotze），德国人，国联秘书处情报部工作人员；派斯塔柯夫（Vladimir Pastuhov），捷克斯洛伐克人，国联秘书处政治部工作人员。另外，调查团在成立时还聘请了三名专家，分别是：法律专家杨华特（C. Walter Young），美国人，通晓远东事务，出版过关于东北的著作；铁路专家希爱慕（T. A. Hiam），加拿大人，加拿大国家铁路公司职员，曾任职于国联交通部。另外还有一位经济学家，拟到远东后聘请。

此外，五大国代表也有自己的私人秘书和随员。其中，李顿的私人秘书为爱斯托（W. W. Astor），克劳德的私人医生为助佛兰（P. Jouvelet），麦考益将军的私人副官为皮特尔（Lieut Biddle）。①

从五大国代表的遴选上可看出，各国都尽力推荐本国的"一流"人物担任代表，其人员来自政治、经济、军事、外交各个重要领域。这些代表都有维护本国和自身良好声誉的主观诉求，而且几乎都有过战场作战经验和殖民地工作经历，加之国联派出的秘书人员和延聘专家的辅助，在主客观条件上一定程度保证了调查团的履责能力和调查的权威性。

二、南京国民政府的缺位

国联调查团组建之时，中国国内政局正处于动荡和混乱之下。1931 年 11 月，宁粤双方在上海举行和谈，决定召开第四次全国代表大会，结束党内政争，并改组国民政府。尽管蒋介石在和谈中成功拉拢汪精卫脱离粤方阵营，但未能迫使粤方放弃逼其下野的初衷。在各方面压力下，12 月 15 日，蒋介石辞去了南京国民政府主席、行政院院长和陆海空军总司令的职务，宣布下野，林森代理国府主席，陈铭枢代理行政院院长。② 与国民党本无关系的外交部部长顾维钧此时因锦州中立区案受媒体口诛笔伐，也陷入危机中。各地学生团体络绎不绝，赴京抗议，外交部的正常部务受到影响。"根据各方报告，北京、天津、上海、广州和汉口的形势极为混乱。整个国家都处于动乱不安之中。"③在

---

① 《国际联盟调查团一行姓名及简历（1932 年 1 月）》，张生主编，陈海懿、马海天编：《李顿调查团档案文献集·日本外务省藏档（一）》，第 44—45 页。

② 《顾维钧致张学良密电稿（1931 年 12 月 16 日）》，中国第二历史档案馆选编：《九一八事变后顾维钧等致张学良密电选（下）》，《民国档案》1985 年第 2 期，第 15 页。

③ 顾维钧著，中国社会科学院近代史研究所译：《顾维钧回忆录》第一分册，第 423 页。

巴黎,留法学生们打伤了中国驻国联代表施肇基。施氏愤而提出辞呈,顾也随即辞职回沪。

12月,国民党四届一中全会召开。会议决议保留中央政治会议为国家最高权力机构,推举蒋介石、汪精卫、胡汉民三人为常委,轮流担任会议主席。1932年元旦,改组后的国民政府宣誓就职,林森任国民政府主席,孙科出掌行政院,陈友仁担任外交部部长。新政府上台后面临的最大难题之一便是外交问题。因蒋、汪、胡三人都不在南京,中央政治会议陷于瘫痪状态。一切重大外交问题都无法做出决策。

作为弱国政府,南京国民政府在国联本就缺乏影响力和发言权,加之国内政局扰攘不安,甚至一度出现了"外交无人主持"[①]的局面,影响到对国联调查团组建问题的应对。在国联调查团成员的来源国构成与成员数量问题上,相较于日本在国联的纵横捭阖,南京国民政府并未积极提出和贯彻己方要求,特别是对于小国代表出任调查团成员这一对中国明显有利的建议,没有表现出坚决主张的态度,由此也可以看出,此时南京国民政府对于小国在国联中的地位和作用尚认识不足。在这个问题上,西班牙代表马达里亚加(Salvador de Madariaga)后来曾对出席国联大会的中国代表顾维钧表示遗憾。[②]

在各国代表人选的遴选和确定上,国民政府也只是提出了基本的诉求。德国代表候选人佐尔夫曾经担任过驻日大使,而且其个人著作和演讲都在东北问题上表现出明显的亲日倾向,因此受到国民政府的反对。12月14日,顾维钧致电中国代表团,表示在调查团人选问题上,"须以不反对中国与不偏袒日本者,方可同意"。[③] 特种外交委员会也指示外交部:"国联所派调查委员人选应予注意,以免有偏袒日方之人预列其间。"[④]除了佐尔夫,对于其他各大国代表候选人,南京国民政府基本表示赞成。12月23日,外交部致电巴黎中国

① 《顾维钧致张学良密电稿(1932年1月28日)》,中国第二历史档案馆选编:《九一八事变后顾维钧等致张学良电选(下)》,《民国档案》1985年第2期,第17页。

② 顾维钧著,中国社会科学院近代史研究所译:《顾维钧回忆录》第二分册,北京:中华书局,1985年,第59页。

③ 《顾维钧致张学良密电稿(1931年12月15日)》,中国第二历史档案馆选编:《九一八事变后顾维钧等致张学良电选(下)》,《民国档案》1985年第2期,第15页。

④ 《外交部致巴黎中国代表团第364号电》,1931年12月21日,《东省事变之解决方针及措置(二)》,第162页,"外交部"档案,台北:"国史馆"藏,020-010112-0023。

代表团,指出:"我们对这些候选人知之甚少。只要候选人不亲日反华,都可以同意任命。"①对于候选人名单里出现的同情中国和对华友好的人物,南京国民政府则积极支持。在德国代表候选人问题上,外交部认为"赛克特据说是德国的首席军事顾问,似乎比希尼更好一些,虽然后者也不令人排斥"②,指示代表团支持前者。时任驻美公使颜惠庆报告称协和医院院长顾临可能在美国考虑的人选范围内,外交部又指示如果顾临被美国提出,中国代表团需提前"向国联非正式接洽",表示赞成。③ 由此可见,国民政府对各国代表候选人的态度是反对有亲日反华倾向者、赞成对华友好同情者,基本要求是候选人在两国之间保持中立态度,能对中日冲突做出公正裁决。

到 1932 年 1 月初调查团五大代表基本确定时,顾维钧已辞职,陈友仁刚刚出任外交部部长。1 月 2 日,中国代表团致电外交部,报告五大代表候选人的最后官方名单,并强调此五人"既不亲日,也不反华",外交部简明回复"同意",表明了对人选的最终意见。④

第二节　国联调查团的成行与南京国民政府的推动

一、修改出发日期与路线的尝试

国联调查团组建之时,日本在东北的军事行动并未停止。12 月下旬,日本准备进攻锦州,并在天津和秦皇岛等处增派军队。12 月 20 日,特种外交委员会开会,决定由中国代表团备文,提请国联行政院注意锦州事态并设法制止。⑤ 22 日,外交部约见美国和法国驻华公使,通报日方准备攻击锦州及在

---

① 《外交部致巴黎中国代表团第 153 号电》,1931 年 12 月 23 日,《东省事变之解决方针及措置(二)》,第 161 页,"外交部"档案,台北:"国史馆"藏,020-010112-0023。

② 《外交部致巴黎中国代表团第 153 号电》,1931 年 12 月 23 日,《东省事变之解决方针及措置(二)》,第 161 页,"外交部"档案,台北:"国史馆"藏,020-010112-0023。

③ 《外交部致巴黎中国代表团第 380 号电》,1932 年 1 月 30 日,《国际联合会调查团(一)》,第 30 页,"外交部"档案,台北:"国史馆"藏,020-990600-2075。

④ 《巴黎中国代表团致外交部第 178 号电》,1932 年 1 月 2 日,《国际联合会调查团(一)》,第 33 页,"外交部"档案,台北:"国史馆"藏,020-990600-2075。

⑤ 《外交部电日内瓦中国代表团第 363 号电》,1931 年 12 月 21 日,《东省事变声请国联》,第 139 页,"外交部"档案,台北:"国史馆"藏,020-010112-0034。

秦皇岛、天津等处增兵情况，请其转告本国政府。① 24 日，外交部因锦州情形
紧急，又致电中国代表团，请白里安采取迅速切实办法，劝阻日本的行动，并要
求各国驻日大使竭力制止。②

由于东北情势紧急，南京国民政府期待国联调查团早日成立并尽快出发，
以遏制局势的恶化。12 月 16 日，国联秘书处在内部讨论调查团事宜时，曾估
计调查团将在代表名单决定后至少一个月后出发，德留蒙的设想是在 1 月末
或者 2 月中旬。③ 但是各国代表名单的酝酿、讨论和筛选费时颇久，人选确定
过程中又几经变化，加之其后国联内部一系列的程序性事务和准备工作，调查
团迟迟不能正式组成，其出发日期自然也难以确定。12 月底，中国驻国联代
表团办事处处长胡世泽奉外交部之命，向白里安申述"国联调查委员会有即速
出发之必要"，而此时英国代表尚未确定。④ 到 1 月 14 日，国联调查团终于宣
告成立，但是锦州早已落入日本之手。

1 月 21 日，调查团在欧委员在日内瓦召开了内部会议，讨论赴远东调查
的初步安排，美国派吉尔伯托出席，国联秘书长德留蒙也参加了会议。会议的
第一个议题即去远东的路线问题。当时有陆路和海路两种方式可以选择：陆
路可以乘坐西伯利亚火车，横跨欧亚大陆，直接抵达中国东北；海路可乘轮船
横渡大西洋到美国，然后由美国越过太平洋赴日本，再到中国。德留蒙表示，
毫无疑问，最快的路线是经由西伯利亚铁路到东北，但是海路有两个好处：第
一，麦考益将军可以在美国加入调查团，并且在前往远东的途中参与调查团的
讨论；第二，由于中国政府认为调查的范围应该是东北而不是整个中国，但日
本坚持将整个中国纳入调查范围之中，所以如果调查团乘火车经西伯利亚铁
路到东北的话，会面临两难选择——立即开始实地调查，会让人推测其偏向中
国；从东北前往东京，可能让人感觉其偏袒日本。如果走第二条路线，由美国

---

① 《外交部电日内瓦中国代表团第 365 号电》，1931 年 12 月 22 日，《东省事变声请
国联》，第 140 页，"外交部"档案，台北："国史馆"藏，020-010112-0034。

② 《外交部电日内瓦中国代表团第 368 号电》，1931 年 12 月 24 日，《东省事变声请
国联》，第 142 页，"外交部"档案，台北："国史馆"藏，020-010112-0034。

③ 《驻国际联盟泽田局长致犬养外务大臣的函电(1931 年 12 月 16 日)》，张生主编，
陈海懿、马海天编：《李顿调查团档案文献集・日本外务省藏档(一)》，第 10 页。

④ 《胡世泽促白里安，调查团有速即出发必要，英国代表人选迄难确定》，《中央日
报》1932 年 1 月 1 日，第 3 版。

前往东京,再由东京前往上海和南京,和两国政府都取得联系后再前往东北调查,可以消除偏袒任何一方的印象。此外,为了进一步证明这条路线的公正性,可以邀请中方代表在东京与调查团汇合,然后日方代表陪同调查团赴中国。虽然德留蒙强调"秘书处不能干预调查团的选择",但是其发言的指向意味明显,调查团最终决定选择海路方案。① 关于出发日期,调查团讨论决定由秘书处联系各个跨大西洋的船运公司,在 2 月 3 日、4 日或 5 日出发的航班中选择合适的班次前往美国,并预定由美国前往日本的航班,具体时间由秘书处通知。②

南京国民政府由于期待调查团早日出发并首先调查东北,所以希望其选择西伯利亚路线。1932 年 1 月 25 日,行政院第 66 届常会第一期会议召开,颜惠庆在会上表示,中国政府对调查团迟迟不能出发和 4 月份才能到达东北感到极度失望,并提醒行政院日本已经着手在东北扶植傀儡政权,调查团如果早日出发并进行现场调查的话,还能够获得尚经留存的事实证据。③ 1 月 28 日行政院秘密会议讨论调查团经费问题时,颜惠庆再次提到赴远东的路线,表示中国政府和人民对调查团前往东北的迂回路线深感遗憾,后者将大大增加调查团的费用,中国正和其他国家一样遭受世界经济大萧条的折磨,调查费用对中国来说是笔很大的款项,所以提请行政院注意是否可以要求调查团采取最短和最直接的路线前往东北。但是德留蒙解释说,秘书处已经从跨大西洋船运公司那里争取到很大折扣,经过美国的花费比西伯利亚路线更少,所以拒绝了颜惠庆的提议。④

① "Procès-verbal de la 1ère séance tenue à Genève le 21 janvier 1932 à 11 heures", January 21, 1932, R1875—BIS—34327, pp. 3-4, League of Nations and United Nations Archives, Geneva.

② "Procès-verbal provisoire de la deuxième séance tenue à Genève le 21 janvier 1932 à 15 heures", January 21, 1932, R1875-BIS-34327, p. 2, League of Nations and United Nations Archives, Geneva.

③ "Minutes of the second meeting (public) of the sixty-sixth session of the Council", January 25, 1932, R1870—34613, pp. 2-3, League of Nations and United Nations Archives, Geneva.

④ "Extract from minutes of the 5th meeting of the 66th session of the Council", January 28, 1932, R1874—33829, League of Nations and United Nations Archives, Geneva.

1932 年 1 月 28 日,"一·二八"事变爆发,中日军队在上海激战,形势空前严峻。上海战事触及列强在华的核心利益,引起了各国的强烈关注,一部分行政院会员国呼吁调查团早日出发并赶赴中国,经由西伯利亚的路线被重新考虑。[1] 1 月 29 日,德留蒙致函李顿,表示鉴于"一·二八"事件的发生,希望调查团调整路线,"改由西伯利亚铁路,直接到上海"[2]。31 日,李顿宣称,已经向调查团其他委员提议从西伯利亚铁路前往远东,"因调查团由此出发,较诸经过美国与太平洋,可早十天至十四天行抵目的地"[3]。但是日军在这段时间借口行使剿匪权,扩大了在东北北部的军事行动,强占了北宁铁路,导致"关外各干支各线交通均断,久未恢复"[4]。其后日军又占据中东铁路南线宽城子车站[5],与东北义勇军激战,中东路南线的车务陷于停顿。[6] 2 月 1 日,英国外交部通知德留蒙,据驻华公使报告,恢复西伯利亚交通的前景渺茫,哈尔滨和长春间的交通线也被切断。[7]

在欧亚交通被阻断的情况下,国联内部在改变出行计划问题上也出现了反对意见:(一) 经由西伯利亚铁路必须获得苏联签证,即使紧急办理,也至少需要一周左右的时间;(二) 因为中东铁路交通断绝且前景不明,所以改采西伯利亚铁路路线可能需要取道海参崴到上海,这种方式并不比原计划节省时间;(三) 由于此前已经决定不乘坐日本提供的邮轮到远东,如果再改变出行路线,不先到日本的话,日本会觉得自己的意见受到忽视,影响其对调查团的

---

[1] 《驻国际联盟泽田局长致芳泽外务大臣的函电(1932 年 2 月 1 日)》,张生主编,陈海懿、马海天编:《李顿调查团档案文献集·日本外务省藏档(一)》,第 16 页。

[2] "Telegram from Sir E. Drummond to Lord Lytton", January 29, 1932, R1874—34233, League of Nations and United Nations Archives, Geneva.

[3] 《国联决定组沪案调查团,由七国驻沪代表组成,辽案调查团改道出发》,《申报》1932 年 2 月 1 日,第 1 版。

[4] 《外交部致日内瓦国联代表团第 402 号电》,1931 年 1 月 22 日,《日军进攻东北(四)》,第 62 页,"外交部"档案,台北:"国史馆"藏,020-990700-0046。

[5] 《丁超致外交部电》,1931 年 1 月 29 日,《日军进攻东北(四)》,第 73 页,"外交部"档案,台北:"国史馆"藏,020-990700-0046。

[6] 《外交部致张学良电》,1932 年 2 月 3 日,《国际联合会调查团(一)》,第 101 页,"外交部"档案,台北:"国史馆"藏,020-990600-2075。

[7] "Telegram for Drummond form the Foreign Office", February 1, 1932, S49, League of Nations and United Nations Archives, Geneva.

态度。① 另外，1 月 30 日国联行政院通过了德留蒙所提出的解决上海事件的具体办法，即由英、美、法、意、德、西、挪七国驻沪领事联合组成领事调查团，就上海事变的原因及最新的发展情况及时向国联报告，以供行政院采取进一步行动时参考。这种情况下，国联调查团前往上海，已经变得不再紧急和必要。

最终，在各方面情况综合考虑下，调查团取消了经由西伯利亚铁路提前出发的临时计划，维持原定的出发日期和路线。

二、调查经费的承担

国联调查团的成行经费负担是一大问题。根据国联秘书处财务部 1932 年 1 月向秘书长德留蒙提交的预算报告，调查团在近 9 个月的往返时间里面，预期产生的各项费用约为九十四万七千五百瑞士法郎，加上其他弹性开支，总数在一百万瑞士法郎左右。② 国联副秘书长爱文诺分别致函中日两国驻国联代表团，要求援引 1924 年土耳其和英属伊拉克产生边界纠纷时设立调查委员会的先例，由中日两国各自承担一半的费用，先期费用由国联垫付，两国政府按月分期偿还。③

对于国联要求中日双方分担调查经费的主张，日本在研究了国联调解希腊与保加利亚纠纷、土耳其与英属伊拉克之间的国境划定问题以及调查利比里亚奴隶制度的先例后，认为从性质上看，本次调查应该由国联方面承担费用，④但是由于调查团派遣案由日本首先提议，考虑到国联财政困难，加之调查费用金额也并非十分庞大，所以只要中国方面支出一半费用，日本就可以接受经费支出方案。⑤

当时中国作为国联会员国，从 1921 年到 1932 年的十余年间，已累计拖欠

---

① 该意见出自致国联秘书长德留蒙的一封法文信件，署名难以辨认，信件收于日内瓦国联和联合国档案馆藏李顿调查团档案 S49 号卷宗。

② "Estimate of expenditure", January 24, 1932, R1874—33829, League of Nations and United Nations Archives, Geneva.

③ 《巴黎中国代表团致外交部第 156 号电》，1931 年 12 月 12 日，《国际联合会调查团（一）》，第 28 页，"外交部"档案，台北："国史馆"藏，020-990600-2075。

④ 《犬养外务大臣致驻国际联盟泽田局长的函电（1931 年 12 月 17 日）》，张生主编，陈海懿、马海天编：《李顿调查团档案文献集·日本外务省藏档（一）》，第 18 页。

⑤ 《驻国际联盟泽田局长致犬养外务大臣的函电（1931 年 12 月 15 日）》，张生主编，陈海懿、马海天编：《李顿调查团档案文献集·日本外务省藏档（一）》，第 7 页。

会费达九百六十万瑞士法郎,是会员国中拖欠会费时间最长、金额最大的国家。① 南京国民政府建立初期财政紧张,驻国联代表团和各国使馆的经费时常难以为继。但是在知悉国联调查团经费数额及国联要求的分配方案后,国民政府仍然决定承担一半费用,并积极设法筹措。12 月 13 日中国代表团致电外交部,表示国联秘书处要求先在两个月内偿还调查团前期费用三十五万瑞士法郎,外交部接电后"呈请行政院转饬财政部,立即筹拨"②。新组建的国民政府于 1932 年 1 月上台后,财政上极感困难,但仍竭力筹汇"调查团川资及代表团经费"。③

根据国联财务条例,从国联的流动资金中挪取一部分用作调查团费用,必须在行政院会议上得到中日双方承担费用的承诺。1932 年 1 月 28 日,行政院第 66 届常会第 5 次会议讨论调查团预算草案,中国驻国联全权代表颜惠庆代表中国政府表示同意筹措经费,以支付调查团远东之行的一半经费,并要求调查团早日成行。④

三、参考资料的提供

国联调查团出行前,国联秘书处也在搜集关于中日问题的文件和书籍,供调查团委员在正式调查开始前了解必要的基本情况。⑤ 为向调查团说明日方立场,引导调查团对中日冲突的认识,日本方面做了积极准备。各国代表候选人初步名单拟定后,12 月 15 日,日本驻国联事务局局长泽田节藏致电新任内阁首相兼外相犬养毅,指出:"看到调查团候补者的名单,发现其中通晓中国事情的人非常少。在调查团代表们到达中国之前,从各个方面看来绝对有必要向他们预先传达正确的信息,以作为准备。对此,在各个代表出发之前,应当

---

① 宋选铨:《宋选铨外交回忆录》,台北:传记文学出版社,1977 年,第 43 页。

② 《外交部与颜代表往来电文节要》,《东省事变之解决方针及措置(二)》,第 181 页,"外交部"档案,台北:"国史馆"藏,020-010112-0023。

③ 《外交部致日内瓦中国代表团第 405 号电》,1932 年 1 月 25 日,《国际联合会调查团(一)》,第 49 页,"外交部"档案,台北:"国史馆"藏,020-990600-2075。

④ "Extract from minutes of the 5th meeting of the 66th session of the Council", January 28, 1932, R1874—33829, League of Nations and United Nations Archives, Geneva.

⑤ "Letter from Mr. Walters to Lord Lytton", January 12, 1932, R1874—33935, League of Nations and United Nations Archives, Geneva.

参照前例,抓住代表们在日内瓦集合会面之类的机会,分发资料。现在,希望将拟交予调查团的关于支那和满洲一般概念的资料、统计、地图、照片、旅行指南等(西文),每样二十份,紧急发送给相关部门。"①16 日,泽田再次致电犬养毅,建议日本"应尽力将政府已经能够掌握的、能够出现在最后报告中的正确材料提供给调查团"②。

经过精心准备,1932 年 1 月 13 日,日本代表团向国联秘书处提交了以下致调查团的参考资料:(一)《今日满洲》;(二)《满洲年鉴》;(三)南满铁路株式会社出版的《第二次满洲调查报告:1930 年》;(四)松冈洋右关于满洲的演讲《满洲的过去与现在:对于徐淑希教授批评的回应和观察》;(五)《满洲的经济发展》;(六)《中国中小学教科书中的排外教育》;(七)《中国指南》;(八)杨华特著《满洲的国际关系》;(九)伍德海编《中华年鉴:1930 年》;(十)《费唐法官研究上海租界情形报告书》。③ 此外,日本又命令驻美大使出渊胜次通过美国国务院远东司,将日方准备的参考资料交付给麦考益将军。④

1 月 21 日国联调查团第一次内部会议召开时,日本人杉村阳太郎以国联副秘书长的身份参与其中,但当中国代表颜惠庆申请参加时,却被调查团以"此次乃内部会议,当事国不便参与"为由予以拒绝。杉村利用此机会,向调查团表示"日本分发给各位委员之参考文件均有极高之价值,旅途中预先获得必要之知识,到达现场方能完成充分之视察",而关于中国的情报,"其来源如何,多有不确之处。希望委员们每日开会,能仔细分析情报的来源,然后交换意见,避免观察流于偏颇"。会后,杉村在给外务省的报告中表示:"由日本提供的参考资料,特别是因为在选择时基于公道,没有看到毫无顾忌宣传的踪迹,因而博得广泛的好评。"⑤

① 《驻国际联盟泽田局长致犬养外务大臣的函电(1931 年 12 月 15 日)》,张生主编,陈海懿、马海天编:《李顿调查团档案文献集·日本外务省藏档(一)》,第 4—5 页。

② 《驻国际联盟泽田局长致犬养外务大臣的函电(1931 年 12 月 16 日)》,张生主编,陈海懿、马海天编:《李顿调查团档案文献集·日本外务省藏档(一)》,第 10—11 页。

③ "Liste de documents", January 13, 1932, R1874:1A—34180—33027, League of Nations and United Nations Archives, Geneva.

④ 《驻美特命全权大使出渊胜次致芳泽外务大臣的函电(1932 年 1 月 28 日)》,张生主编,陈海懿、马海天编:《李顿调查团档案文献集·日本外务省藏档(一)》,第 42 页。

⑤ 《杉村公使与国际联盟调查团的会见记录(1931 年 1 月 21 日)》,张生主编,陈海懿、马海天编:《李顿调查团档案文献集·日本外务省藏档(一)》,第 82—83 页。

  中国驻国联代表团也虑及调查团出发前应提交参考资料的问题。1932年1月7日,代表团致电外交部:"我方拟提交调查委员会研究问题请充量电示,所有参考资料并请译英法文字。"①1月9日,代表团又向外交部请示和调查团接洽时应该提出的调查意见。② 但是,新任外交部部长陈友仁上任后尚不足一月即因处理外交事务不当而提出辞职,部内公务受到影响,此时预备提交调查团的材料尚在编译之中,对调查的意见也未经拟定。1月26日,外交部回复代表团:"关于应使调查委员会调查之事件及材料,本部现正与东北方面接洽,积极准备,俟该委员会抵华后,再由我国随助委员转交。"③由于部内材料未能备好,中国代表团只得自行制作了《中日冲突的中方观点》的备忘录。④ 1月27日,颜惠庆正式致函国联秘书长德留蒙,请秘书处在调查团出发前将备忘录分发给各成员,以表明中方观点并驳斥日方意见。⑤

小 结

  国联调查团组建过程中,行政院常任理事国及美国对调查团成员席位的争夺,反映了中日冲突产生的国际影响力和各国对此问题的关注。正如时任中国驻国联代表颜惠庆所说:"发生在远离欧美中心地区的一个事件,在几个月的时间里,已经演变成为对整个世界和平构成最严重威胁的问题。"⑥最终调查团成员的席位完全由欧美列强占据,小国被排除在外,充分展现出大国意志在处理中日问题上的主导作用。

---

  ① 《日内瓦中国代表团致外交部电》,1932年1月7日,《国际联合会调查团(一)》,第35页,"外交部"档案,台北:"国史馆"藏,020-990600-2075。

  ② 《日内瓦中国代表团致外交部电》,1932年1月9日,《国际联合会调查团(一)》,第36页,"外交部"档案,台北:"国史馆"藏,020-990600-2075。

  ③ 《外交部电日内瓦中国代表团第187号电》,1932年1月16日,《国际联合会调查团(一)》,第39页,"外交部"档案,台北:"国史馆"藏,020-990600-2075。

  ④ 《日内瓦中国代表团致外交部第190号电》,1932年1月22日,《国际联合会调查团(一)》,第42页,"外交部"档案,台北:"国史馆"藏,020-990600-2075。

  ⑤ "Letter from Dr W. W. Yen to Sir James Eric Drummond", January 27, 1932, R1874:1A—34180—33027, League of Nations and United Nations Archives, Geneva.

  ⑥ "Minutes of the second meeting (public) of the sixty-sixth session of the Council", January 25, 1932, R1870—34613, p. 2, League of Nations and United Nations Archives, Geneva.

中国虽然是当事方之一,但因处于弱国地位,在调查团的组建问题上缺乏影响力和发言权,再加上宁粤之争影响外交,南京国民政府并未在国联展现出积极姿态,而更多表现出因应的被动性。

在国联调查团的成行问题上,南京国民政府因东北局势危急,期待国联调查团早日成立并尽快出发,建议调查团选择西伯利亚铁路路线,首先抵达东北并立即开始调查。但是国联调查团不仅在组建上靡费时日,而且以"为避免当事各方对出行路线方案作出政治判断"为由,选择了迂回美国、日本,再到中国的海路路线。上海"一·二八"事变爆发后,国联虽曾一度考虑西伯利亚铁路路线,但因受到实际情况影响,最终还是决定维持原定方案不变。调查团1932年2月初从欧洲出发,4月21日才到达"九一八"事变的发生地沈阳,前后历时近80天。调查团赴远东进程的迟滞,为日本稳固对东北的控制并扶植建立傀儡政权提供了充足的时间。

在调查团出发前,中日双方都注意要提供基本的参考资料,以期影响调查团对中日冲突的早期认识。日本政府在这方面准备充分,但是南京国民政府因受政局变动影响,未及提交基本参考材料,只是由日内瓦中国代表团提供了一份关于中日问题的简明备忘录。中方参考材料的欠缺,加之调查团首先到达日本,使日本抢占了影响调查团对中日问题进行初步认识和判断的有利之机。

对于调查团而言,未能及时赶赴东北,不仅使其失去了实地调查日本侵略中国东北罪行的最佳机会,而且在伪满洲国政权建立后,调查团不得不将其作为重要问题纳入调查范围当中,并在此基础上寻求中日问题的解决方案,这也大大增加了其完成使命的难度。

第三章 国联调查团来华及中方的接待与会晤

3月14日,调查团抵达上海,开始了对中国的调查。28日,调查团到达南京,与以蒋介石、汪精卫为代表的南京国民政府军政要人多次会谈,然后经芜湖、九江,西上汉口调查,之后又返回南京,从南京直接北上,抵达北平,会晤以张学良为代表的东北地方实力派人物。4月21日,调查团抵达沈阳,随后在东北地区进行了为期约一个半月的实地调查。9月4日,国联调查团在北平完成了报告书,这一报告书成为后来国联了解事实真相和处理中日冲突的主要依据。

国联调查团在华时期,是中方施加于调查团的影响力最大,也是南京国民政府的因应活动最为频繁、力度最强、效果最为明显的时期。调查团来华后,南京国民政府主要采取了哪些应对措施,内政和外交政策有何调整?这些举措如何反映到当时的国内政局中,又对中日冲突的走向产生了什么影响?本章和第四章将对这些问题进行梳理与探讨。

第一节 对国联调查团的接待

国联调查团来华前夕,南京国民政府内部刚刚经历了孙科下台,蒋、汪合作重掌大权的政权更替。1932年1月18日,蒋介石、汪精卫、孙科、张继、张静江等人在杭州烟霞洞密谈,约定推汪为行政院院长,蒋任军事委员会委员长,自此蒋、汪合流,汪主政、蒋主军的局面形成。[①] 1月27日,国民党中央政治会议决议成立外交委员会,蒋作宾、顾维钧、王正廷、顾孟余、罗文干为常委,蒋作宾任主席。此后,蒋介石虽然甚少公开谈论外交问题,但对汪负责的内政

---

① 邵元冲著,王仰清、许映湖标注:《邵元冲日记(1924—1936)》,第818页。

和外交领域仍有巨大的影响力。

国联调查团来华前,1932 年 1 月 21 日,南京国民政府正式任命顾维钧为参与国联调查委员会的中国代表,负责接待并协助国联调查团。① 顾维钧在上海组建了国联调查团中国代表办事处,以王广圻(前驻意大利公使)为秘书长,张祥麟(前驻纽约领事及外交部情报司司长)为总务兼宣传组主任,钱泰(前外交部参事,时任司法院参事)为议案组主任,严恩樾(前留美学生监督及外交部驻沪办事处处长)为招待组主任。② 办事处下设参议和专门委员多人,"均富有外交上经验及于东北问题有研究者任之"③,其主要工作即"接待调查团,安排好他们的生活和工作条件",同时"使政府官员乃至调查团所去各省的高级官员对调查团可能提出的问题做出适当回答"④。

一、从上海到南京

1932 年 2 月 29 日,调查团抵达日本,顾维钧开始着手筹备接待调查团的事宜。为此,顾维钧特意电请外交部指示驻日使馆,探听日方招待国联调查团的办法,以备参考。⑤ 3 月 11 日,外交部电令次长郭泰祺和上海市长吴铁城,会同顾维钧一起招待国联调查团。⑥ 财政部部长宋子文和次长李调生也飞往上海,帮同招待。⑦ 国联调查团抵达上海当天,汪精卫在南京主持召开国民

① 《国民政府主席林森任命顾维钧为参与国联调查委员会中国代表令》,1932 年 1 月 21 日,《国际联合会代表任免(二)》,第 16—17 页,国民政府档案,台北:"国史馆"藏,001-032137-00005-006。

② 《国联调查团今日到沪:一希望调查团注意沪案开衅以来事实真相,勿为片面所朦蔽;二希望调查团本国联决议案精神,以公正态度调查东北事件》,《申报》1932 年 3 月 14 日,第 1 版。

③ 《招待职员名单》,《申报》1932 年 3 月 14 日,第 1 版。

④ 顾维钧著,中国社会科学院近代史研究所译:《顾维钧回忆录》第一分册,第 426 页。

⑤ 《招待国联调查团报告》,《国际联合会调查团(二)》,第 6 页,"外交部"档案,台北:"国史馆"藏,020-990600-2076。

⑥ 《汪、罗、顾、宋等昨在陵园会议,讨论招待国联调查团》,《申报》1932 年 3 月 13 日,第 7 版。

⑦ 《颜惠庆通知国联大会,中国接受决议案并申述最要三点,调查团到沪受严肃欢迎》,《大公报》(天津)1932 年 3 月 15 日,第 3 版。

党中央政治会议,制定了对调查团的九项宣传要点。① 同日,蒋介石向驻守上海的第十九路军总指挥蒋光鼐下达调查团经过路线的驻军和行车办法,②并电令蒋光鼐统计淞沪战役中将士伤亡的情况,以备调查团问询。③

3 月 14 日晚间,国联调查团一行抵达上海浦东白莲泾码头,日本代表吉田伊三郎及随员一同来华。④ 已经等候多时的顾维钧、郭泰祺、吴铁城等政府要人和中外各界代表,登轮迎接。互道寒暄后,代表们上岸,码头上"军乐齐鸣,镁光四射,竞为各团员摄影"。众人又乘渡轮过黄浦江,在海关码头登陆。各机关、团体代表"待调查团员上陆时,均上前握手迎迓",外滩草地上,"集有民众团体代表数百人,均手持欢迎旗帜,于团员行近时,鼓掌欢迎,高呼口号","各团员多停步小立,一瞻旗帜上之语句,由招待员为之解释"。⑤ 欢迎仪式之后,调查团一行在招待人员的陪同下分别乘坐汽车赴外滩华懋饭店休息。

调查团抵沪时,"一·二八"战事的硝烟尚未散尽,停战会议刚刚召开。整个上海对于国联调查团的到来高度关注,《申报》《时报》《新闻报》等沪上重要媒体在当天全部发表社论,"对国际调查团表欢迎,并致希望"⑥。上海市民联合会、各路商联会决定在国联调查团到沪时全市罢市,并张贴中、英文标语表示民意。⑦ 全国各省市的民众团体也纷纷发函致电,对国联调查团的到来表示热烈欢迎,并希望调查团"以公正态度,戢暴日凶焰"⑧。

15 日,李顿偕同其他委员及秘书长哈斯等,拜访宋子文、郭泰祺、吴铁城、

---

① 《汪兆铭在中央政治会议报告宣传方针》(1932 年 3 月 14 日),罗家伦主编:《革命文献》第 36 辑,台北:"中央"文物供应社,1965 年,第 1598—1599 页。

② 《蒋介石致蒋光鼐电》,1932 年 3 月 14 日,《淞沪抗日战役史材(22)》,第 114 页,蒋中正"总统"文物,台北:"国史馆"藏,002-110300-00022-104。

③ 《蒋介石致蒋光鼐电》,1932 年 3 月 14 日,《淞沪抗日战役史材(22)》,第 115 页,蒋中正"总统"文物,台北:"国史馆"藏,002-110300-00022-104。

④ 《招待国联调查团报告》,《国际联合会调查团(二)》,第 6 页,"外交部"档案,台北:"国史馆"藏,020-990600-2076。

⑤ 《国联调查团昨晚抵沪:上海事件亦在调查范围之内,在沪勾留约一星期或可延长,今日下午六时招待报界谈话》,《申报》1932 年 3 月 15 日,第 1 版。

⑥ 《上海各报著论欢迎》,《大公报》(天津)1932 年 3 月 15 日,第 3 版。

⑦ 《停战谈判一再延宕,重光诿称未接训令屡次愆期,日方不欢迎调查团参与会议》,《申报》1932 年 3 月 14 日,第 1 版。

⑧ 《各省市纷电国联调查团,请戢暴日凶焰》,《中央日报》1932 年 3 月 19 日,第 2 版。

顾维钧等人。中国方面设宴招待,当日,"正午,外交次长郭泰祺在西摩路何东住宅欢宴;下午五时,国府招待代表顾维钧在静安寺路程霖生住宅茶会;晚八时,市长吴铁城在华懋饭店欢宴,酬应异常忙碌"①。此后的招待日程也早经拟定:16 日各大学联合会午宴,下午 4 时至 7 时宋子文夫人及孔祥熙夫人茶会,晚上英、美、法三国公使及意大利代表晚宴;17 日新闻界团体午宴,顾维钧晚宴;18 日到 22 日间,每天午、晚两次宴请日程也已经排满。② 频繁的宴请和酬酢,使得调查团颇有应接不暇之势,不得不以"在沪时间至促,调查工作至繁"③为由,请顾维钧谢绝一切宴会,并表示"即有不能谢却之处,亦不可过于华美,致滋不安"④。经招待处商议后,从 18 日起取消所有午宴,并对晚宴招待安排调整如下:18 日市商会晚宴,19 日宋子文晚宴,20 日美国远东海军司令晚宴,21 日孔祥熙晚宴,22 日太平洋学会晚宴,23 日律师公会夜宴。⑤

　　在上海,中方的接待分为官方和社会团体两个层面。官方接待虽然蕴含了国民政府的政治诉求,但其表达方式较为委婉。15 日中午,郭泰祺代表国民政府宴请调查团,首先表达欢迎之意,并诚恳表示调查团"勾留沪上期间,如有所咨询,吾人视能力所及,无不尽量赞助",然后回顾南京国民政府成立以来与国联在经济技术上"切实之合作",肯定国联对华的帮助和贡献,最后才进入主题,希望在调查团的努力之下,恢复远东的和平,"俾四万万人民所组之中华民国,能与各邻邦在相互尊重平等之地位,敦睦相处,自由发展其国家生命"。⑥ 顾维钧在宴请国联调查团时,称《国联盟约》的基本原则与中国文化"民吾同胞,物吾同与"的精神相同,他向调查团表示"中国现在处于过渡期间,

<hr>

　　① 《当局招待国联调查团,顾、郭、吴昨日盛大宴会,李顿爵士有重要表示,调查团即将视察战区》,《申报》1932 年 3 月 16 日,第 1 版。

　　② 《国联调查团今日到沪:一希望调查团注意沪案开衅以来事实真相,勿为片面所朦蔽;二希望调查团本国联决议案精神,以公正态度调查东北事件》,《申报》1932 年 3 月 14 日,第 1 版。

　　③ 《国联调查团将参加和议,留沪日期或须延长数天,各大学联合会昨午盛宴,李顿爵士发表庄重答辞》,《申报》1932 年 3 月 17 日,第 1 版。

　　④ 《招待国联调查团报告》,《国际联合会调查团(二)》,第 8 页,"外交部"档案,台北:"国史馆"藏,020-990600-2076。

　　⑤ 《国联调查团将参加和议,留沪日期或须延长数天,各大学联合会昨午盛宴,李顿爵士发表庄重答辞》,《申报》1932 年 3 月 17 日,第 1 版。

　　⑥ 《外交部政次郭泰祺在欢宴国联调查团席上致辞》(1932 年 3 月 15 日),罗家伦主编:《革命文献》第 40 辑,台北:"中央"文物供应社,1967 年,第 2650—2651 页。

国家正在改造",但中国改造的前途受到中日关系的极大影响,"中国人民的愤慨,实在是武力政策对付中国的反响。表示愤慨之方式,虽各有不同,或用语言,或用文字,或在购买外货上表示区别,但无论用何种方式表示,原因却都在中国以外,且均非中国所控制者"。① 顾维钧虽然语气温和,却已含蓄又清楚地将中日冲突的原因归于日本。

各界团体的接待,因为其民间身份,语气和言辞则要激烈很多。3 月 12 日,上海新闻界公宴调查团,《申报》总经理史量才批评日本侵略中国,"破坏人类和平与福祉"的行径,并重点揭露了日本对中国新闻界的打压和迫害:"青岛的《民国日报》竟被日人焚烧,上海的《民国日报》竟在日人威胁之下停刊了。此外在福州,在长沙,在北平,都有同样的事情发生。本月十五日天津专电,《大公报》又因为刊载一张插画,遭日本领事的威胁。"史量才慷慨陈词:"新闻界人士的耳目,决不能一手掩尽;而这种行为,更决不能为世界正直的人士所原恕。"中国对国联的唯一要求,即公理与和平,但是应当持公理争和平,绝不能以和平牺牲公理。② 16 日各大学联合会欢宴国联调查团,时任上海交通大学校长黎照寰在代表二十所大学发言时表示,国联其他会员国都处于和平中,而中国却遭受战争的痛苦:"吾人志在求存,而国家生存与经济完整今乃处于重大危险之中……在威胁侵略攻击之下,吾人惟有抵抗而已。"劳动大学校长王景岐在演说时向调查团发问:日本先是占据东北,后又进攻上海,"侵略军队压迫南北,多数飞机络绎攻击都市,使无辜妇孺亦归于尽,文化机关摧残尤甚",此情此景之下,学界中人如何教育青年?相信武力万能?还是坚信公道正义?抑或寄希望于国联的存在?黎照寰称,希望调查团此次来华,可以给出一个答案。③

国联调查团在上海期间最重要的工作之一是搜集"一·二八"事变的材料。为此,调查团会晤了各方人士,如英国驻华公使兰普森和驻沪总领事布鲁南,日本海军将领野村吉三郎、盐泽幸一和日本外相芳泽谦吉的私人代表松冈

---

① 《参与国联调查团中国代表顾维钧在欢宴国联调查团席上致辞》(1932 年 3 月 17 日),罗家伦主编:《革命文献》第 40 辑,第 2651—2652 页。

② 《报界招待国联调查团,史量才致辞欢迎,李顿有恳切答词,顾维钧昨晚盛宴》,《申报》1932 年 3 月 18 日,第 1 版。

③ 《国联调查团将参加和议,留沪日期或须延长数天,各大学联合会昨午盛宴,李顿爵士发表庄重答辞》,《申报》1932 年 3 月 17 日,第 1 版。

洋右,以及上海各界的代表,进行调查和取证工作。此外,鉴于尽快恢复上海原状的必要性,调查团一度准备介入停战协定谈判。15 日下午,李顿在和顾维钧谈话时表示:"对于沪案,愿意援助解决,但不知如何援助方法。"[①]当晚李顿与驻沪各国外交使团会面,兰普森提出希望调查团参加上海停战协定谈判。李顿表示如果得到中日两国同意和国联行政院的批准,调查团可以应邀参加谈判。[②] 南京国民政府外交部部长罗文干因伪满宣告成立、东北事态紧急致电中国驻国联代表颜惠庆,要求其通知国联特别大会,命令调查团早日去东北。[③] 在调查团内部,顾维钧也催促尽快北上。此外,日本以上海事件为区域性事件为由,拒绝接受调查团的干预。国联秘书长德留蒙在回复意见中也表示,调查团有权斟酌情况自主决定,但他了解到中国政府急于让调查团前往东北,而且十九国委员会也要求调查团早日提交关于东北总体局势的报告。[④]由于各方的一致反对,再加上停战谈判拖延不决,调查团决定结束上海行程,赶赴南京。

国联调查团来华之前,顾维钧颇为担心"一·二八"事变后"政府迁至洛阳,而沪上战事尚未结束,人心惶惶,群情震撼",加之调查团由日本前来,可能会影响其对中国的观感。[⑤] 但是上海方面的周至接待和积极协助,却让李顿中国之行的第一站"弥觉愉快"[⑥]。在上海,调查团目睹了中日冲突的紧张态势以及战争给城市造成的破坏。尤其是实地参观战区时,虽然"因时间匆促,

---

① 《顾维钧致外交部电》,1932 年 3 月 17 日,《搜集日本违法行为资料提交国联调查团(一)》,第 87—89 页,"外交部"档案,台北:"国史馆"藏,020-010102-0262。

② "Record of a meeting at Shanghai on March 15, 1932", March 15, 1932, Documents on British Foreign Policy 1919—1939, Ser. 2, Vol. 10, *DBPO*, F 3689/1/10.

③ 《外交部致日内瓦代表团第 531 号电》,1932 年 3 月 19 日,《国际联合会调查团(一)》,第 52 页,"外交部"档案,台北:"国史馆"藏,020-990600-2075。

④ "No. 113 Mr. Patteson (Geneva) to Sir J. Simon (Received March 19, 5.20 p. m.)", March 19, 1932, Documents on British Foreign Policy 1919—1939, Ser. 2, Vol. 10, *DBPO*, F 2707/1/10.

⑤ 《招待国联调查团报告》,《国际联合会调查团(二)》,第 6 页,"外交部"档案,台北:"国史馆"藏,020-990600-2076。

⑥ 《国联调查团今晨分道入京,英、意代表径乘"德和"轮赴都,美、法、德代表乘车赴杭游览,昨晨接见商会、工会等代表》,《申报》1932 年 3 月 26 日,第 1 版。

区域广阔,所有惨遭蹂躏之街巷未能遍及"①,但是闸北、江湾、吴淞三个战区的"满目疮痍",还是给调查团留下了深刻印象,认为此处战事的惨烈程度堪与欧战时法国的西阵线相比拟。② 在视察上海北站时,李顿十分关注日军轰炸车站的行为,但日方表示"把军队从人口稠密区域的建筑物赶出的最人道的方法,是来自空中的投弹"。李顿对于这种完全无视平民伤亡的做法感到愤怒。从搜集到的资料中,李顿也发现日方对 1 月 28 日当晚的事实陈述有不少"经不起推敲之处"③。

经过调查,李顿对上海"一·二八"事变形成了自己的初步看法:"日本人和中国人都不是没有一点过错的,两者都没有告诉全部真相,但是毫无疑问中国遭到极大的冤屈。日本人已经挑起了战争,并且在不宣战的情况下打得极其残酷。"④同时,随着调查的开展,李顿也发现了中日冲突的复杂性:"了解这个事件越深入,就感觉它越难解决。某一天我们得到一线希望,第二天这个希望就会被粉碎,但是也许在我们调查结束的时候,某些切实可行的东西可能会显现。现在我的感觉是情况对国联来说太难了。"⑤

3 月 26 日,调查团分两路离开上海:李顿等人在顾维钧陪同下,乘坐怡和商行的包船"德和"号进京;美国委员麦考益、德国委员希尼和意大利委员马柯迪则先顺道去杭州游览,再由京杭国道赴京。

而此时,南京方面早已做好接待调查团的筹备工作。军事委员会委员长蒋介石、行政院院长汪精卫和大部分中央委员均齐集南京,国民政府主席林森也专程从洛阳赶回,以便参加接待。外交部在调查团抵达上海前后,已经组织了招待委员会,以总务司司长应尚德为委员长,会同南京地方当局,统筹接待

---

① 《招待国联调查团报告》,《国际联合会调查团(二)》,第 10 页,"外交部"档案,台北:"国史馆"藏,020-990600-2076。

② 《国联调查团展期晋京,决定二十八日离沪,或将游杭转京北上,连日正在办理沪案》,《申报》1932 年 3 月 23 日,第 1 版。

③ 朱利译,金光耀校:《李顿赴华调查中国事件期间致其妻子的信件(上)》,《民国档案》2002 年第 2 期,第 33 页。

④ 朱利译,金光耀校:《李顿赴华调查中国事件期间致其妻子的信件(上)》,《民国档案》2002 年第 2 期,第 35 页。

⑤ 朱利译,金光耀校:《李顿赴华调查中国事件期间致其妻子的信件(上)》,《民国档案》2002 年第 2 期,第 34 页。

事宜,此外任何团体和个人不得私自联系和接待调查团。① 报名参加接待工作的各级党政机关以及民众团体的数量高达 309 个。至于具体事宜,"如欢迎时参加团体行列之排列,路线之规定,参加欢迎者服装、旗帜之准备,及指挥纠察事项之布置等,俱已一一筹划妥善"。宣传方面,"拟定欢迎标语数十条,概用白布书写中、英、法三国文字,于该调查团到京时,即张悬各街要道,以表热烈欢迎之意"。调查团的下榻之地预定为励志社,"经数日整理,内部已布置就绪,焕然一新。正楼之大厅,陈设中国柚木檀木椅桌,及北平国货出品最华贵之地毯。四壁遍悬总理遗墨,琳琅满目。东楼布署与正厅无异。寝室用中国制之国货钢床,一切应用物品悉具;餐室则中西兼备。门外花场,满植美丽之鲜花及翠柏,天然彩色,映入眼帘,尤觉赏心悦目。此外,网球场亦经加以整理,内部外观,极为富丽堂皇"。② 为加强警备工作,工务局暂行封堵了汉西门、武定门和挹江门等城门,并重新修葺各城门及城墙倒塌的地方,以巩固城防。③ 南京市警察局则选派警察和便衣纠察数十人,在调查团来京后随行护卫。③ 海军部也电令长江各舰,在国联调查团来京当天沿途妥为保护,并随时电告该团的行程信息。④

3 月 27 日,调查团李顿一行乘坐的"德和"轮抵达南京下关。外交部部长罗文干、海军部部长陈绍宽、军政部次长陈仪、南京代市长谷正伦以及各机关代表等登轮迎接。登岸后,海军部军乐队奏乐欢迎,李顿等人"为摄影及摄取有声新闻片故,伫立数分钟",然后在罗文干、顾维钧等人的陪同下,乘招待委员会特备的汽车离开中山码头。车队共有汽车四十辆,连接而行。沿途一带,各界团体代表和各学校学生数万人"均按预定地址集合,秩序井然"。欢迎者全都手持国旗,但是不呼口号,以符合国际惯例。大批警察和中小学校童子军负责维持秩序。道路两旁的商店和民宅全部高悬国旗,并贴有英文欢迎及宣传标语,如"华人宁愿荣誉而死,不愿生于日人武力之下""中国赞助国联以促进和平与公道""吾人欲得公道,公平必须遵守"等。汽车经过的各处,均竖立

---

① 《外部设委员会招待国联代表》,《申报》1932 年 3 月 15 日,第 3 版。

② 《欢迎国联调查团,本京三百余团体热烈筹备,望其以公正态度报告真相》,《中央日报》1932 年 3 月 19 日,第 3 版。

③ 《国联调查团拟定留京程序,京警厅妥筹保护》,《申报》1932 年 3 月 22 日,第 3 版。

④ 《首都限制人民欢迎国联代表》,《申报》1932 年 3 月 27 日,第 3 版。

写有中英文欢迎标语的木牌,海宁门及新街口广场则搭建了大型的欢迎牌楼。在盛大而有序的欢迎中,车队从中山路一直开赴下榻的励志社。①

另一路调查团委员麦考益等人到杭州后,受到浙江方面的热情接待,"预定西湖游程,饱览湖光春色。晚应省府欢宴,夜宿西泠饭店"②。27 日早晨,麦考益一行出发赴南京。蒋介石认为"京杭道路损坏,有碍观瞻"③,曾拟派飞机到杭州迎接,但是"各委员意欲游览沿途风景,不愿飞行",故仍由公路赴京。④ 当晚,三位委员也抵达南京,顾维钧等人亲至中山门迎候。

28 日上午,调查团一行礼节性拜访国民政府当局。中午,行政院院长汪精卫在铁道部设宴款待调查团。⑤ 在欢迎词中,汪精卫强调:国民政府奉行孙中山遗嘱,努力追求中国的自由平等,但其意义与排外全然不同,中国固然有废除不平等条约的要求,但是向来尊重条约,日方指摘中国国内存在抵制日货运动,但中方之抵货,全由日本侵略激成。⑥ 当晚,外交部部长罗文干在华侨招待所招待调查团。在致辞中,罗文干感谢国联为缓和中日争端而"殚心竭力"地工作,并特别缅怀了已逝世的法国外长白里安。罗文干表示,中国的政治和行政组织虽与欧美各国有所不同,却始终采取和平的态度,希望依据平等以及相互尊重主权和独立的原则与各国竭诚合作,但是"某一邻邦"却始终坚持侵略中国的行径。中国希望能有一个公正的办法来解决时局问题,对于调查团所需要的各项材料和各种情报,当"尽量供给","决不隐蔽"。⑦ 29 日,林

① 《国联调查团昨分两批到京,"德和"轮午前抵下关,杭来团员晚间始到,首都各界热烈欢迎,各代表下榻励志社》,《申报》1932 年 3 月 28 日,第 5 版转第 6 版。

② 《调查团今日可抵京,昨分两路离沪,李顿乘舟行,李谈调查毕东渡,稍留返华》,《益世报》1932 年 3 月 27 日,第 1 版。

③ 《蒋介石致鲁涤平电》,1932 年 3 月 24 日,《领袖指示补编(九)》,第 181 页,蒋中正"总统"文物,台北:"国史馆"藏,002-090106-00009-152。

④ 《招待国联调查团报告》,《国际联合会调查团(二)》,第 12 页,"外交部"档案,台北:"国史馆"藏,020-990600-2076。

⑤ 《国联调查团在首都之酬酢:历谒政府当局,汪、罗设宴款待》,《申报》1932 年 3 月 29 日,第 3 版。

⑥ 《行政院长汪精卫在欢宴国联调查团席上致词》(1932 年 3 月 28 日),罗家伦主编:《革命文献》第 40 辑,第 2652—2654 页。

⑦ 《外交部长罗文干在欢宴国联调查团席上致词》(1932 年 3 月 28 日),罗家伦主编:《革命文献》第 40 辑,第 2656 页。

森也代表国民政府和人民接见并宴请了调查团,对其表示欢迎和慰劳之意。①除了官方的宴请和游览安排,"调查团以留京时日无多,注重与政府当局会晤谈话,减少应酬",谢绝了所有团体和私人的宴请酬酢。②

国联调查团在南京期间,与国民政府要员进行了数度会晤。会晤间隙,3月30日晚,蒋介石及宋美龄夫妇在励志社中山堂欢宴国联调查团,并邀各院、部、会长官及顾维钧等人作陪。席间,蒋介石及各招待人员,"均服我国常礼服,蓝袍黑褂。桌围椅披,并燃蜡烛,一切布置,纯取我国古式","并有夏奇峰先生七弦琴及由沪聘来'人人笑'之口技等以助余兴"。③ 蒋介石致欢迎词,表示中国素为仁义之邦,一向以忠厚真诚为交友的基础,不仅个人交际如此,国际交往亦然。中国是有悠久历史文化的古国,人民众多,地大物博,由一个旧国家一变而成新国家,在过渡时期内的进化自然较为迟缓。但是中国政府和人民都有决心完成这种进化,前途有无限的希望。调查团此次来华考察,中国政府愿竭力给予种种便利并提供各种资料,务必使调查团不致感受任何困难,以尽地主之谊。李顿则称颂了蒋介石的名望,认为蒋介石是"中国现代之英雄",世界上"有本领的军事家"和"有名望的政治家",并表示调查团当竭尽全力、不辱使命。④

31日上午,南京国民政府又安排调查团游览南京名胜,先参观明孝陵,再拜谒中山陵、敬献花圈,并瞻仰孙中山大理石像,然后在中山陵园午宴。中央党部秘书长叶楚伧代表国民党对调查团拜谒总理陵墓表示谢意,称:"总理不仅为革命家及实际政治家已也,其手定之三民主义,包含伟大之政治理想,非仅用以救中国,且将以复兴中国民族为阶梯,而促进全世界之和平,期共臻于大同之盛治……总理复谓吾中华民族和平守法根于天性,非出于自卫之不得已,决不轻启战争。现中国虽不幸处于国难严重之时期,仍守此遗训,未尝或渝……诸公为国际和平而努力,吾人非常钦佩,故谨述总理之遗教,并欲诸公

---

① 《国联调查团晋谒国府主席》,《申报》1932年3月30日,第5版。

② 《招待国联调查团报告》,《国际联合会调查团(二)》,第14页,"外交部"档案,台北:"国史馆"藏,020-990600-2076。

③ 《国联调查团即赴汉,调查团与政府当局二次会谈,蒋委员长昨晚在励志社欢宴》,《中央日报》1932年3月31日,第2版。

④ 周美华编注:《蒋中正总统档案:事略稿本》(13),台北:"国史馆",2006年,第510—514页。

及国际间明了本党实为总理遗教之忠实奉行者。"李顿代表调查团表示："今日承秘书长指示孙中山先生遗教,对国际本诸和平正义,尤觉欣佩。"[1]

二、从南京到北平

1932 年 4 月 1 日晚,调查团结束了在南京的调查,前往汉口。

汉口之行主要是出于日方提议。在离开上海前,调查团曾开会讨论以后的行程安排,日本代表吉田"援引去年十二月的国联理事会决议,劝说各代表前往视察广东、汉口等地"[2]。日方此举,是想向调查团证明其一贯宣扬的"中国内部秩序纷扰不宁……非完整国家,不应享受现代各种国际条约上之权利"的观点,以作为"将来解决东案之背景"。[3] 顾维钧反对吉田的主张,表示"调查团任务原在调查东省事件,到华后亟应早赴东省,绕汉之行殊无必要,不可因此阻滞北上行期"。但是李顿认为日方的要求符合国联 12 月 10 日决议案,而且现在日本颇为坚持,如果调查团拒不同意,纠纷不决,反而耽误行期。[4] 美国委员麦考益也觉得汉口作为"中国的真正中心……特别是因为它被红色运动所包围"[5],值得考察。于是汉口遂被列入调查团的调查范围之中。

4 月 1 日,调查团一行乘坐"德和"轮从南京逆江而上,前往汉口。此前外交部和顾维钧已经致电湖北省政府,要求当地政府做好接待工作,并对代表及其随员加以妥善保护。[6] 4 日上午,调查团抵达汉口,受到驻鄂绥靖公署主任何成濬和湖北省政府主席夏斗寅的热情欢迎和接待。在汉口期间,日本代表

---

① 《调查团与当局三次会谈,昨午谒陵,今晚搭轮赴汉,中委陵园设宴,叶楚伧阐述中山遗教》,《益世报》1932 年 4 月 1 日,第 1 版。

② 《驻上海重光公使致芳泽外务大臣的函电(1932 年 3 月 19 日)》,张生主编,陈海懿、马海天编:《李顿调查团档案文献集·日本外务省藏档(一)》,第 126 页。

③ 《张学良致蒋中正电》,1932 年 3 月 25 日,《沈阳事变(一)》,第 216 页,蒋中正"总统"文物,台北:"国史馆"藏,002-090200-00003-157。

④ 《招待国联调查团报告》,《国际联合会调查团(二)》,第 14 页,"外交部"档案,台北:"国史馆"藏,020-990600-2076。

⑤ "The Ambassador in Japan(Grew) to the Secretary of State", July 16, 1932, U. S. Department of State, *Papers Relating to the Foreign Relations of the United States*(*FRUS*), The Far East, 1932, Vol. Ⅳ, Washington: United States Government Printing Office, 1948, pp. 156 - 157.

⑥ 《驻汉口坂根总领事致芳泽外务大臣的函电(1932 年 3 月 25 日)》,张生主编,陈海懿、马海天编:《李顿调查团档案文献集·日本外务省藏档(一)》,第 163 页。

要求调查团继续视察中国四川、广东等地,顾维钧认为其故意延缓调查团北上,故表示坚决反对。调查团采取折中方案,派出秘书爱斯托及法律顾问杨格,从汉口乘飞机到重庆视察,而广东之行则未予以考虑。① 4月7日,调查团返回南京,并于当天乘津浦路局特备的专车北上。

为迎送调查团北上,南京国民政府早已备好车辆。铁道部最初饬令津浦路局和北宁路局合组专车一列,但因"两路车辆混合,外表形式不齐,观瞻有碍",改由北宁路局负专责,从最新出厂的车辆中选出头等卧车一辆、头等车一辆、花车二辆、饭车一辆、行李守车一辆,编为一列,指定为国联调查团专车。②"车上设备极为华丽,车役及职员选取通晓外语者,以便肆应,所有人员一律穿着制服,以示整齐"。饭车由北宁路餐膳事务所负责预备,调查团委员每餐的费用约为十元。为了便利委员们办公,每人特备包车一辆,其余人员则乘坐头等卧车。③ 为保证专车安全,津浦路全线和沿途地区严加戒备,津浦路警备司令王均负责南段,山东省政府主席韩复榘负责北段,"车站以内由车站人员及路警、地方警察负责,车站以外由军队负责"。④ 张学良也命令河北省政府和沿线各地驻军加强戒备,妥为保护。⑤ 专车行驶时,前面有铁道炮队和铁甲车压道,车内则有保安队和南京派来的宪兵营保护。严密护卫之下,调查团专车由浦口出发,途经滁州、蚌埠、徐州、泰安、济南、天津,均受到当地政府和各界代表的热烈欢迎。4月9日晚,专车抵达北平。

对于南京国民政府为旅行提供的专车设备,国联调查团甚为满意。在给妻子的信件中,李顿极力称赞车辆的舒适:"我们乘坐最豪华的火车,每一节车厢都象我们在印度的私人火车那样舒服。在火车的最后有个被叫作观察室的

---

① 《招待国联调查团报告》,《国际联合会调查团(二)》,第15页,"外交部"档案,台北:"国史馆"藏,020-990600-2076。

② 《招待国联调查团报告》,《国际联合会调查团(二)》,第16—17页,"外交部"档案,台北:"国史馆"藏,020-990600-2076。

③ 《欢迎国联调查团,省市府派定负责专员,津变损失统计已译成英文,该团到津即送交以备参考,北宁路专车已备妥,极为整洁》,《大公报》(天津)1932年3月24日,第7版。

④ 《王均令所部警戒津浦路南段,保护国联调查团》,《中央日报》1932年3月31日,第2版。

⑤ 《张学良致蒋介石电》,1932年4月1日,《沈阳事变(一)》,第219页,蒋中正"总统"文物,台北:"国史馆"藏,002-090200-00003-159。

大客厅。接下来就是我的车厢。里面有起居室、浴室和卧室。我和马柯迪将军共同享用前两者。其他的车厢全部都装备相同,并且有一节大的餐车使我们可以共同进餐……火车上的食物非常可口,即使在车上品种也很多。每餐都有大约 10 道菜……整个旅途中我们一直使用专列,如果我们去的地方没有旅馆的,就在车上居住。"①美国代表麦考益也认为"到中国后食用之舒适,以在专车中为最"。② 另外,沿途各地的热情迎接和招待,也给李顿留下深刻印象:"在我们停靠的每一个车站,我们都受到乐队、仪仗队及接待委员会和地方各界代表包括童子军的接待。当我们走出车站,开车在街道上的时候,沿途皆是人群。人们对我们使命的关心非常惊人,且能激励我们。"③

北平方面,张学良早在国联调查团来华前就开始筹议招待事宜。调查团在上海时,北平已成立了招待委员会,聘请旅居北平的著名人士和相关单位负责人员为委员,刘哲任委员长。委员会下设招待处,由绥靖公署总务处、副官处以及北平市政府、外交部档案保管处、北宁路局、东北外交研究委员会、平津卫戍司令部、北平宪兵司令部、北平市公安局等部门组成,北平市长周大文任执行处处长。④ 调查团在南京调查期间,北平方面的招待工作已经准备就绪:共为调查团准备房间 23 间,其中客厅 7 间、会议室 1 所,日代表及随员房间14 间,中国代表及随员房间 40 间;预备茶役 46 名,其中 22 名身着燕尾服,24名身着蓝布大衫;预备调查团代表和秘书长乘坐的别克车 6 辆,车夫身着新制服;指定怀仁堂、居仁堂和迎宾馆三处作为宴会及茶会地点;车站及北京饭店前各搭建彩牌楼一座,所有机关、学校和商店一律悬旗;调查团专车由武装宪兵和警察保护;欢迎乐队成员从绥靖公署、公安局和卫戍司令部三处调用,并特意由青岛调拨海军的海圻乐队来平;在平期间的宴会和游览日程也早已排满。其周到和隆重程度,较之南京,可谓有过之而无不及。⑤

---

① 朱利译,金光耀校:《李顿赴华调查中国事件期间致其妻子的信件(上)》,《民国档案》2002 年第 2 期,第 38 页。

② 《调查团将展期出关,症结所在仍为伪满洲国问题,在平询问东北资料昨已完竣,马占山电调查团详述日方阴谋》,《大公报》(天津)1932 年 4 月 15 日,第 3 版。

③ 朱利译,金光耀校:《李顿赴华调查中国事件期间致其妻子的信件(上)》,《民国档案》2002 年第 2 期,第 38 页。

④ 《北平各界筹备招待国联调查团,成立办事处,聘于学忠等为委员,组招待委员会并确定招待办法》,《大公报》(天津)1932 年 3 月 9 日,第 4 版。

⑤ 《招待调查团,北平方面筹备就绪》,《益世报》1932 年 3 月 29 日,第 2 版。

除了做好招待准备,3月25日和4月2日,张学良又两次致电外交部,请示调查团来北平后的应对策略,①并问询国民政府与调查团谈话的内容,以便和中央保持一致②。为此,南京国民政府特派朱家骅、罗家伦等人专程赴北平传达中央与调查团的谈话大意,并面交了外交部制定的十六项注意大纲。其后罗家伦等人留在北平,协助张学良办理招待国联调查团事宜。③

4月9日晚上6点,调查团乘坐的专车抵达北平。张学良、刘哲、周大文以及各国驻平外交使团、北平各机关及各界代表等一千余人于站外迎接。4月10日下午,张学良夫人、顾维钧夫人和周大文夫人在迎宾馆举行招待茶会,4月11日晚,张学良在中南海居仁堂宴请了调查团。在欢迎词中,张学良强调:第一,东三省向来属于中国,在种族、政治、经济上都和内地有不可分离的关系,四万万中国人民也向来视东三省为中国的一部分,与河北、山东无异;第二,中国现在正处于改革期,政治上、经济上、社会上都在发生变化,必然有种种困难和纷乱现象,各国皆然,日本诋毁中国为非统一国家,是故意蒙蔽事实,混乱视听;第三,中日纠纷的真正原因,是日本嫉视中国社会经济的进步与政治上的渐趋统一。张学良表示,调查团来东北调查,一定能坚定中国人民及世界爱好和平人士对和平与正义的信仰,为国联计,为世界计,为中日两国计,中日人民都盼望事件得到公平的解决。最后,张学良援引希尼著作中的话作为结尾:"虚伪虽可徼幸一时,然真理与正义终难隐蔽,亦决不能阻止一平和勤勉民族之向上发展也。"④除了参加张学良和顾维钧的几次招待,调查团因"距赴东北调查时期不远",对北平各界的宴请一概谢绝,全力进行材料收集和意见征询工作。⑤

正当调查团在北平对东北问题进行调查和资料收集,并准备动身前往东

---

① 《张学良致外交部电》,1932年3月25日,《国际联合会调查团(一)》,第108页,"外交部"档案,台北:"国史馆"藏,020-990600-2075。

② 《张学良致外交部电》,1932年4月2日,《国际联合会调查团(一)》,第111页,"外交部"档案,台北:"国史馆"藏,020-990600-2075。

③ 《本市各界筹备欢迎调查团,昨假市府大礼堂开会,决另组筹备处,分配到站人数》,《益世报》1932年3月26日,第6版。

④ 《北平绥靖公署主任张学良在欢宴国联调查席上致辞》,1932年4月11日,罗家伦主编:《革命文献》第40辑,第2663页。

⑤ 《招待国联调查团报告》,《国际联合会调查团(二)》,第20页,"外交部"档案,台北:"国史馆"藏,020-990600-2076。

北时,却发生了出关遇阻事件。

调查团本来拟定的出关考察方案是乘坐北宁路专车经伪满洲国控制的奉山线出关,视察铁路沿线各地,在此期间不接受伪满洲国的招待。为此,北宁路局特意改造专车,以备调查团在关外长期使用。专车的饭车"食物烟酒足敷一个月之需,厨役由东方饭店调来,为北平做西餐老手",并加装一辆卫生车,"车之内部有浴室二间、理发室一间、洗衣室一间、诊病室一间、冷藏室一间,由原任天津市立医院院长李允恪博士为随车医官,专车上服务人员仍用原来之人",全车无异于一个可供起居办公的活动旅馆。①

不料 4 月 9 日,伪满洲国"外交部部长"谢介石忽然致电南京国民政府外交部,内称:"近据报告,贵国将派顾维钧氏偕同随员,随国际联盟调查委员来满等情……迩来贵国任意宣传,斥我为伪国家,诬我当局诸人为叛逆,以致我国民众对贵国感情异常激刺。倘顾氏一行入境,难保毋与不逞之徒以种种机会,为将来双方亲善之阻碍。应请贵部长妥为设法,勿使顾氏一行东来,免滋意外。"②当日,谢介石也致电李顿,对国联调查团一行表示欢迎,并要求调查团告知"入境"人员姓名及到东北后的行程计划。

调查团收到电报后,当即在北京饭店开会讨论对策。顾维钧在会上声明,中国代表随同调查团出关,是根据国联议决案履行义务,势在必行,不能因任何恫吓而中止。会后,调查团致电国联,转述两封电报的内容,并提出自己的意见:(一)通过日本驻长春领事馆,间接传递谢介石电报中要求的信息;(二)未收到正式通知前,与中国代表按计划出关的决定不变;(三)通过日方代表征询日本政府准备采取何种步骤,以保证调查团工作所需的团体安全和行动自由。③顾维钧也致电外交部,表示如果日方不担负保护之责的话,那么希望由中国方面选派得力卫兵,护送代表团出关。④

---

① 《调查团将展期出关,症结所在仍为伪满洲国问题,在平询问东北资料昨已完竣,马占山电调查团详述日方阴谋》,《大公报》(天津)1932 年 4 月 15 日,第 3 版。

② 《外交部致日内瓦中国代表团第 553 号电》,1932 年 4 月 10 日,《国际联合会调查团(一)》,第 56 页,"外交部"档案,台北:"国史馆"藏,020-990600-2075。

③ "Coded message sent to Geneva on April 12th, 1932, at 0025 hours", April 12, 1932, S35-2 Divers, pp. 1-2, League of Nations and United Nations Archives, Geneva.

④ 《招待国联调查团报告》,《国际联合会调查团(二)》,第 22 页,"外交部"档案,台北:"国史馆"藏,020-990600-2076。

伪满洲国拒绝顾维钧一行随调查团出关的决定,出自其"外交部次长"大桥忠一和日本代表团随员佐藤述史的一手策划。4月1日,两人在商议"满洲国"政府如何应对国联调查团时,提到了反对顾维钧来满的话题。伊藤认为:"日支两国虽要为该成员提供种种方便,但去年决定该成员派遣时,没有预想到'满洲国'的成立。因此,从理论上来说,除我租借地及满铁附属地以外,'满洲国'是可以反对支那方面的参与人员进入满洲的。"①谢介石的电报,正是在伊藤和大桥的建议下发出。

对于伪满洲国此举,日本外相芳泽谦吉心存疑虑。4月9日,芳泽致电日本驻长春使馆领事田代,认为"顾维钧虽为支那方面代表,但既然与作为日本方面代表的吉田大使同样被任命为调查团的参与委员,那么顾维钧就是根据去年十二月十日的决议所成立的调查团的一员,若拒绝顾维钧进入满洲的话,不仅仅在对支关系上,恐怕会对国际联盟也带来不好的影响"。②芳泽希望大桥和"新国家"妥善处理此事。大桥回电表示:电报已经发出,而且通过报纸,现在已经人所周知,从"独立国家"的体面来说,已经别无他法;③而且,新政权本就被外界看作日本的傀儡,如果因日本斡旋而改变政策,反而坐实这种印象,所以不能变更拒绝顾维钧进入"满洲国"的方针。不仅大桥,"以军司令官为首,逗留满洲的田中大使、伊藤参赞对于上述方针也持同样意见"④。在关东军和部分日本官员的支持下,伪满洲国态度更为强硬,明确表示顾维钧进入东北后,只要超出南满铁路附属地范围,将立即予以拘捕。

在伪满坚持拒绝顾维钧出关后,4月12日,芳泽再次致电田代,表示虽然从"满洲国"立场考虑,这种行为合乎道理,但是从大局上看,此举对"新国家"的前途反而不利。日本政府遵照去年12月10日的国联行政院决议,约定给予调查团各方面的便利,也有义务全力予以保护,并且调查团从日内瓦出发之

---

①《驻沈阳森岛代理总领事致芳泽外务大臣的函电(1932年4月2日)》,张生主编,陈海懿、马海天编:《李顿调查团档案文献集·日本外务省藏档(一)》,第230页。

②《芳泽外务大臣致驻长春田代领事的函电(1932年4月9日)》,张生主编,陈海懿、马海天编:《李顿调查团档案文献集·日本外务省藏档(一)》,第269页。

③《驻长春田代领事致芳泽外务大臣的函电(一)(1932年4月11日)》,张生主编,陈海懿、马海天编:《李顿调查团档案文献集·日本外务省藏档(一)》,第274页。

④《驻长春田代领事致芳泽外务大臣的函电(二)(1932年4月11日)》,张生主编,陈海懿、马海天编:《李顿调查团档案文献集·日本外务省藏档(一)》,第275页。

前,国联秘书长德留蒙曾致电日本政府,希望保护调查团的安全,日本也承诺将在力所能及的范围内提供安全保障,所以不管"满洲国"态度如何,日本将不得不提供上述的安全保护。芳泽希望田代、大桥和"满洲国"方面对此事再进行深入协商。①

13 日,日本代表吉田向李顿表示,日方在租借地、满铁附属地和军队占领地范围内为调查团提供保护是理所当然的,但其他区域的保护责任应该由"满洲国"政府承担。李顿坚持日本有保护调查团的责任,如果顾维钧不能去东北,则调查团全体不去。② 其后,谢介石代表伪满洲国向调查团发去第二次照会,明确表示拒绝中国代表顾维钧及其工作人员随同调查团进入"满洲国"境内。

由于各方意见相左,顾维钧和调查团的出关问题陷入僵局。14 日,芳泽指示吉田,如果调查团方面不希望入满日期过于延误的话,可以先由大连进入满铁附属地,然后参酌治安状况,在军队的保护下,尽可能地按照预定计划前往满洲各地考察。③ 15 日,吉田向调查团提出了折中方案:全体人员分为两组,调查团为一组,由陆路入满;中国代表为一组,乘船赴大连。④ 吉田进一步表示,如果认为搭乘普通轮船延误时日的话,日方可以请海军派出军舰运送。⑤

由于伪满洲国在出关问题上态度坚决,调查团不得不软化态度,考虑日方提出的折中方案。16 日,李顿约见顾维钧,听取其对于日本代表建议的看法。顾维钧认为,从山海关进入东北,可以调查沿路和锦州的情形,但从大连去沈阳,"无异于参观日本";搭乘日本军舰多有不便,中国方面已备妥车辆而且设备完善;"如虑安全问题,中国可派卫队,沿路既无日军,决不至有冲突",或者

① 《芳泽外务大臣致驻长春田代领事的函电(1932 年 4 月 12 日)》,张生主编,陈海懿、马海天编:《李顿调查团档案文献集·日本外务省藏档(一)》,第 289 页。

② 《驻北平矢野参赞致芳泽外务大臣的函电(1932 年 4 月 13 日)》,张生主编,陈海懿、马海天编:《李顿调查团档案文献集·日本外务省藏档(一)》,第 297 页。

③ 《芳泽外务大臣致驻北平矢野参赞的函电(1932 年 4 月 14 日)》,张生主编,陈海懿、马海天编:《李顿调查团档案文献集·日本外务省藏档(一)》,第 310 页。

④ 《招待国联调查团报告》,《国际联合会调查团(二)》,第 23 页,"外交部"档案,台北:"国史馆"藏,020-990600-2076。

⑤ 《北平辅佐官致陆军次官的函电(1932 年 4 月 15 日)》,张生主编,陈海懿、马海天编:《李顿调查团档案文献集·日本外务省藏档(一)》,第 328 页。

"由国联调编国际卫队,随车赴沈……至此队员,可就各国使馆卫队及华北驻军抽调,当易成事"。李顿对派遣护送卫队到东北的方法表示反对,认为这样易生纠纷。至于到沈阳的路线,李顿提议调查团乘坐火车和船只分批出行,如果中国代表反对搭乘日本军舰,可以商调第三国军舰或乘坐商船。①

当天,调查团向吉田提出修改方案:调查团的部分成员与中日两国代表及随员经由海路赴大连,其余成员及秘书乘坐火车经由山海关到沈阳。交通工具方面,海路一组由中日两国分别派出军舰运送,陆路一组乘坐北宁路专车,该车在出山海关时可与奉山铁路局更换机车,奉山铁路局的乘务员上车,但是北宁铁路局的乘务员、厨师及其他雇员依然留在列车上服务。②

对于调查团继续乘坐北宁路专车出关视察的要求,伪满洲国和关东军又提出反对意见,称满铁等方面已准备好特别列车,如果使用其他线路的车辆,需要进行技术上的充分商讨与检查,否则难以确保运行安全。③ 南京国民政府方面也坚持反对由海路入关。18 日上午,顾维钧会见李顿,表示外交部依然主张乘铁路赴沈阳,基于去年 12 月 10 日的决定,日本政府需要为调查团提供便利。李顿反驳称,上述协议乃中日两国之间达成,"满洲国"不受决议约束。④

按照规定,调查团需要在 5 月 1 日国联行政院开会之前提交预备报告书,随着期限日益迫近,李顿等人深感焦虑,不得不再次妥协,接受伪满洲国方面的要求。南京国民政府方面也不得不改变态度,4 月 18 日夜,外交部致电顾维钧,不再反对由海路入东北,顾维钧随即通知调查团,争执与迁延多日的行程问题终于得以"解决"。⑤ 19 日,调查团分海陆两组出发:李顿、顾维钧等人乘坐中国"海圻"号军舰,德法两委员、日本代表等人乘坐日本"朝颜""芙蓉"号

① 《顾维钧致外交部电》,1932 年 4 月 16 日,《沈阳事变(二)》,第 35—36 页,蒋中正"总统"文物,台北:"国史馆"藏,002-080103-00012-005。

② 《驻北平矢野参赞致芳泽外务大臣的函电(1932 年 4 月 16 日)》,张生主编,陈海懿、马海天编:《李顿调查团档案文献集·日本外务省藏档(一)》,第 321 页。

③ 《驻沈阳森岛代理总领事致芳泽外务大臣的函电(一)(1932 年 4 月 17 日)》,张生主编,陈海懿、马海天编:《李顿调查团档案文献集·日本外务省藏档(一)》,第 333 页。

④ 《驻北平矢野参赞致芳泽外务大臣的函电(1932 年 4 月 18 日)》,张生主编,陈海懿、马海天编:《李顿调查团档案文献集·日本外务省藏档(一)》,第 344 页。

⑤ 《国联调查团离平赴东北,绕道大连争执之经过,将租南满车出发调查,约六月中旬仍返北平,顾维钧表示为国牺牲》,《申报》1932 年 4 月 24 日,第 7 版。

军舰,由海路赴大连;美意两委员和秘书长哈斯等人则乘坐北宁路专车,到山海关后换乘伪满奉山路所备的专车,两组人员在沈阳汇合。

对于伪满拒绝调查团出关,以及由此衍生的调查团安全保护、入满路线和入满交通工具等问题,顾维钧有如下判断:"此事症结,全在日本借反对中国代表为名,迫国联与中国承认满洲傀偏国。"①此语可谓一针见血。正如满铁调查科事后的调查报告所称:"阻止中国政府任命的顾维钧作为该调查团的参与委员入满,是想在事实上使调查团亲自体验到'满洲国'已完全脱离了中国政府的束缚,具备了'独立国'的形态,这在让全世界也知道这一事态的基础上,贯彻'满洲国'的上述主张是很有意义的。"②对于此事,日本外务省与伪满、关东军之间虽有意见分歧,但都希望借此向外界证明伪满政权既脱离中国,又不受日本支配的所谓"独立性"。南京国民政府虽然坚持东北主权属于中国,顾维钧入满名正言顺,但是由于早已失去对东北的实际控制,又有协助和配合调查团的责任,所以在国联调查团最终妥协的情况下,也只能无奈接受日本提出的方案。

三、重回北平到调查团离华

在东北经历了一个半月的实地调查后,6月5日,调查团返回北平,整理搜集到的大量材料,并讨论报告书的内容。

调查团在平期间,中日两国在报告书编制地点的选择上又产生争端。

早在上海之时,国联调查团即计划在结束对东北的实地调查之后,回到北平整理资料,并寻找合适的地点撰写报告书。中国代表顾维钧鉴于届时已入暑期,"北平气候燥热,旅馆中房屋逼窄,颇不便工作,而西人向例,每届暑期,多至山巅水涯凉爽之地避暑"③,推荐北戴河作为消夏和起草报告书之地,为

---

① 《顾维钧致外交部电》,1932年4月16日,《沈阳事变(二)》,第36—37页,蒋中正"总统"文物,台北:"国史馆"藏,002-080103-00012-005。

② 「顧維鈞の満州国入国拒否問題の経過調書」(1932年5月18日)、外務省編『日本外交文書:満州事変』第2卷第1冊、外務省、1978年、866—867頁。

③ 《国联调查委员决在海滨避暑,由绥署及北宁路负招待责任,调查团专车大部员役供使用,彭济群任招待处长》,《大公报》(天津)1932年7月22日,第7版。

此,张学良特意命令北宁路局在北戴河准备房屋、添置家具,妥善办理招待事宜。[①]　日本代表吉田伊三郎则认为报告书编制地点以青岛或大连星之浦为宜。[②]　在给李顿的信函中,吉田陈述了自己的理由,表示北戴河及其周边地区位于张学良反"满洲国"活动的中心区域,而星之浦"非常安静,气候宜人,另一方面距离大连很近,很容易和调查团需要联系的各个地区通信"。[③]　为证明自己所言非虚,吉田还随函附上了两地的导游册、地图及旅馆设施等宣传材料。对于中日双方的不同意见,李顿并未明确表态,而是指派秘书长哈斯先行调研,到北平后再做讨论。[④]

调查团抵达北平后,吉田再次以"北戴河一带为张学良扰乱满洲的策源地,而且缺乏各种设施"为由,反对选址于此。[⑤]　日本外相芳泽也指示吉田:"我方反对将报告书起草地点选在北戴河,那是张学良影响力浓厚之地,或会对调查团发生影响,招致世间的疑虑,(如果调查团将起草地选在镰仓或箱根,支那方面也会抱怨不公平而加以反对,所以将起草地点选在北戴河会引起日本国民何等感受,调查团方面不难想象……)还会使报告书的价值受到质疑。调查团的宗旨是在日支两国国民的信赖下,以不偏不倚的态度完成任务,此举不可谓可取。"[⑥]5 月 11 日,福冈县知事中山佐之助致电日本外务大臣芳泽谦吉和内务大臣铃木喜三郎,建议在日方主张的大连和青岛两地中选择青岛。铃木表示:"考虑到事关日支间重大问题,大连是日本势力范围,北戴河属于支那的完全领土,在此等地方写作报告书,必受某种势力牵制,实非得策。调查团目前正为此事烦恼。值此时机,居住在青岛的我国侨民认为,鉴于青岛虽属

① 《天津军参谋长致参谋次长的函电(1932 年 4 月 11 日)》,张生主编,陈海懿、马海天编:《李顿调查团档案文献集·日本外务省藏档(一)》,第 288 页。

② 《招待国联调查团报告》,《国际联合会调查团(二)》,第 26 页,"外交部"档案,台北:"国史馆"藏,020-990600-2076。

③ "Letter from Yoshida to lord Lytton", March 23, 1932, S33—No. 2, League of Nations and United Nations Archives, Geneva.

④ 朱利译,金光耀校:《李顿赴华调查中国事件期间致其妻子的信件(下)》,《民国档案》2002 年第 3 期,第 44 页。

⑤ 《驻北平矢野参赞致芳泽外务大臣的函电(1932 年 4 月 14 日)》,张生主编,陈海懿、马海天编:《李顿调查团档案文献集·日本外务省藏档(一)》,第 305 页。

⑥ 《芳泽外务大臣致驻沈阳森岛代理总领事的函电(1932 年 5 月 25 日)》,张生主编,陈海懿、马海天编:《李顿调查团档案文献集·日本外务省藏档(二)》,南京:南京大学出版社,2019 年,第 203 页。

于支那领土,但又与日本有特殊关系,所以让青岛成为该调查团报告起草地极为妥当。"中山佐之助还建议在青岛的日侨努力开展活动,设法招徕国联调查团。[1]

对于日方建议选择青岛的原因,李顿心知肚明:"这是日本人拥有最大利益和最大租借地的地方。一战中他们从德国人手中夺得,尽管他们已经把它还给中国,但是仍以日本军舰威胁着它。"[2]李顿本人并不看好选择青岛作为撰写报告书之地,因为撰写报告书需要调阅北平保管的旧外交部[3]资料和各国使领馆的外交公文,调查团的秘密资料也需要在公使馆里保存,选址青岛颇有不便。为此,日本新任首相兼外相斋藤实指示日本代表吉田:如需要外国公使馆的记录,可以从青岛派人到北平去取。在这点上,青岛与北戴河大同小异,另外青岛有英、美、德等国的领事馆,可以为调查团保存秘密文件。[4]

由于中日双方在报告书起草地问题上各执一词、互不相让,调查团一度考虑采取折中方案,选择威海作为报告书起草地。"以日本的立场来看,威海卫远不及大连、青岛,但比北戴河优越。"[5]不过威海因交通、通信及其他关系,很快被摒除出候选地的范围。

6月5日,调查团成员从东北返回北平,并在顾维钧陪同下顺道参观和考察了北戴河。当晚调查团成员在北戴河留宿,认为此处风景秀丽,而且极为静寂,颇为满意。[6] 日本代表和日本政府马上表示强烈反对,并散布言论称调查团倾向该地的内在原因是张学良提供了北戴河的四十间别墅,暗示调查团受到中方的笼络,丧失中立立场。[7] 6月6日,调查团开会讨论报告书起草地问

---

① 《福冈县知事中山佐之助致外务大臣、内务大臣的函电(1932年5月11日)》,张生主编,陈海懿、马海天编:《李顿调查团档案文献集·日本外务省藏档(二)》,第116页。

② 朱利译,金光耀校:《李顿赴华调查中国事件期间致其妻子的信件(下)》,《民国档案》2002年第3期,第40页。

③ 指北洋政府外交部,时称"旧外交部"。

④ 《斋藤外务大臣致驻沈阳森岛代理总领事的函电(1932年6月3日)》,张生主编,陈海懿、马海天编:《李顿调查团档案文献集·日本外务省藏档(二)》,第266页。

⑤ 《驻芝罘内田领事致斋藤外务大臣的函电(二)(1932年6月4日)》,张生主编,陈海懿、马海天编:《李顿调查团档案文献集·日本外务省藏档(二)》,第272页。

⑥ 《招待国联调查团报告》,《国际联合会调查团(二)》,第26页,"外交部"档案,台北"国史馆"藏,020-990600-2076。

⑦ 《支那驻屯军参谋长致陆军次官的函电(1932年6月6日)》,张生主编,陈海懿、马海天编:《李顿调查团档案文献集·日本外务省藏档(二)》,第283页。

题,在日本的极力反对下,不得不放弃北戴河方案。[①]

　日本对报告书起草地的强硬干涉,使得调查团成员颇为不快,决定无论如何不会选择青岛,但是在日本的压力下,调查团又不得不前往青岛考察。[②] 6月9日,李顿和马柯迪、希尼一行到青岛实地考察一番后,表示"青岛虽位于海滨,景色不亚于北戴河,惟为商埠,市廛喧闹,兼以工厂林立,灰烟弥漫,殊不及北戴河之清幽、适于工作"[③],而且青岛夏季雾多,湿气较重,意大利代表马柯迪患有风湿症,也不宜在此工作。[④] 13日上午,调查团再度举行会议,协商报告书的起草地问题,明确否定了青岛,并决定"该团最后报告之编制,将在东京开始,北平完成,因该两地可得所需之有关系文件。在起草期内,各委员认为何处适宜,即往何处办事"。[⑤]

　7月,国联调查团结束第二次日本之行返回中国。船只在青岛登陆时,李顿因为劳累过度病倒。为免李顿再受舟车之苦,张学良特意派自己的福特飞机将其接回北平,送入德国医院治疗和休养。[⑥] 李顿年近古稀,此次尚为第一次乘坐飞机,"卧游天空,极感愉快"。[⑦] 回到北平后,调查团集中力量撰写报告书。起草委员会每日举行会议讨论,李顿虽在医院,仍然亲自阅看重要文件并与各委员商讨各项重要问题。各委员及其参随人员,在撰写报告书之余或者赴北戴河避暑,或者赴西山休养,随时往返。北平方面则由北平绥靖公署组织招待处和北宁路局安排,在西山商借了静明园的双清别墅,在北戴河预备了

---

　① 《驻北平中山书记官致斋藤外务大臣的函电(1932年6月7日)》,张生主编,陈海懿、马海天编:《李顿调查团档案文献集·日本外务省藏档(二)》,第287页。

　② "No. 572 Mr. Ingram (Peking) to Sir J. Simon (Received October 4)", August 1, 1932, Documents on British Foreign Policy 1919—1939, Ser. 2, Vol. 10, *DBPO*, F 7156/1/10.

　③ 《国联调查团编制报告地点:李顿等赴青岛视察后始决定,日方反对在北戴河别存用意》,《申报》1932年6月11日,第9版。

　④ 《驻天津桑岛总领事致斋藤外务大臣的函电(1932年6月13日)》,张生主编,陈海懿、马海天编:《李顿调查团档案文献集·日本外务省藏档(二)》,第329页。

　⑤ 《北平王广圻致南京外交部转顾代表电》,1932年6月14日,《国联调查团报告》,第46页,"外交部"档案,台北:"国史馆"藏。

　⑥ 《招待国联调查团报告》,《国际联合会调查团(二)》,第31页,"外交部"档案,台北:"国史馆"藏,020-990600-2076。

　⑦ 《调查团为制报告归北平,莱顿病乘飞机到平即入医院,日本表示承认伪国形式可缓》,《大公报》(天津)1932年7月21日,第3版。

章家大楼,章家小楼,王松午宅,田家大楼以及海关四号、五号等处住宅,为调查团避暑和休养所用。①

8 月底,《李顿调查团报告书》全部完成。9 月 4 日,各委员在报告书正本上签字。4 日下午,克劳德、希尼和调查团参随人员等离开北平,取道西伯利亚铁路回国。5 日,李顿、麦考益和马柯迪三人在上海搭乘意大利邮轮赴欧洲。南京国民政府方面,张学良和汪精卫等人主持欢送。至此,国联调查团来华调查与撰写报告书的任务结束,国民政府对调查团的招待事宜也得以告竣。

对于国民政府的尽心接待,调查团感受颇深。在给妻子的信中,李顿表示,自己在中国期间"没有一刻的不适","所到之处,我们都受到皇室般的接待和无微不至的关心"。② 然而,政府如此殷勤的表现,引发了国内部分人士的不满和批评。首先是招待过度,奢靡浪费。以南京的招待为例,"励志社方面每天饭食大约要一千六七百元一天。汽车有五十辆,是由外交部包定的,每辆每天二十四元,其数也可观了。水是从上海等处买来的,价很高贵,本来可充饮料,这次却为外国贵宾们盥洗之用"。③ 顾维钧 4 月份在北平的私宅宴请调查团时,仅酒水一项即花费四百余元。④ 7 月 17 日《上海日报》登出消息,称北平方面以拍卖公地款项招待调查团。⑤ 其次是过于逢迎,有失尊严。李顿视察青岛归途中曾登游泰山,不慎遗失手杖,怀疑是中国轿夫所为,泰安县长周百锽为此拘押拷问了包括轿夫在内的大批百姓,最终在四十八小时内寻回。当时住在泰山的冯玉祥对此事非常愤慨,斥责周百锽"看外人太重,看自己太轻",并将此事作为"外国帝国主义者在中国傲慢跋扈的一个例证"。⑥

饶有趣味的是,作为冲突的当事一方,日本也对中方接待国联调查团的表

---

① 《招待国联调查团报告》,《国际联合会调查团(二)》,第 31—32 页,"外交部"档案,台北:"国史馆"藏,020-990600-2076。

② 朱利译,金光耀校:《李顿赴华调查中国事件期间致其妻子的信件(上)》,《民国档案》2002 年第 3 期,第 38 页。

③ 《隆和轮上——调查团江行琐记》,《益世报》1932 年 4 月 12 日,第 3 版。

④ 《王广圻致北平市政府函》,1932 年 5 月 9 日,《国际联合会调查团招待》,第 34 页,"外交部"档案,台北:"国史馆"藏,020-990600-2058。

⑤ 《王广圻致北平市政府函》,1932 年 7 月 26 日,《国际联合会调查团招待》,第 101 页,"外交部"档案,台北:"国史馆"藏,020-990600-2058。

⑥ 顾维钧著,中国社会科学院近代史研究所译:《顾维钧回忆录》第一分册,第 442 页。

现大肆抨击："国联调查团滞留北平、天津期间，支那官员盛情款待，其逾矩过度，有近于谀者。尤其顾维钧之待李顿爵士，主从之态势，观之始终如一，支那学生皆耻于代表支那之顾氏之态度。支那人如何甘心居于欧美人之指导下，露骨以求其欢心，显为支那之辱，黄色人种自求白色人种之支配，屈服于彼，实堪愤慨。在天津、广东青年中，有支那灭亡之慨。又调查团滞留北平期间，彼等之态度，傲慢过甚，遂至此次调查团之来燕，于一般居民中唤起反白色人种之思想，观之舆论可知也。"[①]

嘲讽中方过度接待的同时，日本对接待工作却异常重视。调查团初次赴日时，日本特别成立了外务省准备委员会，制定了详细的日程安排、护卫计划、宴会组织、访谈对象。"调查团抵日之时，其政府派代表亲赴横滨迎迓，及抵东京以后，彼国政府重要人物及团体领袖或开会晤谈，或设宴款待，几于无日无之"[②]，并安排调查团赴京都、日光、箱根游览，欣赏艺伎表演。调查团在东北调查期间，日本虽设置种种障碍限制调查团的实地调查，但是招待"极周到"。调查团第二次赴日时，日本在餐饮、住宿、出行、游览、警备等方面的接待工作更加细致考究，甚至连调查团的宾馆小费都纳入预算。日方接待的殷勤给中方造成很大压力，使得中方十分注意对调查团"诚恳优待，庶免相形见绌"。[③]

调查团是国联的代表，如果说当时的中国作为弱国，对于国联外交格外倚仗的话，日本作为当时的世界五强之一，也在接待中费尽心机讨好调查团，则从一个侧面证明国联在当时具有相当的影响力，国际秩序仍主要处于欧美大国的掌控之中。

---

① 《天津军参谋长致参谋次长的函电(1932年4月24日)》，张生主编，陈海懿、马海天编《李顿调查团档案文献集·日本外务省藏档(二)》，第28页。

② 《招待国联调查团报告》，《国际联合会调查团(二)》，第6页，"外交部"档案，台北："国史馆"藏，020-990600-2076。

③ 《顾维钧致张学良电》，1932年5月30日，《国际联合会调查团(五)》，第101页，"外交部"档案，台北："国史馆"藏，020-990600-2079。

第二节　与国联调查团的会谈

调查团来华期间,与中国政府、各界团体和个人进行过大量的晤谈,反复确认中日之间的各类争端,听取中方对解决中日问题的立场和意见。其中最为重要的当属 3 月底 4 月初在南京与国民政府的会谈、4 月在北平与以张学良为首的东北地方实力派的会谈,以及 6 月于北平和国民政府的再度会谈。

一、南京会谈:意见的初步交换

调查团到南京后,3 月 29 日、30 日、31 日和 4 月 1 日,以蒋介石、汪精卫及国民政府外交、教育、交通、实业等部部长为代表的国民政府军政要人,与国联调查团进行了一系列会谈。

29 日,双方开始第一次谈话。李顿首先指出调查团来华的目的,一则为实地调查并向国联报告东北事件真相,二则为找出事件原因并研究改善中日关系的可能性,后者更为重要。调查团在日本期间已经了解了日本政府的主张,而事实调查将主要在满洲进行,所以当时调查团希望听取中国政府对中日各种争端的澄清以及解决中日冲突的意见。

李顿开场明确了会谈的意旨和希望后,汪精卫发言,表示中国政府最感兴趣的是调查团对日方主张有何印象。李顿告诉汪精卫,日本政府认为《国联盟约》的某些条款是对成员的保护,而另一些条款则构成了义务,中国利用保护条款寻求国联的支持,但没有履行义务条款,例如违背 1905 年关于铁路平行线的议定书,造成中日间三百余件悬案等。另外,"九一八"事变前发生的万宝山案、朝鲜屠杀华侨案和中村事件也特别值得关注,日本认为这些都是造成中日冲突的原因,调查团很想了解中国政府对以上问题的意见。汪精卫语带讽刺地说很高兴从调查团处听到日本的"抱怨",因为此前日本政府从未坦率地知会中国,且在未采取足够的外交手段之前就发动"九一八"事变,占领了东北并进攻上海。

会谈由此进入对具体问题的讨论。首先是铁路平行线问题。汪精卫表示日方所谓的铁路平行线问题议定书并不存在,只是 1905 年会议①的备忘录,并没有签字,所以没有法律效力。汪精卫又提及 1915 年条约②,指出这是日本强加给中国的,中国政府在巴黎和会和华盛顿会议上都拒绝承认其有效性。李顿询问平行线问题该如何解决,汪精卫表示中国政府将会对此问题的详细情况形成说帖,由顾维钧交给调查团,并声称:"原则上我们愿意承认日本在满洲的合法权益,只要这些权益是基于条约的,但是我们拒绝承认那些不利于中国政府的权益。"接着,汪精卫提出了对中日冲突解决方案的五点意见:(一) 相互尊重权利;(二) 以武力强加的条约无效;(三) 双方秉持和解精神;(四) 最好订立新的条约;(五) 尊重对方的权利、门户开放政策和机会均等原则。李顿注意到第二条牵扯到条约合法性的表述,追问汪精卫是否认为在一方强迫下签署的条约是无效的,汪表示"那种条约只会引起冲突",并再次举出 1915 年条约的例子。李顿继续追问中国政府是否认为 1915 年条约合法,汪精卫回答称中国国民从不认为 1915 年条约合法,因为其未经国会批准。李顿质疑汪精卫,称战争结束时签署的条约都是类似武力逼迫的情形。汪精卫以《马关条约》为例,表示虽然"我们失去了台湾并支付了巨款,但我们从不对它的合法性提出异议,因为它是正式批准和签署的"。李顿马上抓住了汪精卫逻辑上的漏洞,诘问道:"因此,我认为,不承认 1915 年条约的理由不在于它们是通过武力强迫的,而在于它们没有得到批准,是吗?"汪精卫只得表示:"条约未经国会通过,这是(主要)原因。"

会议接着谈论日本撤兵后东北秩序的维持问题。李顿询问汪精卫,如果日本撤军,中国政府如何建立和维持当地秩序,以"满足日本和世界的要求"。汪精卫回应说可以派遣一支特别宪兵部队,并挑选"有能力的民政官员"进行管理。同时,汪精卫希望国联予以帮助,表示"始终相信国联准备维护其成员国的领土完整……准备接受任何不质疑我们作为一个国家的完整性的建议"。顾维钧在一旁附和,称国民政府已经开始制定接收东北的工作计划,一旦拟

① 日俄《朴茨茅斯条约》签订后不久,日本于 1905 年 11 月派外相小村寿太郎为全权大使来北京,与清政府"交涉东三省善后事宜"。双方经过近五个星期的谈判,于 12 月 22 日签订了《中日会议东三省事宜条约》(包括正约及附约)。这个条约的签订,使日本拥有了"关东州"的租借权和南满铁路的经营权,把中国东北南部变成了日本的势力范围,扩大了日本在中国东北的利益。
② 即《中日民四条约》。

定,即可提交给调查团。这时麦考益将军插话道:"可以向调查团提供日本在中国阴谋活动的证据吗? 我从各种私人渠道获得的信息表明,这些阴谋阻碍了一个所谓的稳定政府的建立。"汪精卫表示,所有证据都将提交给调查团。

接着,李顿指出日本抱怨中国通过教材、抗日团体和组织等培养民众对外国人——特别是对日本人——的敌意,并表示他认为"每个国家都有人控诉其他国家的教科书,但日本在这方面的抱怨比其他国家要严重得多"。汪精卫则反击道:"关于中国教材中的抗日宣传,朱部长已经调查了日本教材,发现其中许多内容不仅反华,而且排外",而抗日组织是对"九一八"事变后日本侵略的回应,"政府认为没有正当理由停止这些组织的活动"。①

30 日,双方第二次会晤,讨论的问题更加广泛。李顿首先请国民政府以官方形式提供以下材料:尚未公布的所有可能与中日东北争端有关的条约、协议或共识的书面文件,以及关于在满朝鲜人的任何协议。同时,李顿又对前一天会议中谈到的铁路平行线问题议定书和 1915 年条约的合法性问题再次进行确定,表示日本政府曾提交给调查团 1905 年条约和议定书的照片,并询问汪精卫 1915 年中国是否存在宪法、国会,以及它们的权限所在。汪精卫只得再次详细解释所谓 1905 年的议定书并不存在,"会议期间讨论了铁路平行线的建设问题,但是两国代表团共同认可的讨论只有数分钟",而且没有签署协议;至于宪法和国会,汪表示中华民国在 1912 年即通过了第一部宪法,1913年袁世凯解散了国会,1914 年成立政治会议来行使国会权利,该会议被很多人视为非法,"然而,1915 年条约甚至都没有提交政治会议"。教育部部长朱家骅补充道:"国会解散后,随即出现了护国运动,非法政权从未得到承认。"李顿追问:"您是想表达中国政府视袁世凯非法统治期间缔结的所有条约均为无效吗?"汪精卫明确道:"1916 年国会重开后,并没有否定袁世凯签订的所有条约,但郑重宣布 1915 年条约是无效的。"

解决了上次会谈遗留的疑问后,李顿表示调查团急于和两国讨论解决中日冲突的方案。他以瑞士为例,向国民政府征询是否存在由国际协定保证东北"中立"以维持东北安全的可能性。汪精卫意识到这种方案是将国家的部分

---

① "Entrevue de la commission d'étude avec des membres du gouvernment Chinois, le 29 mars 1932, à 16 heures, au ministère des communications, à Nanking", March 29, 1932, S30—No. 1, League of Nations and United Nations Archives, Geneva.

地区"中立化",称"我们没有考虑过这种可能性,但认为值得这样做","原则上不反对"。接着调查团提及中国与苏联的关系问题,汪精卫表示除了1924年协议外,中苏之间没有缔结过其他条约,也没有外交关系。李顿又问道,日本政府反复提及在中国特别是东北存在共产主义与共产党,且总部就在上海,那么中国国内"是否在一些地方存在不承认政府权威的共产党政府"。汪精卫解释说中国有一定数量的共产主义者,但否认上海有共产党总部,并否认共产党武装占领了国家的部分区域。汪精卫认为,中国国内的共产党并非通常意义上的共产主义组织,而是"土匪",没有固定活动区域,在政府镇压下会从一个地方逃到另一个地方。他提醒调查团,中国政府已经给共产主义沉重的打击,如果不是"九一八"事变和"一·二八"事变,对共产党力量的进攻仍会继续。汪精卫还耸动地表示,如果现在东北的情况继续下去,"不确定共产主义会不会在那里生根"。①

接下来,李顿提出了一个令国民政府难堪的问题:日本指控国民政府缺乏权威,而且管辖权有限。汪精卫回应道:"过去几年来,我国在建立一个稳定的组织方面经历了痛苦。我们尚未达到完美,但是进步随处可见。"同时他向调查团揭露"日本反对我们国家的统一",并举例道:"我们在被监禁的共产主义者身上发现了日本武器,并在其中发现了日本人。"至于李顿还想了解的在东北的朝鲜人地位和吉会铁路延长线问题,汪精卫表示将提交说帖。②

连续两天的会晤中,调查团向南京国民政府反复确认了很多问题,坦率甚至尖锐,汪精卫则代表国民政府一一予以回应。但是调查团对会谈效果并不满意。在日记中,李顿这样记载道:"他们讲得非常清楚有力,回答也非常干脆,但是他们的回答却很少与现实有关。只要能够传递他们想表达的东西,他们都讲出来,而完全不顾事情的对错与否。"③

①　"Record of conversation with members of the Chinese government, March 30th, 1932, 4 p.m., Nanking.", March 30, 1932, S30—No. 1, League of Nations and United Nations Archives, Geneva.

②　"Record of conversation with members of the Chinese government, March 30th, 1932, 4 p.m., Nanking.", March 30, 1932, S30—No. 1, League of Nations and United Nations Archives, Geneva.

③　王启华译,金光耀校:《李顿赴华调查中国事件期间日记》,《民国档案》2002年第4期,第16页。

31 日下午,会谈继续进行。第三次会谈中,汪精卫首先代表国民政府提出了解决中日冲突的意见,表示中日争端的解决有四种方式:和解、调停、国际常设法院仲裁、在第三方斡旋下谈判,如果上述方式都归于失败而且国联无法采取更有效措施的话,"中国将自己动手寻求自卫"。同时,汪精卫在第一次会议提出的五项原则的基础上,提出了十条更加细化的建议:(一)日本尊重中国的领土和行政完整,中国尊重日本的合法权益;(二)中国准备尊重日本在满洲的合法权益;(三)双方保证不对对方采取任何侵略措施;(四)相互尊重对方的国家荣誉;(五)中国承诺改革或重组满洲地方政府,任命民政官员取代军事人员,并派驻特种宪兵;(六)在合理的基础之上,根据经济原则解决所有铁路问题悬案,维护双方的铁路权益;(七)中国政府把中日之间的条约划分为三类,对在合法性问题上双方均无异议的条约将再次确认,有损中国主权或中日两国关系的条约必须为其他条约所取代,对于解释有异议的条约则提交常设国际法庭仲裁;(八)如果日方放弃治外法权,则关于满洲土地租赁、朝鲜人在满洲的地位以及日本人在满洲的居住、游历和工作问题等三个相关问题都可以轻易解决;(九)相互承认 1922 年《华盛顿条约》所确认的门户开放原则,实现满洲商业和经济活动中的自由竞争;(十)谈判缔结两国间的和解和仲裁条约。汪精卫声称,以上仅是对中国立场的概述,详情将由顾维钧以说帖的形式提交给调查团。

汪精卫提出十项意见后,李顿表示,汪的陈述"非常清晰和全面",同时对他有疑问的各点一一进行了确认。李顿尤为关注条约有效性的区分问题,并再次提到 1905 年议定书和 1915 年条约。汪精卫提醒李顿,中方认为 1905 年议定书并不存在,而 1915 年条约尽管进行了几次修订的尝试,却未能完成。李顿提问道:"所有国家的普遍经验是,它们的政府缔结条约并承担义务,但是继任政府可能会提出反对。中国政府是否同意,经正式签署和批准但事后遭到反对的条约,无论有无外部机制的协助,只能经双方同意后方可修改?"汪表示国民政府原则上同意此点,但 1915 年条约除外,因其违背了《国联盟约》和《华盛顿条约》的规定与精神,是中日两国冲突的根源,甚至可能是新的世界大战的诱因。

此后的问题转到东北匪患上。李顿表示,日本指控东北当局一直无法镇压土匪的活动。朱家骅回应称,根据满铁报告,"九一八"事变之后东北的土匪活动才大大增加。德国代表希尼询问此类消息是否还有其他的信息来源,汪精卫表示日本媒体发表过类似的报道。①

汪精卫于第三次会谈的发言包含了中国政府解决中日冲突的十项意见等重要内容,所以颇受调查团的重视,会后调查团特意制作了会谈摘要,分发各成员参考。李顿在日记中也认为:"这是迄今为止最令人满意的会议,他们为我们提供了一次非常有意义的政策性陈述。"②

4月1日,双方举行在南京的最后一次会晤。会议的大部分时间聚焦于抵制日货问题。李顿指出,有人告诉他中国抵制日货是对日本使用武力的回应,但是在他看来,武力和抵制都不能根本解决问题。汪精卫表示,中国国民热爱和平,不想对任何国家表现出敌意,并且抵制日货也给中国国民造成了很大的伤害,所以"我们非常不情愿使用这种武器",但是"当其他所有措施都失败时,这是我们最后的手段"。汪精卫还强调"政府不允许这一行为发展到可能危及国家和平的地步"。李顿提问道:调查团在日本收到一份传单,其中声明日方遭受了八次抵制运动,按照中国的观点,每次抵制都是由日本的侵略行为引起的?汪精卫表示这些抵制活动确实都是因日方侵略行为引起,"二十一条"和济南事件都引发了长期强烈的抵制运动。李顿指出日本指控在抵货运动中多次出现违法行为,仅仅在1931年7月至11月间,即有1 484例日货被没收,询问中国的政府部门或官员是否发出过抵货的指示。汪精卫回答道:"政府没有发布这样的命令,但国民党党员可能这样做了。"李顿又出示了日本提交的宣传册,内有国民政府支持抵制日货的文件以及要求东海轮船公司拒载日货的命令的照片。汪精卫检查了照片后表示:"我现在弄清楚了,这个文件的日期是1931年9月30日。那时东北所有的重要城市都已经被占领了,我们遭受了巨大的生命和财产损失。国民发自内心地感到愤怒,但是除了消极抵制对日贸易之外,他们没有采取任何其他形式的行动,在我看来这已经是极端忍耐的证明了。"接着汪精卫试图转移话题,提醒调查团日本和朝鲜也存在抵制中国商品的行为,但是李顿建议还是把讨论的内容回到宣传册上。汪精卫只得申明,日本人所控诉的内容都与"九一八"事变有关,它们都是日本侵

① "Record of conversation with members of the Chinese government, Nanking, Railway Ministry, March 31st, 1932, 4 p. m. ", March 31, 1932, S30—No. 1, League of Nations and United Nations Archives, Geneva.

② 王启华译,金光耀校:《李顿赴华调查中国事件期间日记》,《民国档案》2002年第4期,第17页。

略的结果,事实上中国政府也要投诉日本,例如日本在长江流域以及其他地区向中国人贩卖毒品。他反问李顿,宣传册上是否包含有关日本人对"满洲国"和中国境内的华人施加暴力行为的任何内容。一旁的法国代表克劳德突然插话,讽刺地回答说:"宣传册中当然没有包含所有的暴力行为,例如,它没有提到1927年的南京事件。"在有些尴尬的氛围下,话题转到了外蒙古问题,汪精卫表示将向调查团提交说帖。

会晤快要结束时,汪精卫主动谈到国民政府最为关心的东北局势问题。他表示,国民政府非常担忧东北局势,日军至今尚未撤离,反而扩大了占领地区,占领锦州并进攻上海。日本已经建立了傀儡政府,局势进一步恶化,中国政府想知道调查团对东北局势的态度。李顿回应称,调查团抵达东北后,将首先向国联行政院提交一份有关9月30日协议是否得到执行的报告,"无论是伪政府还是日军的占领,都不应视为永久性的,然而,这些都是调查团所要调查的问题"。对于汪精卫提到伪满洲国拒绝中国代表顾维钧随调查团进入东北一事,李顿表示:"调查团有足够的权力处理此类任何干预。"最后,汪精卫代表中国政府对调查团的到来再次表示欢迎,称:"中国政府希望调查团多待一段时间,以便与政府官员继续接触,但是东北形势严峻,调查团应尽快到达那里。"①最后一次会谈没能为调查团的南京之行画上圆满句号,李顿感觉:"在我们所有召开过的会议中,这是最不令人满意的一次。我们讨论了抵制的问题,但他们毫无诚意"②,"他们的谎言捉襟见肘"③。

当天晚上,通过英国使馆代办英格拉姆(E. M. B. Ingram)的安排,在四次会谈中一直保持沉默的蒋介石在自己的住处和李顿进行了单独的私人会谈。李顿疑虑中国的政局变动是否会影响到对国联的态度,蒋介石表示:"当今中国任何一个政府都会采取继续与国联积极合作的政策","没有任何一个政府能够生存在其他基础上"。李顿问及共产主义和"土匪"的问题,蒋介石指

---

① "Record of conversation No. 4 with the members of the Chinese government on April 1st, at 3 p. m. ", April 1, 1932, S30—No. 1, League of Nations and United Nations Archives, Geneva.

② 王启华译,金光耀校:《李顿赴华调查中国事件期间日记》,《民国档案》2002年第4期,第18页。

③ 王启华译,金光耀校:《李顿赴华调查中国事件期间日记》,《民国档案》2002年第4期,第19页。

出,他对共产主义活动和"土匪"的镇压本来已经完成了百分之八十,但是"九一八"事变和"一·二八"事变的爆发阻碍了这一行动,现在必须重新开始。李顿关心中国国内的政治形势,蒋介石称:"不管日本人告诉过你什么……我向你保证,我会真诚地与现在的政府合作,并全力支持他们。"李顿问蒋介石解决东北问题最重要的是什么,蒋回答道:"维护中国的领土与主权。你们到满洲后,如果对日本扶持的傀儡政府不予任何形式的承认,那么你们的工作就完成一半了。因为那时我们会相信国联的诚意,并接受国联的任何建议。"为表明诚意,蒋介石保证,中国政府会派一支精锐的警察队伍去维持东北的秩序,并在那里新建一个有效的地方政府,中方也愿意接受外国顾问的帮助。

会谈结束前,蒋介石特意让宋美龄给李顿讲了一段《左氏春秋》中的故事:宋国都城被楚国围困,宋国士兵告诉楚国士兵他们已经弹尽粮绝,再被围困三天,将不得不投降,而楚国士兵则告诉宋国士兵他们也已筋疲力尽,如果对方坚持三天,他们只有撤退,双方士兵的坦诚导致各自的将领在了解真相后宣布停战,并签订了和约。宋美龄告诉李顿:"你对我们如此真诚和信任,我们觉得必须以诚相待。所以,将军让我把这个故事讲给您听。"李顿意识到蒋介石"想要告诉我的和不能直接告诉我的事情,都寓于那个故事之中",但是却对这种隐晦的方式所要表达的真实用意迷惑不解。①

国联调查团在南京只逗留了四天,这几天也是调查团与南京国民政府以及蒋介石、汪精卫等核心人物接触最多的时期。对于蒋介石、汪精卫及二人之间的关系,调查团有了自己的观察和判断。对于蒋,李顿的印象是:"将军是个非常奇特的人。尽管是中国军队的总司令,但他的穿着像个囚犯。剃着光头,穿着紧身的咔叽布料的短上衣,衣服上没有任何军衔的标志,甚至连一个炫耀的纽扣都没有,脚上穿了一双黑色的浅口鞋子。总司令生活简朴,非常信奉禁欲主义,但他可能是当今中国最伟大的军事领导者。他还相当年轻,而且经常作为中国最可能的独裁者被谈及。"对于多次接触的汪精卫,李顿的感觉是:"他是个非常风趣的人,看上去大约 35 岁。但有人告诉我,实际上他将近 50岁了。他穿着得体,身着黑蓝色的丝绸衣服,有着诗人般的头脑和运动员般的体格,看上去非常温和,具有迷人的魅力。但是在早期的革命中,他曾试图用

---

① 王启华译,金光耀校:《李顿赴华调查中国事件期间日记》,《民国档案》2002 年第 4期,第 18—19 页。

炸弹暗杀过摄政王,为此被囚禁了三年。很明显,他是个理想主义者,并且是个精力充沛、做事果断的人。"①几次会谈后,李顿称赞汪精卫:"他不知道我们打算问他什么问题,可是他没有任何踌躇地回答全部问题,一个内阁成员只有在任五或六年后才能做到这点。"②4月1日,李顿与英格拉姆共进午餐时,后者向他分析了当下中国的政局:"只要外部的威胁存在,目前的中国政府就将有可能保持团结。但是在对国内政治局势的认识上,蒋、汪又存在根本的分歧。蒋将军和宋子文主张采取强硬的措施对付共产党和各处的军队,强化纪律。汪精卫是位坚定的立宪主义者,他担心军事独裁。因此,目前这两个人彼此不信任,但是,一旦他们能真诚合作,他们将会强大起来,并能清除国家的障碍,建立一个合理的立宪政权。"③

经过几次会谈和其他途径的了解,调查团对中国政局也有了更深刻的认识。李顿认为:"在南京和部长们的会议非常有意义,而且作用很大。我认为他们非常好地说明了他们的情况。"④美国代表麦考益也感觉到:"中国政府的一切方面似乎都很正常,各大部门都在履行职责。"另外,麦考益敏锐地发现:"政府的部长们都出席了我们的会谈,但是行政院院长汪精卫一人做了所有的发言。蒋介石避居幕后,让文官们说话。他甚至让他们优先离开会议室。显然,他们想努力营造这样一个印象,即在中国,当权的是文官而不是军人。"南京之行,让调查团形成了一个总体印象:"中国正在逐步形成一个真正的政府,如果不是日本以满洲事件扰乱了局势,红色运动将会被消灭。"⑤

二、北平会谈:东北问题的交流

除了南京国民政府,调查团在北平时,作为东北前实际控制者的张学良和

---

①　王启华译,金光耀校:《李顿赴华调查中国事件期间日记》,《民国档案》2002 年第 4 期,第 16 页。

②　朱利译,金光耀校:《李顿赴华调查中国事件期间致其妻子的信件(上)》,《民国档案》2002 年第 3 期,第 37 页。

③　王启华译,金光耀校:《李顿赴华调查中国事件期间日记》,《民国档案》2002 年第 4 期,第 17—18 页。

④　朱利译,金光耀校:《李顿赴华调查中国事件期间致其妻子的信件(上)》,《民国档案》2002 年第 3 期,第 37 页。

⑤　"The ambassador in Japan(Grew) to the Secretary of State", July 16, 1932, *FRUS*, The Far East, 1932, Vol. Ⅳ, p. 153.

其他要人也多次与调查团会晤,陈述中日争端和"九一八"事变真相,提供事实材料,以便调查团赴东北实地调查时作为参证。为搞清"九一八"事变始末与实情,调查团也非常重视与张学良的会晤,特意起草了需要向张学良了解的问题清单,共 4 页纸 17 个问题。①

4 月 12 日下午,调查团在北平与张学良举行第一次会晤。会谈伊始,李顿即毫不客气地提问,称日本指控东北当局不能维持治安,土匪充斥,课税不当,币制紊乱,民众生活困苦,询问张学良真实情况。张学良表示:东三省确实有土匪活动,但是自他执政以来,匪患的程度和规模都在下降;1931 年起,东北的地方税种全部取消,此外并无特别的税收;至于币制,中国人购买自己的产品时用本国货币,卖给日本人时用日元,这是正常的事情,而且买卖纯属自愿,并无强迫行为。李顿接着询问 1928 年张作霖死后日本阻止东北易帜的事情,张学良详细说明了当时的情况,表示"日本对我施加了很大的压力"。李顿疑惑为何中日之间的悬案如此之多,张学良对其进行了详细解释,并强调南京国民政府成立后,日本人并未试图就这些悬案和中国谈判,而是将其作为发动"九一八"事变的借口。

接下来李顿就中日之间争论最多的东北铁路问题发问,表示听闻去年夏天高纪毅曾代表东北当局与木村就东北铁路问题进行了谈判并询问情况。张学良回答说,在内田康哉被任命为满铁总裁后,日本人即中止了谈判,所以没有达成任何协议。李顿希望了解这次谈判的具体内容,张学良告知李顿,谈判主要围绕四个方面:根据中日条约修建新铁路的问题、南满铁路平行线问题、中日铁路之间的竞争问题、铁路修建时正式合约取代临时合同的问题。李顿提出,日方宣称 1928 年张作霖已经批准了吉会铁路延长线的合约,张学良表示合约是高纪毅在日方压力下签订的,而且未经提交和批准,所以其签订程序并未完成。身为法学家的李顿马上又把关注点放在合约的效力问题上,追问张学良这种合约是否属于谈判第四个问题中的临时合同问题。担任会场翻译和中方顾问的燕京大学教授徐淑希解释道:这不是临时合同,而是无效合约,它只是低阶官员签署的,未经批准。李顿反问徐淑希,他实在不理解,日本何以要威胁一个签字无效的人? 徐淑希表示日本并不在乎签署者是低阶官员还

---

① "Questions to be put to Marshal Chang Hsuen-Liang", April 12, 1932, S32, League of Nations and United Nations Archives, Geneva.

是其他人,他们只想签署一个合约。李顿回应:"我敢向你保证,日本人对此肯定不会感到满意。"

看到李顿并不赞同徐淑希的解释,顾维钧出面帮腔,称日本人擅长蚕食,在他们看来小有所得总比毫无收获要强。顾维钧告诉李顿,中方将对此问题向调查团提交说帖。但是李顿并不想跳过这一问题,而是继续追问为什么张作霖不批准他的私人代表签署的合约。张学良似乎没有明白李顿这个问题用意何在,回答说大家都不愿签署那个合约,所以老帅自然也不愿意。顾维钧补充到,合约签署的 17 天后,张作霖就被暗杀了。李顿接着追问为什么张学良不愿批准这个合约。① 顾维钧也有些错愕,询问李顿这个问题的意思。② 李顿似乎有些不耐烦,回答道:"我问的是少帅的父亲为何没有批准这项合约,得到的答案是他不喜欢。然后你告诉我他 17 天后就被暗杀了。那么我就会想,如果他的儿子喜欢合约,他会批准它啊。"顾维钧只得再次重申并详细解释了张学良的意见,并解释说张作霖和张学良地位不同,因为张作霖曾经是北洋政府的领袖,所以在批准合约的程序上也有差异。李顿依然坚持追问张学良为何拒绝批准合约,是出于财政问题、经济影响,还是政治考虑。张学良回答因其有损国家主权和领土完整。李顿对此表示不解,诘问说在他看来这只不过是一条铁路延长线的修建而已,何以牵扯到国家主权? 张学良和徐淑希则坚持认为此事关乎国家的主权和利益。

一番有点火药味的谈话后,张学良做了总结陈词。他首先表示东北在"九一八"事变前并不存在"政治土匪",其次指出日本自明治天皇以来不断发动对中国的侵略,征服"满蒙"是其大陆政策的既定步骤,本次会上所讨论的问题只不过是日本整体政策中的细节而已。李顿表示,他本人提出这些问题,"并不是想对两国的合约和行为加以评判,仅仅是为了找出哪些事件可以纠正",调查团代表国联,急于找到"在盟约条款的范围内安置两国未来关系的依据",因此,"就当下的工作而言,详述日本的侵略政策和领土野心,对调查团并没有帮助"。③ 第一次会晤,李顿强硬的个性和尖锐的提问风格,使得少帅张学良竟

---

①　会议录原文记载为:"Then the question would apply to this Marshal"。

②　会议录原文记载为:"In what way does the question apply to present Marshal?"

③　"Record of conference held at the residence of Marshal Chang Hsueh-liang, Peiping, 12/4/32, 4. 30 p. m. ", April 12, 1932, S32, League of Nations and United Nations Archives, Geneva.

也有些不适应,李顿发现其在回答问题时"显得有点紧张","在整个会谈过程中,他喝掉了6杯浓咖啡"。①

　　与张学良第一次会谈后,4月13日上午,调查团又会晤了东北边防军参谋长荣臻和驻守北大营的最高指挥官——东北军独立第七旅旅长王以哲。李顿首先询问荣臻关于中村案的情况,荣臻做了详细介绍,称6月24日或25日,中村震太郎等两名日人和一名蒙古向导、一名白俄翻译在兴安区被驻防的中国屯垦军第三团抓捕,他们穿着中国衣服,假装受到土匪袭击,没有护照,且藏着有军事价值的笔记和地图,27日两名日本人试图逃跑,被哨兵开枪打死,团长害怕事态扩大,下令焚烧了尸体。荣臻向调查团表示,事后第三团团长被军事法庭传唤到沈阳,但是因"九一八"事变的发生未及审判,这些日记和地图也被带到沈阳,并曾展示给日本领事,事变后都落入日本人手中。

　　调查团和荣臻等人谈话的要点是"九一八"当天的情形。荣臻表示,那天晚上10点钟左右,他听到沈阳城西北传来爆炸声。几分钟后,他接到王以哲将军打来的电话,说日本人正在进攻北大营,他提醒王以哲,按照少帅9月6日下达的命令,无论日本人如何寻衅,不得进行抵抗。不久王以哲再次打来电话,说日本人已经进入了北大营,电话中可以听到枪声,但他告诉王以哲服从命令。然后,他联系日本驻沈阳总领事林久治郎了解情况,林久治郎回答说自己也很困惑,不知道袭击的原因,但双方都同意慎重处理,以防止事态严重化。11点,日军从西门进入沈阳,杀死路上遇到的所有军警。荣臻再次联系林久治郎,声称除非立即控制住军队,否则秩序已变得无法维持。林久治郎表示希望荣臻体谅他的难处,他无权向军队下达命令。第二天早上10点钟,整个城市都被日军占领了。他从墙上的告示得知,事件是因所谓的对南满铁路的袭击引起的。荣臻注意到告示是印刷的,沈阳不像大连,没有印刷这种大幅告示的技术手段,而且后来东北各地都发现了这样的告示,这说明日军早有准备。19日早上6点,荣臻的家被日军包围,家眷和仆人被日军带走。日军还从他的办公室带走了所有被认为有军事价值的文件。在回答麦考益的问题时,荣臻表示张学良不在时,臧式毅负责民政,而他负责军事。9月18日当夜他曾两次给北平的张学良打电话报告情况,得到的指示是力避冲突,少帅还告诉他

　　① 王启华译,金光耀校:《李顿赴华调查中国事件期间日记》,《民国档案》2002年第4期,第22页。

要与外国领事取得联系。得知家被查封后,他躲到城外的一个村子避难。臧式毅告诉他日军试图在本庄繁司令抵达前结束战斗。本庄繁 19 日中午从大连出发,下午 3 点抵达沈阳,然后拒绝接见任何民政和军政官员。①

和荣臻等事件经历者和当事人的谈话,为调查团了解"九一八"事变的实情打下了基础。4 月 13 日下午,调查团与张学良进行了第二次会谈。李顿首先请张学良介绍日军在东北的分布情况。荣臻代答说,日军维持在两个师团和三个旅团的规模。李顿特别关注日军是否驻扎在南满铁路以内的区域,荣臻表示日军不仅在铁路区域内,而且遍布东北,并和张学良一起向李顿详细介绍了日军的分布情况。李顿接下来问到日本所称的在东北的朝鲜人受到不公待遇的问题,张学良表示:根据 1909 年中日协议,已经在东北的朝鲜人可以留在该地,但必须接受中方管辖,可以租种土地,但不能拥有土地。张学良指出,日本近些年来一直向东北运送朝鲜人,现在中朝边境的朝鲜人已经有 150 万到 300 万人,当地人雇佣朝鲜人,因为他们擅于种植水稻。现在满洲的大部分朝鲜人都有雇佣合同,享受公平待遇。但是大量朝鲜人涌入东北后,日本不仅要求他们得到拥有土地的权利,而且希望他们不受中国的管辖,并且向朝鲜人聚集地派驻警察。朝鲜人拥有双重国籍,加上一部分朝鲜人在搞复国运动等,必然带来一些问题。希尼对东北有 300 万朝鲜人表示震惊,因为他此前得到的数字只有 80 万,张学良表示这一数字在"九一八"事变后剧增。

接下来的会谈聚焦于"九一八"事变之前张学良对东北紧张局势的处置问题。李顿问张学良为什么在"九一八"事变前下令不抵抗,这似乎是对某些行动已经有所预料。张学良解释说事变前日本人已经准备开始军事行动,为了不给他们留下借口,所以他做出不抵抗的指示。张学良建议李顿到东北后会见一下赵欣伯、臧式毅和袁金铠三人,并表示如果能保证其安全的话,他们会告诉调查团许多真相。李顿追问张学良其下达的指示是不是"无论出现任何麻烦都不抵抗",张学良坦承他对整个形势的判断出现了错误,因为他没想到日军敢冒险做这种事。李顿又询问不抵抗指示发出的具体日期,张学良回答

---

① "Record of conversation with General Yung Cheng, former chief of staff of Northeastern Forces, and General Wang Yi Chin, former commander of North Barracks at Mukden, Peiping, April 13, at 10 A. M. ", April 13, 1932, S32, League of Nations and United Nations Archives, Geneva.

是在 9 月 4 日或 5 日，沈阳收到是在 6 日，并向调查团提供了电报原文的翻译件。① 接下来美国代表麦考益询问张学良有没有认识到中村案是个可能被当作借口的严重事件，以及日本有没有派出代表与南京国民政府进行交涉。张学良表示中村案不应被作为借口，日本没有对此案提出正式的交涉文书，只有口头的表示。麦考益又问张学良有没有向南京国民政府汇报过日本人可能会借机寻衅，以及国民政府是否同意不抵抗命令。张学良表示：他本人以及驻日公使蒋作宾都向国民政府做了报告，他知道日本人会做些事情吓唬中国人，但没想到是这么大规模的军事行动；至于不抵抗命令，他和国民政府代表进行了磋商，虽然没有白纸黑字地记录下来，但是彼此间已经达成了默契。李顿再次把话题拉回到中村案中，追问张学良是否任命了一个委员会对其进行调查。张学良把他派遣汤尔和与日本交涉的情形做了细致陈述，并就中村案的一些细节问题和李顿进行了确认。李顿表示没想到他的问题会引出如此有趣的叙述，并问张学良对于昨天谈到的"九一八"事变有没有需要补充的内容，张学良称没有补充的必要，他建议调查团征询曾调查过此事的外国观察员的意见。② 这次会谈，双方开诚布公，氛围比第一次缓和很多。

14 日，调查团与张学良方面进行了第三次会晤。这次会谈，调查团的关注重心放在"九一八"事变后东北的军事形势上。李顿首先提问"九一八"事变时东北军在沈阳、东北和长城内的分布情况，张学良一一做了介绍。接着双方谈到锦州问题，张学良表示丢失锦州也是因其对形势的判断失误，他认为当时国联行政院 12 月决议案刚通过不久，日军应不会发动对锦州的大规模军事行动。顾维钧提到了当时曾有设立锦州中立区的计划，可惜没有获得各国公使的保证。李顿又问及在东北的义勇军是否得到张学良的支持，张学良称东北各地义勇军的构成情况有很大差异，凭良心讲，虽然他不想指挥他们，但是也

---

① 张学良于 9 月 6 日致电臧式毅和荣臻，内称："查现在日方外交渐趋吃紧。应付一切，亟宜力求稳慎。对于日人，无论其如何行事，我方务须万方容忍，不可与之反抗，致酿事端。即希迅速密令各属，切实注意为要。"参见《张学良为日方外交吃紧对于日人寻事我方务须容忍不可反抗事致臧式毅电（一九三一年九月六日）》，辽宁省档案馆编：《辽宁省档案馆珍藏张学良档案 5 张学良与九一八事变（上）》，第 280 页。这份不抵抗密电的英文翻译件，现收录于日内瓦国联和联合国档案馆藏李顿调查团档案 S32 卷宗。

② "Record of conference held at the residence of Marshal Chang Hsueh-liang, Peiping, April 13, 1932, at 4. 30 p. m. ", April 13, 1932, S32, League of Nations and United Nations Archives, Geneva.

不会反对他们,还有一些土匪被日本人选中,假称是义勇军。李顿明白张学良的言外之意,问他是否认为日本政府鼓励盗匪以证明在东北驻军的合理性,张学良表示不仅是盗匪,日军有时候还胁迫蒙古人。李顿又问东北军是否已经尽数撤到关内,张学良告诉李顿,除辽宁尚余 7 000 人外,其余军队都已撤到热河。至于这 7 000 人是否和他保持联系,张学良坦承他们在北平驻有代表,吉林的李杜、丁超以及黑龙江的马占山、苏炳文等人和他也有电报往来,并向李顿出示了马占山致国联调查团的长篇电文。李顿对此很感兴趣,并请求中方将马占山的电报翻译成英文。李顿又询问热河省政府主席汤玉麟对"满洲国"的态度,张学良称汤玉麟还是他的人,和"满洲国"没有关系,他向李顿交底说,汤玉麟拒绝了"满洲国"的所有任命,但是因害怕日本报复,所以这些拒绝并没有公开。

会议最后,李顿问张学良对解决东北问题有何建议。张学良坦言他是最关心这个问题的人,但是碍于身份他不好表态,称不管南京国民政府作出何种安排,他都会接受。张学良强调,他在东北出生、长大,并生活了很多年,日本说东北对其至关重要,但是东北对中国同样重要,日本的观点就像是说"我没有腿,请把你的腿给我,你的腿对我至关重要"。东北是中、日、俄利益交汇之地,对国联来讲最重要的是避免三国在东北陷入冲突。会谈最后,李顿主动对张学良表示了感谢,认为他"坦率、充实和清晰地回答了我们所有的问题"。①

15 日,双方举行了第四次会晤。可能是意识到北平的会谈即将结束,张学良主动提出了调查团在谈话中没有涉及的问题,并表达了自己的观点。首先是东北和中央的关系。张学良表示,老帅统治时期东三省一直或多或少地保持独立地位是因为不愿加入各派系的内战,但这并未影响东北与中央政府之间的政治关系,例如东北的海关、邮局和司法完全在中央政府的控制之下,东北从未颁布过与中央不同的法典,也从未悬挂过不一样的国旗,特别是对外关系上,中国始终是团结的。张学良特意提到华盛顿会议的例子,指出当时东三省虽与中国其他地区关系疏远,却承担了中国代表团出席会议的部分经费。东北的教育制度和教科书也是中央政府通过、授权和颁布的,东三省定期参加

---

① "Record of conference held at the residence of Marshal Chang Hsueh-liang, Peiping, 14/4/32, 4. 30 p. m. ", April 14, 1932, S32, League of Nations and United Nations Archives, Geneva.

中央政府举办的所有全国性会议,中央政府发布的报告在整个东三省也一直有效。

张学良接着谈到条约问题,表示他清楚日本指控东北违反条约,但可以肯定地说东北方面遵守了条约规定,反而是日本违约派驻了铁路守备队和使领馆警察。日方对东北的另一个指责是政府效率低下,但根据常理,即使东北政治上有不良之处,也应该通过调换或惩罚官吏来加以改良,不能以此作为侵略一个国家领土的正当理由。实际上"九一八"事变前,并没有人反对东北政府,而日本人入侵后,反抗烽火遍布东北各地。另外,中国在国际关系中始终坚持门户开放,但是日本则试图将其他国家从东北排除出去。接着,他又提出日本有伪造公文的可能性,并从东北的公文程序、签字与盖章的异同以及东北公文的样式等方面加以说明。张学良又谈到日本宣扬占领东北是为了抵御苏联的说辞,表示日本如果真是为了抵御苏联,那就应该与中国合作,而不是严重冒犯中国人,引起普遍反对。

张学良发表长篇讲话之后,李顿提出了最后的问题:关于张作霖之死,大家都暗示是日本人干的,到底有没有证据证明日本卷入了这一事件?张学良回答称最重要的证据来自日本宪兵队。他列举了当时在铁路线上警戒和巡逻的日本宪兵队的反常表现,并表示不愿再谈论这件事,称他对此事也感到困惑。李顿把话题转移到张作霖死后林权助的来访上,张学良又回忆了当时林权助造访沈阳的情形:林权助威胁他不要易帜,并声称他传达的是田中内阁的决议,而非其个人意见。林权助还出示了田中义一首相哀悼张作霖的诗,并表示尽管人们可能认为是日本人干的,但他自己对此一无所知。

就在人们以为调查团的所有问题都已问完,会谈就要结束时,麦考益忽然询问张学良:为利于工作,调查团到东北后应该会见哪些代表,或者采取什么样的调查程序?张学良回答称,如果能保证人身安全的话,会见一些人对调查团非常有帮助,特别是马占山,他能够提供大量有价值的信息。李顿表示,在他看来困难在于所有会晤都得通过日本人来安排,有些想提供证据的人可能因此而不愿前来,唯一可行的方法是,除了通过日方和其他方式的推荐,调查团自己也要选择一些杰出的、具有代表性的人士,听听他们的意见。麦考益发表不同意见,认为这正是张学良所担心的,调查团对任何人表现出兴趣都可能会危及他们的安全。张学良建议调查团充分利用东北的传教士,让他们出面邀请证人在家里见面,从而避免危险,另外也可以通过外国居民、使领馆工作人员和商业机构的雇员,他们应该相对安全。最后张学良建议调查团见一下溥仪,表示如果能单独问话将会很有趣,但也认为溥仪意志薄弱,容易被人控制。①

结束了和张学良的会谈后,4 月 16 日,调查团又和原吉林省政府主席张作相和黑龙江省政府主席万福麟进行了补充性会谈。张作相谈到了"九一八"事变时的情况,当时他正在老家为父亲举丧,所以其陈述内容主要基于后来的报告。"九一八"事变发生时,北大营除了少数士兵自发抗击,根本没有组织抵抗。占领北大营后,日军包围了沈阳城,并切断了电话和通信。19 日黎明前,沈阳被完全占领。21 日,日军准备向吉林省省会吉林市进发,张作相下令城内不要进行任何抵抗,因此日本占领吉林时未发生任何冲突。此外,张作相还谈到了万宝山案,万福麟则重点陈述了黑龙江省政府代理主席马占山在江桥抗战的情况。②

调查团在平期间,通过与张学良以及荣臻、张作相、万福麟等原东北军政要人的谈话,了解了张氏父子统治下东北的真实情况、中日在东北的各类争端以及"九一八"事变的情形。美国代表麦考益在与驻日大使格鲁谈及北平会谈时,表示:"我们的印象是满洲的旧政府,无疑是私人的和腐败的,包括张作霖和张学良(政府)。"③但是张学良在会谈中颇为坦白直率的答复,反而给调查团留下较预期为好的印象:"他远比我们所期望的年轻人要聪明得多。他说起话来,与其说像个东方人,不如说像个美国人。他告诉了我们,他曾经为给满洲一个真正的好政府做过努力,可惜这些努力却被旧派系所挫败。"④

---

① "Record of conference held at the residence of Marshal Chang Hsueh-liang, Peiping, April 15, 1932, at 4. 30 p. m.", April 15, 1932, S32, League of Nations and United Nations Archives, Geneva.

② "Record of interview with General Chang Tso Hsuang and Wang Fu Ling, April 16, 1932, at 4. 30 p. m.", April 16, 1932, S32, League of Nations and United Nations Archives, Geneva.

③ 《国联调查团出关之行程:日方主张分水陆两路前往,十五六两日接见代表甚多》,《申报》1932 年 4 月 21 日,第 7 版。

④ "The Ambassador in Japan(Grew) to the Secretary of State", July 16, 1932, FRUS, The Far East, 1932, Vol. Ⅳ, p. 154.

三、北平再度会谈：解决方案的让步

调查团结束东北的实地调查回到北平后，于 6 月 14 日和 15 日，会晤了北大营的指挥官王以哲、赵镇藩、王铁汉等人，参证核实在东北得到的关于"九一八"事变的信息。

会谈中，李顿向王以哲询问了张学良的不抵抗指示、北大营"九一八"当晚的部署以及爆炸声响起后的事情经过等。王以哲等人告诉李顿，"九一八"之前，日军就已经在做一系列准备，警训不断，他曾在 8 月底请示张学良，但根据张学良 9 月 6 日的指示，"无论其如何行事，我方务须万方容忍，不可与之反抗，致酿事端"，北大营哨兵甚至只配备木制假枪。李顿询问王以哲，北大营被炮击，营房被占领、士兵被杀害时，他为什么不下令抵抗？ 王以哲表示他认为如果当时采取抵抗措施，肯定能击退日军，而且现场的军官和士兵们也纷纷要求抵抗，但是被荣臻制止。荣臻声称"大家的责任就是睡觉"，"如果抵抗，杀了日本士兵，你要负责"，因此王以哲才下令不抵抗和撤出北大营。麦考益追问：有没有士兵违令进行抵抗？ 王以哲强调："没有，完全没有抵抗。"至于事发当晚的爆炸声，王以哲解释说更可能是日军进攻的信号。至于日方提供给调查团的爆炸现场有两个已死中国人的照片，王以哲提醒说，很可能是"普通中国民众进入铁路区域，被日军杀害，然后换上中国军服，被称作是中国士兵"。①

调查团回平后，南京国民政府要人汪精卫、罗文干、曾仲鸣等也赶赴北平，与其进行了再度晤谈。由于此次晤谈主要讨论中国政府解决中日冲突的最终意见和东北善后的可能性方案等问题，故其重要程度远胜此前历次会谈。

6 月 19 日，双方在北平旧外交部大楼开始了第一次晤谈。会议伊始，李顿即提醒汪精卫，在南京时调查团曾建议在东北建立带有自治性质的民治政府，汪精卫当时表示国民政府已经采取了一些措施，但是调查团至今仍未收到关于此问题的说帖。汪精卫回应称，中国政府已经设立了一个委员会，以研究东三省未来的行政管理办法，等调查团再次访问日本回来后，中方会提出一些

---

① "Conversation with Gen. Wang I. Cheh, former commander of the North Barracks, Mukden, at Hotel de Pekin, Peiping, June 14, 1932" "Second conversation with Gen. Wang I. Cheh, in command of North Barracks on September 18, at Gran Hotel de Pekin, June 15, 1932", S32, League of Nations and United Nations Archives, Geneva.

具体意见,但他可以先就此问题做出一两点解释。他说中国政府将尽最大努力实现东三省某种形式的自治,但是自治与独立完全不同。李顿忽然插话说:"我可以在这里谈一下'术语'的问题吗?为了会谈的目的,我们可以讨论一下四个省吗?事实上,我们正在考虑的解决方案是否应该把该地区的四个省都包括在内?"意指调查团考虑将热河也纳入东北的自治范围。

李顿此言令在场的所有中方人员都大吃一惊。汪精卫赶紧向李顿澄清:东北是三省而不是四省。他向李顿叙述了东北政治体制的变迁:从历史来看,东北包括辽宁、吉林、黑龙江三个省,清代时三省各设"将军"一名,皆为满人,清代末期——大概 1909 年——各省又以巡抚取代将军,其上设总督,统辖整个东三省。民国建立后,各省设民政长官,整个东北也设巡按使。通过这一体制,此前或多或少自治的东北被纳入中央政府的体制当中。顾维钧在一旁补充强调道:"无论在清王朝还是民国时期,东北都包括三个省,从来没有四个。"汪精卫接着解释了热河和东三省的不同:从民族上看,那里多蒙古人;从行政体制上看,热河原来属于内蒙古地区的三大特别行政区之一,1927 年后改为省,隶属中央,热河和东三省不同,不能联系起来。其后汪精卫和罗文干等人又向李顿详细阐释了热河地区在民族、语言、生活方式和行政管理体制上与东三省的差异。宋子文也对李顿提出质疑,指出国民党的宏大目标是不仅把东北,而且把整个中国置于民治政府的管理下,自然包括热河,但是中方不理解为什么要把热河和东三省问题联系起来,因为日本已经占领了东三省,而热河的情况完全不同。

对于汪精卫等人的辩解和质疑,李顿表示,他知道中方的陈述在历史上是正确的,但是要考虑到现实政治的问题。他希望中方在调查团征求最后意见之前,再考虑下此事。然后李顿撇开自治的范围,又谈到了自治的性质问题。李顿称,东北之行收集的证据,使得调查团得到一种印象,那里的中国民众强烈倾向于"高度自治"①:日本和伪满洲国引荐的团体在会后的个人谈话中表示,他们不希望东北受到中国其他地区发生的内乱的影响;调查团私下会晤的人士在抱怨日本和伪满的同时,也不希望回到原政府的统治下;另外调查团收到了大量东北民众来信,这些信件刚刚翻译完毕,也有不少表示东北应该作为一个高度自治的地区。所有证据都表明,东北民众希望在中国领土完整和行

---

① 原文为:a very large measure of autonomy。

政统一下实行高度自治①，驻东北地区的外国使领馆工作人员、商业机构代表等第三方人士的看法也大致相同。

对于李顿所称东北自治是出于"民意"的说法，汪精卫表示，由于中国地域辽阔而通信欠佳，政府一直在认真研究包括东北在内的各省的自治问题，考虑到东三省的特殊情况，中国政府正在采取措施，努力加快实现自治的进程。汪精卫的回答试图把东北自治混入中国的地方自治问题中。但是李顿表示，调查团现在只专注特定区域（东北）的自治问题，他建议在东北设立一个既能适应国民政府要求（领土完整和行政统一）又能满足"民众诉求"（高度自治）的自治机构。接着李顿又回到自治地域的话题，希望将东北自治的范围扩大到热河地区。汪精卫和罗文干只得再次解释热河所属的内蒙古地区与东三省的不同，反对将两者关联起来。

此后，汪精卫岔开了话题，提起他刚刚和蒋介石开会讨论镇压共产党的问题，表示现在政府已经制定了计划，蒋介石和何应钦分任总司令，镇压江西、福建、湖北、河南和安徽五省的共产党，"希望这项任务能在几个月内圆满完成"。汪精卫特意强调，这个问题不仅对中国，而且对其他大国也很重要，因其关系到外国人在华的安全和经济利益。共产党话题成功吸引了李顿的兴趣，正当他表示想进一步了解相关情况时，汪精卫又转向了几个月前在南京谈得很不愉快的抵制日货问题。汪精卫称，抵货运动源于对日本侵略行为的不满，这是民众自发的行为，政府不能强迫。紧接着汪精卫又谈到东北义勇军，指出淞沪停战协定签订后，驻扎在上海的日军转移到东北，东北义勇军受到很大阻碍，虽然义勇军绝非国民政府支持的产物，但是出于同情，政府给予了钱银、弹药和给养上的资助，如果不是日本从上海抽调军队，国民政府绝对不会这么做。

汪精卫连续谈完三个话题后，李顿表示他想再谈谈抵货问题，抵制日货运动在各地有强有弱，有的地方甚至不存在，在他看来原因可能有四点：民众的情绪、商业上的利益、运动的组织程度和政府的指导。其中官方组织发挥了重要作用："如果不是直接的，至少是通过政府和国民党的党务机器间接行动。"李顿故意问汪精卫四种解释中哪种的可能性更大。汪精卫没有正面回答，而是提到了另外一种情况：在天津，由于日本驻军的威胁，抵制日货就不像其他

---

① 李顿此处的说法并不符合事实，东北民众对伪满洲国和南京国民政府的具体意见参见本书第四章第二节。

地方那么活跃。李顿表示这种解释不适用于山东。汪精卫反驳称青岛的情况和天津类似。一旁罗文干帮腔称,在青岛,日本的军舰和海军陆战队时不时登陆,1927 年和 1928 年日军还两度占领济南。宋子文指出民众受教育程度也是个很重要的因素,比如广东并没有日本的侵略和驻军,但抵制日货非常厉害,而内陆省份民众受教育程度低,甚至分不清日本货物和其他货物的区别,认为除了上海货其他都是洋货。

李顿接下来提到了日本要求在东北拥有"剿匪权"的问题。汪精卫解释称东北义勇军和土匪不同:土匪主要进行抢劫等犯罪活动,义勇军主要是抗击日军,日本故意把义勇军称为土匪,是其保留驻军的借口。李顿表示虽然理论上如此,但现实中两者很难区分,义勇军没有谋生手段,也需劫掠地方。

由东北义勇军,李顿引出了下一个话题:虽然中日双方代表在日内瓦都承诺不加剧冲突,但是日方要求在东北"剿匪",中方又以日本从上海抽调军队为由公开支持义勇军的作战,如何才能采取切实可行措施,避免局势的进一步恶化?汪精卫表示中方一直采取容忍态度,防止事态恶化,这个问题应该由日本来作答。李顿回应说他并不想确定是谁的责任,但是任何军事行动都会让事态变糟,中国军队受到日本的进攻,偶尔也会反击和突袭,双方交战的倾向在增强,需要达成协议加以阻止。汪精卫表示中国当然欢迎停战,但前提是日本遵守 9 月 30 日国联行政院决议,将军队撤回到铁路区域内。会谈至此,时已不早,双方决定第二天再谈。①

6 月 20 日的第二次会谈首先接续昨日的停战问题。汪精卫表示,根据国联决议,中国准备与日本讨论这一问题,但是伪满洲国不能作为谈判的一方。李顿认为要求日本先撤军再谈判停战并不现实,日本肯定不会同意,他建议双方先就东北问题进行谈判,并由调查团充当谈判的中间人。汪精卫表现出强硬态度,称中国已经等了几个月,但日本并没有履行撤军决议,国联似乎已经技穷,中国政府正在做最坏打算。李顿显然不同意汪精卫的说法,表示调查团也是国联的一部分,现在正处于调解的关键时期,所以不能说国联已经无计可施。他希望获悉"中国政府准备在什么条件下进行谈判"。汪精卫称,相对于武力解决,中国更愿意通过国联所代表的和平手段解决问题,但现在整个东北

---

① "Conversation with members of Chinese government at the Waichiapu, Peking, 6/19/32", June 19, 1932, S32, League of Nations and United Nations Archives, Geneva.

都在日本的军事占领下,他想知道停战是否会让日本从东北撤兵。罗文干解释道:"汪先生的意思是,停战而不撤兵,对中国虽然有点用处,但它只能是种临时措施。"李顿还是坚持认为撤兵并不现实,并直言"北满"的中国军队虽然威胁到日军,但别指望他们能把日本人赶出去。麦考益在一旁发表意见说:"停战既不意味着日军的撤退,也不意味着日军的永久占领,它仅仅意味着暂时停止战斗。"李顿也表示停战后日军的占领将继续,但绝非永久。由于双方在停战与撤兵等关键问题上存在明显分歧,汪精卫要求暂时休会,国民政府方面先在内部讨论五分钟。

短暂交换意见后,顾维钧代表国民政府发表了意见,称:"汪院长说,如果调查团希望就日本军队和中国东北非正规军之间的冲突向日本提出停战问题,他非常赞成这一举措。"李顿将此理解为国民政府赞成调查团充当谈判的中间人,于是追问中方除了不允许伪满洲国参加外,还要求什么谈判条件。汪精卫又将话题转回日本撤军,表示"如果我们只是讨论停止敌对行动而不是撤军,那就无异说日军有权驻兵满洲",这不仅侵犯中国的领土完整,而且违反国联关于撤军的决议。李顿称这样等于又回到去年9月国联行政院会上双方的立场,中国说"日本不撤兵我们不谈判",日本说"我们不能撤兵",这样就没有办法解决中日问题了。

这时,汪精卫做出让步,表示即使停战会议上不能让日本撤军,会后也得采取某些措施,让撤军成为可能,中方想知道日本对撤军问题准备遵循什么程序。李顿再次追问还有没有其他条件,汪精卫提出中方希望在停战会议上讨论日本准备承认伪满洲国的问题。李顿称,日方已经明确,在调查团最终报告书出来前,只谈停止敌对行动,不讨论这么大的问题。汪精卫则坚持中方的谈判条件重点就是日本撤军和不承认伪满洲国的问题。

李顿转而谈到中国代表顾维钧要不要随调查团赴日的问题,他倾向于顾维钧留在北平,为调查团准备材料。接着他提到一件"小事":调查团在上海时曾听到一种观点,称十九路军的存在对上海实际上造成了威胁,而日军"拯救"了上海,现在中国将十九路军调往他处,似乎就是证据。汪精卫解释说十九路军一直处于政府指挥下，而宪兵队取代十九路军驻守上海，只是为了减轻敌意。①

当天下午四点，双方继续会谈。会谈聚焦于东北地区的民政管理问题。李顿表示，日本人多次对他说："理论上在东北我们可以接受任何一个满足我们条件的民治政府，但事实上我们认为这种政府建不起来。"暗示一旦日本撤军，张学良的军队就会卷土重来。汪精卫表示"国民政府当然会做出一切努力，在东北组建民治政府"，同时希望得到调查团和国联的帮助。李顿提醒汪精卫，很多军阀虎视眈眈，随时准备在日军撤退后取而代之。汪精卫夸大地表示国民政府可以按照自己的意愿调动军队。李顿对此种说法显然不敢苟同，讽刺地问道："少帅的军队接受南京命令吗？"宋子文力挺汪精卫，称日军撤退后的接收军队"将是中央政府的军队，而不是张学良的军队"，"政府在派遣任何军队收复东北上都不存在困难"。

接下来的话题转向了此前从未提及的东北非军事化问题。李顿表示，要想建立民治政府，必须把东北的军事力量排斥出去，"可以通过与边境邻国达成协议的方式"。汪精卫称这也正是国民政府考虑的问题，并提出两种解决方案，积极方式是中日达成协议共同防御苏联，消极方式是各方签订互不侵犯条约。李顿提出，为了维持内部的和平与秩序并对付土匪和犯罪行为，可以依靠警察和宪兵；为了保护东北和反对外来侵略，有三种方案：一是"维持一支足以保卫边境的国家部队"，二是中国"和日本结盟"，三是中、日、苏联"三个邻国间签署互不侵犯条约"。汪精卫认为"最好的办法是讨论签订某种互不侵犯条约"，但在具体实施时要有"某种国际保证"，以便在任何一方破坏条约时可以采取具体行动；至于镇压土匪和保障地方秩序问题，中国政府有在山东等地设立保安团并聘请外国顾问进行训练的经验。李顿又询问中国为确保停战可以做出什么让步，汪精卫称中国政府可以考虑日本"在没有诉诸武力情况下获得的某些特权"。

顺着这个话题，李顿问道：如果签署停战协议，中方如何制约各地的东北义勇军？汪精卫表示李杜、丁超和马占山将军都会服从协议，各地分散的义勇

---

① "Conversation with members of Chinese government at the Waichiapu, Peking, June 20, 1932, at 9：30 a.m.", June 20, 1932, S32, League of Nations and United Nations Archives, Geneva.

军主要是为了抗击日本侵略,他们受到政府力所能及的帮助,肯定也会遵守政府的命令,真正的问题在于日方,即使签订协议,他们也可能把义勇军称做土匪加以镇压。李顿称他听说汪此次来北平的目的之一,是和张学良为代表的地方当局商议更广泛的合作抗日计划。他提醒汪精卫,中日双方在12月都曾承诺不采取任何行动以防止事态扩大,虽然抵抗攻击不算是主动采取行动。李顿将中日双方不同性质的军事行动混为一谈的态度让汪精卫很不高兴,他反驳李顿称:据可靠消息,日本人正计划进攻山海关和热河,中国只能采取抵抗行动,不然该怎么办? 日本此举明显是加重事态,违背国联决议精神,中国是被迫抵抗,如果有其他方法的话,国联可以推荐吗? 李顿表示,尽管意识到局势可能恶化,但调查团不会过早地就热河问题提出报告:"在最终报告中陈述我们对该问题的看法更为明智。"

接下来李顿请汪精卫继续发表意见。汪精卫对李顿在前面提到的东北各阶层民众普遍希望自治的观点提出质疑,认为中国代表顾维钧在东北期间受到很多限制,使得调查团未能接触到很多可以反映民意的重要代表。李顿向汪精卫保证调查团"实际上已经了解了所有我们希望知道的东北民众的意见"。汪精卫又提出东北的铁路和经济问题,李顿表示调查团一直在研究这些问题,而且有专家帮助处理,将来的报告中会有很大一部分内容涉及这些方面。①

北平会谈中,汪精卫代表南京国民政府在东北非军事化和建立自治政府问题上与国联调查团达成共识,并放弃了"九一八"事变后"先撤兵后谈判"的既定对日外交方针,不再以撤兵作为前提条件,愿意通过调查团的斡旋,和日本召开停战会议,其让步不可谓不重大。

会后,汪精卫拟定了《解决东案办法大纲草案》。该草案内容为:

(1)国防。甲,声明驻军固定额数,专为边防之用,驻扎边地;乙,作为永久中立区域,由国际共同担保,不设驻军;丙,中、俄、日三国订立互不侵犯条约、国际保证条约,保证其履行。

---

① "Conversation with members of Chinese government at the Waichiapu, Peking, June 20, 1932, continuation of meeting at 4 p. m.", June 20, 1932, S32, League of Nations and United Nations Archives, Geneva.

（2）治安。设保安维持治安，由中国聘请外国教练、专家训练。

（3）区域范围。以辽、吉、黑三省为限。

（4）政治制度。以实行地方自治、完全军民分治为目的。由中央固定组织条例。甲，中央与地方权限之划一。（子）中央及地方均取列举形。（丑）外交、国防、邮政、国有铁路，均归中央。（寅）财政分为国家财政及地方财政。凡关于盐、印花、烟酒税归中央，其余均归地方。乙，行政首领之资格及任免：（子）统属三省之行政长官，以负有夙国重望之文人任之。省长及各厅厅长，以全国中富有经验学识者任之，不得以带兵官兼任。（丑）以上各员之任免，由中央依法行之。丙，地方自治进行之程序及人民代表机关之设立，由中央依据建国大纲及按照东三省目前需要及特殊情形，制定条例，交行政长官遵照办理。丁，司法制度，依中央所规定。其法官之任免，亦由中央行之。戊，监察、考试各机关，由中央制定条例，交行政官长遵照办理。

（5）施政方针。以实行文人政治、发达地方富源、提高人民智识为宗旨。

（6）铁路问题。东三省现有或未成各铁路，或分别、或合并为一公司，以增加国际关系，欢迎国际投资。

（7）日本所称既得权，凡经条约赋与之既得权，得重行承认之。但内有无从实行或手续不备者，要求废止得订。①

6月24日，汪精卫致电正在庐山主持"剿共"军事会议的蒋介石，通报北平会谈结果，称："此次与调查团讨论最久者，为东三省政治制度问题，前在南京，本已论及，更连日继续讨论。李顿声称：到东北后，接见人民团体代表，暨请愿函电及征集中立国人民意见，对日本在东北之暴行，固表示反对，而对于从前制度之不良及施政之非人，亦所深恶痛绝。固深望我国有良好之主张，以图补救。"接着，汪精卫告知蒋介石其拟定的《解决东案办法大纲草案》全文，并征询蒋的意见。在电文中，汪精卫向蒋表示，大纲的基本原则已经过行政院会议秘密议决，但为防止外泄，并未提交中央政治会议，拟先由顾维钧提交给调

---

① 《汪精卫致蒋中正电》，1932年6月24日，《武装叛国（二十三）》，第51—54页，蒋中正"总统"文物，台北："国史馆"藏，002-090300-00046-037。

查团,将来时机成熟时再由政治会议追认。① 25 日,汪精卫再发一电,向蒋介石说明其对国联调查团斡旋下召开中日停战会议方案的研判,称:"优处在能保全马占山、李杜、丁超等义勇军实力,不为日本所消灭,劣处在承认日本占领东北之实在及巩固伪国地位,故答称停战会议可以赞成。惟有二条件:(1)伪国代表不得参加;(2)停战会议目的在商量撤兵。"②

对于汪精卫在东北问题解决方案上的让步,25 日,蒋介石回电建议先等日本方面提出具体解决办法,然后中方再提出方案。③ 汪氏当即致电表示国联调查团急于在赴日前收到中国政府的方案,而且"本日政治会议议决,关于外交、军事,由常务委员相机处决,再提请追认"④,暗示此项重大问题必须由二人亲自决断,催促蒋早下决心。27 日,汪精卫再电蒋介石,询问其对该草案的意见,并表示《解决东案办法大纲草案》的提出无可避免,称:"此次北平会谈,除申述要点之外,并催促提出书面。我方既有宿谈,不能不践,且两次谈话要点,均已有记录,今不过录成草案而已。"为消除蒋介石的顾虑,汪又表示,他已电嘱顾维钧,在明悉日方解决方案的具体内容之前,中方草案的内容对日本保密。⑤ 蒋介石提醒汪精卫:"草案总不可用正式文字具体提出,最多可用口头提议,以免将来限制也。"⑥在得到蒋的认可之后,汪精卫当即派秘书乘飞机到北平,让其亲手将《解决东案办法大纲草案》交给顾维钧⑦,并由顾氏呈递国

① 《汪精卫致蒋介石电》,1932 年 6 月 24 日,《武装叛国(二十三)》,第 52—54 页,蒋中正"总统"文物,台北:"国史馆"藏,002-090300-00046-037。

② 《汪精卫致蒋介石电》,1932 年 6 月 25 日,《沈阳事变(一)》,第 214 页,蒋中正"总统"文物,台北:"国史馆"藏,002-090200-00003-155。

③ 《蒋介石致汪精卫电》,1932 年 6 月 25 日,《沈阳事变(一)》,第 181 页,蒋中正"总统"文物,台北:"国史馆"藏,002-020200-00012-095。

④ 《汪精卫致蒋介石电》,1932 年 6 月 25 日,《沈阳事变(一)》,第 215 页,蒋中正"总统"文物,台北:"国史馆"藏,002-090200-00003-156。

⑤ 《汪精卫致蒋介石电》,1932 年 6 月 27 日,《武装叛国(二十三)》,第 69 页,蒋中正"总统"文物,台北:"国史馆"藏,002-090300-00046-048。

⑥ 《汪精卫致蒋介石电》,1932 年 6 月 27 日,《沈阳事变(一)》,第 182 页,蒋中正"总统"文物,台北:"国史馆"藏,002-020200-00012-096。

⑦ 《平汉路转汪精卫宥辰电》,1932 年 6 月 26 日,《国际联合会调查团(四)》,第 123 页,"外交部"档案,台北:"国史馆"藏,020-990600-2078。

联调查团。①

接到中国政府解决东北问题的大纲草案之后，为探寻日本政府的意旨，6月28日，李顿等人再赴日本。由于日本众议院已经在6月通过决议，要求政府承认"满洲国"，调查团对此极为担心，多次向日本各方面表示"希望在最终报告书提出之前，日本不要做这件事情"②，否则调查团将不得不直面日本承认"满洲国"的既成事实，"实在是尴尬、困惑"③。此时的日本，刚刚经历"五一五"政变的震荡，政党政治宣告终结，斋藤实上台组建举国一致内阁，原满铁总裁内田康哉出任日本新外相。7月9日，调查团和陆相荒木贞夫会晤，荒木明确表示满洲是日本的"生命线"，将"满洲国""重新置于中国的主权或国际控制之下是不可想象和不能容忍的"。④ 荒木是日本"皇道派"的首领，其意见代表了军部的态度，给调查团造成很大压力。7月12日，调查团和外相内田康哉正式讨论中日问题。调查团表达了己方的主要观点，劝告日本不要承认伪满洲国：第一，日本发动"九一八"事变并非自卫，"满洲国"也并非由民意自发产生，日本承认"满洲国"的理论根基并不成立；第二，"满洲国"是一个从未存在过的，连边界都不确定的地区，其"建国"没有根据；第三，日本承认"满洲国"违反《国联盟约》《九国公约》和《非战公约》，将被全世界孤立；第四，"满洲国"的独立不能解决中日冲突，希望保留中国对东三省的主权。但内田对调查团的劝告置若罔闻，强硬表示：解决问题的唯一方法就是承认"满洲国"，"除承认之外别无其他替代方案"。⑤ 据参与会谈的守岛伍郎事务官事后回忆，内田对调

① 顾维钧以"极度机密"密级提交的《解决东案办法大纲草案》英文备忘录"A draft outline of the principle for the solution of the Manchurian question"，现收存于日内瓦国联和联合国档案馆藏李顿调查团档案 S32 卷宗。

② 《驻北平矢野参事致斋藤外务大臣的函电（1932 年 6 月 16 日）》，张生主编，陈海懿、马海天编：《李顿调查团档案文献集·日本外务省藏档（二）》，第 348 页。

③ 《驻北平矢野参事致斋藤外务大臣的函电（一）（1932 年 6 月 22 日）》，张生主编，陈海懿、马海天编：《李顿调查团档案文献集·日本外务省藏档（二）》，第 393 页。

④ "Conversation with General Araki, Minister of War at his official residence, Tokyo, July 9, 1932, at 10 a.m.", July 9, 1932, S29, p. 7, League of Nations and United Nations Archives, Geneva.

⑤ "Interview of League of Nations Inquiry Commission with Count Uchida, Foreign Minister of Japan, on July 12,1932, at the Foreign Office, Tokyo.", July 12, 1932, S29, pp. 2-5, League of Nations and United Nations Archives, Geneva.

查团的态度"冷酷且坚决"①,第一次会谈不欢而散。

　　7月14日,调查团和内田再次会晤。为缓和气氛,李顿并未提出伪满的独立是否具有合法性的问题,而是先向内田解释了国联和平机制的由来和意义,表示国联各会员国十分重视和平机制,这一机制是在欧战以后以损失大量生命和财产为代价建立起来的,国联会员国希望它得到利用而不是被忽视。麦考益也劝日本放弃承认"满洲国",指出:"在其他国家看来,承认'满洲国'违反《国联盟约》《九国公约》和《非战公约》……这将置日本于不道德的地位,调查团在某种意义上代表了世界的观点。"马柯迪也表示最好提出"一个双方都同意的解决办法,不涉及完全恢复原状",意思是可以在东北实行高度自治。但是内田强硬表示,日本"除了承认'满洲国'外,没有其他选择",甚至声称"由于事关切实利益和自卫权,日本不需要与其他大国协商"。在会谈的最后,李顿希望内田向其他阁员转达调查团的观点,内田竟直接断然拒绝。②

　　几次会晤下来,日方的强横无礼严重伤害了调查团的感情。李顿感觉到:"日本政府对我们的看法根本没有兴趣。他们甚至没有问我们一个关于调查的问题,或者中国的态度。他们非常直截了当地告诉我们,他们不关心中国的态度怎样,他们不打算和任何国家讨论满洲问题,包括中国。"③日本的态度,使得调查团斡旋中日两国召开停战会议的想法完全落空,也使李顿对日本的观感彻底恶化。

　　7月19日,调查团再度返华,集中全部精力,起草关于中日问题的调查报告书。

---

　　①　NHK"ドキュメント昭和"取材班編『十字架上の日本:国際連盟との訣別』、169頁。

　　②　"Interview of League of Nations Commission of Inquiry with Count Uchida, Foreign Minister of Japan, on July 14, 1932, at the Foreign Office, Tokyo.", July 14, 1932, S29, pp. 2-6, League of Nations and United Nations Archives, Geneva.

　　③　朱利译,金光耀校:《李顿赴华调查中国事件期间致其妻子的信件(下)》,《民国档案》2002年第3期,第49页。

小 结

从 1932 年 3 月 14 日抵达上海到 9 月 4 日启程返回欧洲,国联调查团在中国耗费了近半年的时间从事调查并撰写报告书。在此期间,南京国民政府在迎送、宴请、会晤、警备、出行、游览等方面,给予了调查团高规格的礼遇。周至的接待背后,不仅体现了中式的热情待客之道,更蕴含全面的政治诉求,希望展示南京国民政府的良好形象,以博取调查团的好感,影响其在中日冲突问题上的立场。调查团是国联和五大国派出的代表,对其的接待关乎国家利益。唯其如此,中日两国才会在接待工作中形成比对和竞争之势,并在顾维钧等中方陪同人员是否可以入关、入关的路线和交通工具、报告书的编制地点等看似琐细的问题上产生严重分歧。

国联调查团在华期间与南京国民政府要员和张学良东北地方实力派数度会晤,通过繁复的征询,调查“九一八”事变和中日之间的各种争端,了解中方解决东北问题的意见,并提出了让东北自治的方案。在汪精卫的主导下,南京国民政府在南京会谈中,表示愿意考虑东北地区的中立化并建立民治政府。第二次北平会谈时,南京国民政府又就东北非军事化和实行地方高度自治等问题与调查团达成一致,并且同意在调查团的调解下与日本举行停战会议。其后蒋、汪又在未经中央政治会议讨论决定,更不为外界所知的情况下,以个人决断的方式,提出了《解决东案办法大纲草案》,作为对解决东北问题的依据。这一草案的绝大部分内容,都为后来发表的《李顿调查团报告书》所采用。《解决东案办法大纲草案》的提出,体现了蒋、汪合作下对日外交策略的新变化。

但是,由于“五一五”政变后斋藤内阁的上台和法西斯势力的猖獗,日本执意承认伪满洲国,蒋、汪二人在东北问题上的重大让步已经无法满足日本的侵略野心,国联调查团在中日之间的调停努力也失去意义。

第四章　国联调查团来华与中方各类
文书的提交

南京国民政府在与调查团的多次会谈中，虽然已经澄清了有关中日冲突的众多关键事实，但是这些会谈属于非正式会谈，而且主要由调查团引导，因此，大量造成争端的问题未及展开，国民政府的立场观点也没有得到足够的呈现。在此情况下，通过递交外交文书的正式方式，对中日问题进行系统的梳理和阐释，充分表达中方的意见，显得尤为重要。

另外，除官方意见的表达之外，南京国民政府又组织和动员民众向调查团致电投函，谴责日本侵略，反对伪满洲国，以反映民心民意，配合政府观点。南京国民政府致调查团的说帖以及社会各界致调查团的呈文即在这种情况下出现。

第一节　政府说帖的编撰及对中日冲突的申述

一、"最重要工作"：说帖的编撰

"九一八"事变爆发后不久，南京国民政府即注意搜集与东北问题相关的资料，支持中国代表团在国联与日本的外交斗争。1931 年 9 月 21 日，外交部部长王正廷致电张学良，请其"将日军一切横暴举动及我方生命财产损失，随时电施、王、吴三代表"。① 10 月 2 日，中国驻国联全权代表施肇基致电外交部，建议"迅速派遣中方委员会到满洲，收集关于'九一八'事变的可靠事实材

---

① 《外交部致张学良电》，1931 年 9 月 21 日，《东省事变之解决方针及措置（一）》，第127 页，"外交部"档案，台北："国史馆"藏，020-010112-0022。

料,作为责任认定和赔偿的基础"。① 虽然东北沦陷后,"对日交涉案卷悉被日军封锢"②,但张学良方面仍设法搜集到历年来日本侵略东北的各类材料,一面报送外交部,一面交由其设立的东北外交研究委员会整理研究。1932 年 1月 3 日,张学良因为"中日问题复杂万端,交涉准备,中央与地方应保持密切连络",致电时任外交部部长陈友仁,希望双方互相派员接洽。③ 外交部此时也正在编译东北问题资料,遂请东北外交委员会派人来南京会商,并要求后者将搜集到的资料编译成英法文字,呈递外交部。④ 1 月 28 日,与张学良关系颇深的罗文干出任外交部部长。罗文干认为:"国联调查团来华,本部最重要之工作,在搜集各种日本侵略我国之重要材料,编译成册,交调查团参考。"⑤为此,外交部设立特种编译委员会,负责收集和编译东北问题资料。⑥ 2 月 13 日,罗文干致电张学良,请其就近联系平津地区的学者,整理和翻译东北外交委员会拟就的说帖,并继续搜集"日本在东北侵害我国领土主权,破坏我国行政完整之实例"。⑦ 此后,双方在人员和资料的交流上更加频繁。

关于国联调查团来华后中国应该提交哪些材料,外交部也向东北外交研究委员会咨询意见。东北外交研究委员会认为:

> 消极方面,应将日人欺蒙世人谬说,如中国不尊重条约、日本自卫权、国防必要及铁血换来之权益等,加以驳正。积极方面,应使调查团彻底明

---

① 《日内瓦中国代表团致外交部第 33 号电》,1931 年 10 月 2 日,《东省事变之解决方针及措置(二)》,第 19 页,"外交部"档案,台北:"国史馆"藏,020-010112-0023。

② 《张学良致外交部电》,1931 年 11 月 16 日,《日军占领东北(三)》,第 19—24 页,"外交部"档案,台北:"国史馆"藏,020-990700-0045。

③ 《张学良致外交部电》,1932 年 1 月 3 日,《东省事变之解决方针及措置(一)》,第 171 页,"外交部"档案,台北:"国史馆"藏,020-010112-0022。

④ 《外交部致张学良电》,1932 年 1 月 10 日,《东省事变之解决方针及措置(一)》,第 176 页,"外交部"档案,台北:"国史馆"藏,020-010112-0022。

⑤ 《外交部关于九一八事变后与日交涉情况的报告(1931 年 9 月—1932 年 9 月)》,中国第二历史档案馆编:《中华民国史档案资料汇编》第五辑第一编外交(一),南京:江苏古籍出版社,1994 年,第 406 页。

⑥ 《外交部致张学良电》,1932 年 2 月 1 日,《东省事变之解决方针及措置(一)》,第 120 页,"外交部"档案,台北:"国史馆"藏,020-010112-0022。

⑦ 《外交部致张学良电》,1932 年 2 月 13 日,《国际联合会调查团(一)》,第 104—105 页,"外交部"档案,台北:"国史馆"藏,020-990600-2075。

了下列各点。

（一）日本传统之侵略政策，如表现于"二十一条"、《田中奏章》《拓务省之会议记录》等。

（二）违犯及超越条约之事项，如驻兵、设警等。

（三）意图独霸东省交通、阻止经济发展，前如新法、锦爱各案，今如吉海、大通、梅西支线诸案，又如铁路借款优先权，吉海、吉长接轨之阻止，森林矿产之包揽等。

（四）"九一八"之变之责任，应证明其为有计划有组织之预谋。

（五）事变以后，领土行政完整之破坏与主权之侵害，其最著者如：日本人之任沈阳市长、沈海铁路局监督等，臧省长之拘禁，新政权之酝酿，锦州之攻击，炸毁人烟稠密之城市，破坏北宁路之行车，擅提外债担保之关盐税等，夺取公家及私人之产业及所经营实业、银行公司等。

（六）操纵新政权之诪张为幻，用意在使三省为朝鲜之续，而遂其吞并之野心。

（七）占领区域摧毁中国合法政权，借以造成剿匪自卫之口实。

（八）排日纯系日本压迫之自然结果，然究不如日本侵略、教育与宣传之普通持久。

（九）中国保侨之努力，如平壤惨杀华侨之案件，在中国尚未发现。

（十）日人在东北接济贼匪、大规模售卖毒品之事实等。①

总之，中国应一面驳斥日本欺骗世界、攻击中国的相关言论，一面从自身立场出发，向调查团澄清"九一八"事变和中日各类争端真相。这也是后来中国方面编制说帖的基本思路。

1932年2月3日，国联调查团启程前往远东。在此之前，按照国联1931年12月10日决议案要求②，南京国民政府正式任命顾维钧为参与国联调查

① 《东北外交研究委员会致外交部电》，1932年1月14日，《东省事变之解决方针及措置（一）》，第117—118页，"外交部"档案，台北："国史馆"藏，020-010112-0022。

② 国联1931年12月10日决议案规定："中日两国政府各得派委员一人，襄助该委员会，并应予以一切便利，俾该委员会所需之任何消息，均可得到。"参见《国联行政院第六十五届会议对于中日争议通过之第三次决议案》（1931年12月10日），罗家伦主编：《革命文献》第39辑，第2413页。

委员会的中国代表,负责接待并协助国联调查团。顾维钧以外交部人员为骨干,抽调中央各部门代表,在上海组建了国联调查团中国代表办事处。办事处以王广圻为秘书长,张祥麟为总务兼宣传组主任,钱泰为议案组主任,严恩樇为招待组主任,并以金问泗、朱鹤翔、颜德庆等人为参议,朱少屏、戈公振等人为专门委员。① 后来,顾维钧又聘请东北外交研究委员会王卓然、王继曾、刁作谦、汤国桢等人加入代表处,②并从全国网罗了一大批研究中日关系和东北问题的知名专家。这些"中央政府各部的代表和许多工作在不同领域的专家","不仅熟悉满洲而且熟悉中国的军事形势、交通问题、中央政府的组织管理、列强和外侨在中国的地位,特别是他们的权益以及中国对他们的政策"。③中国代表处的重要工作,就是编制说帖,以备国联调查团参考。这样,说帖的资料搜集和编写翻译工作,形成了中央和东北方面同时准备,外交部、中国代表办事处和东北外交研究委员会分头进行的局面。但是由于"一·二八"事变后外交部的很多文件运往洛阳,加上东北沦陷后资料搜寻不易,说帖编制的进度受到一定影响。

随着国联代表团来华日期的迫近,3月1日,外交部派人询问中国代表办事处"是否单拟致送国联调查团说帖,项目为何,准备至何程度",并商议"与编译委员会、东北外交研究委会工作如何分配,而免重复之处"。④ 4日,双方认为"各方人员、材料亟须有一集中地点",故决定由外交部抽调人员,"携带各种重要案卷及材料往沪,在顾代表指导之下从事工作"。⑤ 同日,顾维钧电请张学良派遣东北外交研究委员会委员王卓然等人"携带文件资料来申,以便汇总

---

① 《张祥麟过津之谈片:调查团十八日左右到东北》,《大公报》(天津)1932年4月10日,第4版。

② 《顾维钧致张学良电》,1932年2月25日,《国际联合会调查团(四)》,第9页,"外交部"档案,台北:"国史馆"藏,020-990600-2078。

③ 顾维钧著,中国社会科学院近代史研究所译:《顾维钧回忆录》第一分册,第426页。

④ 《外交部致谭绍华电》,1932年3月16日,《搜集日本违法行为资料提交国联调查团(一)》,第141页,"外交部"档案,台北:"国史馆"藏,020-010102-0262。

⑤ 《外交部关于九一八事变后与日交涉情况的报告(1931年9月—1932年9月)》,中国第二历史档案馆编:《中华民国史档案资料汇编》第五辑第一编外交(一),第406页。

整理"。①7 日,外交部电东北外交研究委员会,令其将以后所有的说帖和参考资料直接寄往上海中国代表团办事处。②3 月 17 日,顾维钧又分别致电外交部和张学良,要求各方将准备交给国联调查团的文件和说帖统一送至办事处提交,"以免分歧"。③至此,说帖的资料搜集和编译工作由中国代表办事处统一组织完成,并全部由顾维钧呈递。

1932 年 3 月 14 日,国联调查团一行抵达上海。顾维钧致函李顿,表示鉴于调查团调查范围广泛,中方将尽可能提供必要的材料,希望先提交一份涉及中日争端主要问题的总说帖,然后在调查团希望获取某问题的详细信息时,再提交单独说帖,所有说帖都将翻译成国联的官方语言(英语和法语),总之,"关于中日问题的所有资料都会坦然呈现在调查团面前,以求公正之判断"。④

调查团在南京期间,连续与国民政府举行了四次会谈。会晤中,汪精卫表示,南京国民政府将就中日之间的大量争端以及国民政府解决中日问题的意见,向调查团提供说帖。会后,国联调查团列出了国民政府承诺的十二项说帖清单:(一)中国对日本驻华使领馆违法行为的看法;(二)日本撤军后中国政府对东三省的管理制度;(三)日本对华阴谋的证据;(四)日本教科书中的反华内容;(五)尚未公布的与东北争端有关的所有条约、协定或协议;(六)与在东北的朝鲜人有关的所有协议;(七)中东铁路现状和中方立场;(八)中国对解决中日冲突的十项意见;(九)中日关于修定"二十一条"的外交文书;(十)"九一八"事变前的东北土匪;(十一)中国政府支持排日的文件的照片复印件的真实性;(十二)外蒙古现状及中国政府与其当权者的关系。⑤

① 《顾维钧致张学良电》,1932 年 3 月 4 日,《国际联合会调查团(四)》,第 15 页,"外交部"档案,台北:"国史馆"藏,020-990600-2078。

② 《外交部致东北外交研究委员会电》,1932 年 3 月 7 日,《搜集日本违法行为资料提交国联调查团(一)》,第 93 页,"外交部"档案,台北:"国史馆"藏,020-010102-0262。

③ 《顾维钧致罗文干、张学良电》,1932 年 3 月 17 日,《国际联合会调查委员会中国代表处来往电报(一)》,第 68 页,"外交部"档案,台北:"国史馆"藏,020-990600-2055。

④ "Letter from Dr. Wellington Koo to Lord Lytton", March 17, 1932, S30, League of Nations and United Nations Archives, Geneva.

⑤ "List of subjects on which the Chinese government promised during the conversations in Nanking (March 29th/ April 1st) to submit memoranda to the commission through intermediary of Dr. Wellington Koo", S35 - 2 Divers, League of Nations and United Nations Archives, Geneva.

4月,顾维钧提交了关于中日问题的总说帖和关于东北铁路平行线问题的说帖。此后顾维钧忙于陪同和协助调查团在北平及东三省各地调查,无暇兼顾说帖的编制事宜。赴东北前,顾维钧拟定中国应该提交调查团的全部说帖清单,分配给国民政府相关部门以及代表处延聘的专家学者,请其直接以英文和法文起草。

6月初,国联调查团从东北调查完毕后回到北平,着手起草报告书。顾维钧则于此时逐一审订已拟成的各项说帖,并陆续编制了一批新说帖以供调查团起草报告书时使用。这些说帖,在6月到8月被分批提交给国联调查团。

报告书撰写完成后,代表处又将这些说帖以及回复调查团提问的各项文件,每种印制五百册或一千册,装箱运往日内瓦,分送给国联的各会员国。① 这些说帖,对于支持中国在国联和日本的外交斗争起到了很大作用,12月国联大会讨论中日问题时,"各国代表多欲参阅,以期明了远东情况"②。说帖的中文版本也装订成册,检送给南京国民政府各部门机构,并寄往驻外各使领馆,作为重要参考资料。③

二、系统性申述:说帖对中日争端的阐释

中国代表处提交给国联调查团的全部说帖共二十九件,包括《关于中日纠纷问题之总说帖》一件和分说帖二十八件。其中总说帖由顾维钧本人亲自撰写,共有四章,内容简述如下。

第一章"中日纠纷的历史概略",历述了琉球事件及日本出兵台湾(1871—1874),日本在朝鲜的阴谋、甲午战争和台湾的割让(1867—1895),日俄战争和日本取得旅大租借地和南满铁路(1904—1905),日本占领胶州(1914—1922),"二十一条"的提出(1915),日本出兵山东(1927),济南事件(1928),"九一八"事变(1931)和日本完全占领东北,天津事件以及上海"一·二八"事变等近代日本重大侵华史实,直言中日之间六十年的历史实为日本对华不间断的侵

---

① 《中欧途中:水道归去之调查团》,《申报》1932年9月13日,第8版。

② 《国际联盟处理中日争案前途混沌,组织调解委员会说渐次有力》,《申报》1932年12月3日,第3版。

③ 《参与国际联合会调查委员会中国代表办事处呈外交部函》,1932年12月16日,《中日两国提交国联调查团各案说帖》,第121页,"外交部"档案,台北:"国史馆"藏,020-010102-0008。

略史。

第二章"中日条约关系之基础",针对 1896 年《中日通商行船条约》及附件《中日通商口岸日本租借专条》、1903 年《中日通商行船续约》及附件、1905 年《中日会议东三省事宜条约》、1909 年《图们江中韩界务条款》与《中日东三省交涉五案条款》,以及 1915 年"二十一条"、《中日民四条约》及换文等时常引起中日之间争论的条约,详细论述其签署背景、主要争议条款和中国的意见。特别是对于"二十一条"与《中日民四条约》,说帖指出:"中国政府深知条约之神圣,并信恪遵尽力遵守①条约之规则为国际关系之基础,但以为一九一五年中日条约与换文系属特殊性质","有一国焉,与其兵力较弱之邻邦,正敦睦谊,毫无衅端,忽以最后通牒之威胁,要求让与重要权利,非应目前之急要,未经任何交涉,毫无事故可藉,亦无挑衅可言,而又无利益可资交换者,如一九一五日本向中国提出'二十一条'之情形,在历史上是无先例"。说帖援引 1922 年华盛顿会议的先例,希望国联调查团在研究条约问题时,"不专以严格之法律点为衡,而以该条约与换文是否为中日冲突之基本原因与目下是否为中日重敦睦谊一种障碍判断之也"。

第三章"日本对华政策",列举近代日本政治家公然宣布侵华方略以及在东北违背现行条约条文、强迫中国默认的种种事例,指出:"在日本所有侵略中国期内,日本政府之行为,在在足供人指摘,而中国方面,即在往昔,亦无一人能举一事,可认为侵犯日本领土政治完整之举也。"说帖并驳斥日本侵略东北的宣传设词:"人口过剩求得出路之需要""谋取人民与工业所需粮食原料之需要""谋取国防上保护本土之需要",声辩中国民众抵货运动的正当性,表示"日本以如是顽强手段实行之侵略政策,当然激励中国民众表示与抵制货物之反响"。

第四章"日本的行为——国际法与条约",指出日本对华的侵略行为,违反国际公法和《国联盟约》《九国公约》《非战条约》以及国联行政院历次决议案的规定等,中国希望和平解决"九一八"事变带来的问题,但日本拒绝第三国参与中日纠纷。

---

① 原文如此,疑有衍字。

总说帖于 1932 年 4 月 7 日于南京递交。[①]

除了总说帖，针对当时中日两国在历史关系和东北问题上的各种争端，南京国民政府还编制并提交了大量分说帖，这些分说帖的主要内容和提交时间如下。

（一）《关于平行线问题及所谓一九零五年议定书之说帖》。说帖指出，1905 年中日两国在北京签订的《中日会议东三省事宜条约》及其附件都未提及平行线问题，更未给予日本阻止中国在东三省建筑铁路的权利。日本政府所谓的"十六条秘密议定书"不过是从北京会议的会议记录中摘出和编列的一部分内容，其本身毫无约束力可言，自中日两国批准上述条约后，已经失去法理上的意义和效力。说帖抨击日本以所谓的秘密议定书为借口，在东三省实行铁路垄断政策，屡屡干涉中国政府在东北的铁路建设计划，并排斥外国资本对东北铁路建设的参与，表示"本国政府现仍愿如昔日之所提议，将关于南满铁路平行线一层之北京会议议事录之地位及其解释问题，送往公正之法庭公断或判决之"，并建议国联调查团将此问题纳入报告之中。该说帖 4 月 21 日于南京递交。[②]

（二）《关于日本占领东三省之说帖》（含附件六份）。说帖首先叙述了日本自明治维新以来处心积虑侵略东北的过程，然后指出日军发动"九一八"事变及此后对东北的侵占并非由任何意外事件激起，而是早有预谋。说帖详细陈述了"九一八"事变当晚的情形以及日军占领东三省的经过，指出目下东北所有战略要地和重要城镇都已经被日本占据，抨击日本公然违犯国际公法，轰炸毫无防御的城市、杀害无辜民众、非法没收私人财产，以及攫取和控制东三省各类公共机构。说帖的六个附件作为正文内容的补充，逐一说明了"九一

---

①　顾维钧编：《参与国际联合会调查委员会中国代表处说帖》，沈云龙主编：《近代中国史料丛刊续编》第四十九辑，台北：文海出版社，1974 年，第 1—27 页。该说帖递交时间存疑。根据日内瓦国联和联合国档案馆藏李顿调查团档案，总说帖于 4 月 8 日递交给调查团。参见 "Letter from Dr. Wellington Koo to M. R. Haas", April 8, 1932, S32, League of Nations and United Nations Archives, Geneva。

②　顾维钧编：《参与国际联合会调查委员会中国代表处说帖》，沈云龙主编：《近代中国史料丛刊续编》第四十九辑，第 29—31 页。该说帖递交时间存疑。根据日内瓦国联和联合国馆藏李顿调查团档案，该帖与总说帖于 4 月 8 日同时提交给国联调查团。参见 "Letter from Dr. Wellington Koo to M. R. Haas", April 8, 1932, S32, League of Nations and United Nations Archives, Geneva。

八"事变前日本的军事准备、日军的驻军地点及兵种数量,以及日军占领长春、齐齐哈尔、锦州等东北重要城市和破坏东三省邮政的情况。该说帖 6 月 8 日于北平递交。①

（三）《关于"二十一条"及一九一五年五月二十五日中日条约之说帖》。本说帖是对总说帖关于"二十一条"和《中日民四条约》部分的补充。说帖说明了日本提出"二十一条"及强迫中国签订《中日民四条约》的情形,表示从法律和公理的角度看,日方要求均不合理。"二十一条"和《中日民四条约》违背《国联盟约》,损害中国独立和领土主权完整,破坏门户开放原则。中国代表在巴黎和会和华盛顿会议上屡次提议取消该条约和换文,而 1922 年和 1923 年国民政府众议院和参议院曾先后通过决议认为条约无效,日本政府自身也未视该条约具有确实和固定性质,有时承认该条约可以修改,有时取消条约中的某些部分。说帖表示,该条约具有以强迫方式威逼中国出让权利的性质,因此中国政府认为废止该条约是奠定远东和平的必要条件。该说帖 6 月 8 日于北平递交。②

（四）《关于朝鲜人在东北各省之地位之说帖》（含附件一份）。说帖指出,从 1869 年起,大量朝鲜人移居东北。"间岛"一带朝鲜人的地位本由 1909 年《图们江中韩界务条款》规定,但是日本声称 1915 年中日条约及换文的规定同样适用,遂产生纠纷。在东北的朝鲜移民具有双重国籍是本问题最难解决的方面。再加上日本在朝鲜人聚集区域擅自设立日本警察,干涉中国地方行政,形势愈发严峻,事变迭出,最终导致万宝山事件的发生。说帖指出,日本时常指摘中国当局压迫朝鲜人。要知道朝鲜人擅于种植稻田,对当地农民构成不小的威胁,中国地方当局行使固有职权、公布章程条例、保护本国农民的利益,属于理所当然之事。说帖还表示,避居东北的朝鲜人中有一部分怀有复国理念,经常组织秘密政治活动,中国对其加以约束,也是为表示对日邦交友好起见。说帖的附件列出了 1915 年《中日双方商定取缔韩人办法大纲》及同年《取

---

① 顾维钧编:《参与国际联合会调查委员会中国代表处说帖》,沈云龙主编:《近代中国史料丛刊续编》第四十九辑,第 33—61 页。

② 顾维钧编:《参与国际联合会调查委员会中国代表处说帖》,沈云龙主编:《近代中国史料丛刊续编》第四十九辑,第 63—68 页。

缔韩人办法施行细则》。该说帖 6 月 8 日于北平递交。[①]

（五）《关于吉会铁路之说帖》（含附件一份）。本说帖主要为驳斥日本在所谓"吉会铁路悬案"中对中方的诬陷宣传而作。说帖对吉会铁路借款合同以及建造过程做了详细说明，表示铁路的建设计划之所以延迟，一是因为日本方面超出合同规定，要求委派日本人担任重要职务，二是因为满铁方面不按协议规定与中国协商建筑费用以及中国政府正式接收的问题。说帖特别指出，对于日本政府提交给国联调查团的所谓吉会铁路合同，国民政府方面没有收到任何副本，也没有接到任何报告，所以不能受其约束。另外，说帖提醒国联调查团，吉会铁路不仅是一条商业化的铁路，而且在国防上关系重大："该路使日本易入东三省腹地"，"如有需要时，该路能使日本将其驻扎朝鲜，而由陆、由海均易集中之所有军队，数小时内运到东三省，日本之所以选定长春为所谓'满洲国'之首都者，即可证明此事也"。吉会铁路建成后，长春将成为东北境内各条铁路与黄海、日本海联络的交汇点，从东、南两个方向都对中国构成威胁。正因吉会铁路具有重大的军事价值，所以日本才会如此重视，毫不顾及此路与南满铁路在商业上的竞争关系。也正因如此，中国政府认为该铁路在修筑之前，必须保证中国的国防利益。该说帖 6 月 8 日于北平递交。[②]

（六）《关于南满铁路护路军之说帖》。说帖援引 1905 年条约及会议记录，证明中国并未允准日本在南满铁路设立护路军警的权利。南满铁路护路军因日俄战争而设立，属于临时性质。护路军与一般军队无异，其活动范围近些年远远超出铁路区域，甚至干涉中国地方行政。凡是南满铁路经过的地段和有护路军驻扎的地区，局势都越来越严峻。所以南满铁路护卫军的存在不但在条约上毫无依据，而且在事实上也是引发中日冲突的重要原因，应该予以取消。中国已经在巴黎和会和华盛顿会议上迭次声明，从未承允日本留驻护路军队的权利，中国愿意承担保护铁路的职责。该说帖 6 月 8 日于北平递交。[③]

---

① 顾维钧编：《参与国际联合会调查委员会中国代表处说帖》，沈云龙主编：《近代中国史料丛刊续编》第四十九辑，第 69—79 页。

② 顾维钧编：《参与国际联合会调查委员会中国代表处说帖》，沈云龙主编：《近代中国史料丛刊续编》第四十九辑，第 81—87 页。

③ 顾维钧编：《参与国际联合会调查委员会中国代表处说帖》，沈云龙主编：《近代中国史料丛刊续编》第四十九辑，第 89—96 页。

（七）《关于万宝山事件之说帖》（含附件三项）。万宝山事件是日本为"九一八"事变制造舆论的重要事件。说帖详细叙述了万宝山事件的前因后果，历述事发当天双方的争执、地方官员与日本当局交涉的经过、外交部与日本使馆往来的文件，并在结论中称：万宝山事件发生之初，不过是牵扯到耕地租约效力问题的民事案件，涉案朝鲜人按照中国法律应该受到民事制裁；后来朝鲜人违抗中国地方政府命令，故意毁坏华人产业，后致民事案件上升为刑事案件；但是日本派出军警，擅入东三省内地，干涉此事，案件遂演变成两国外交问题；日本警察到后，借口保护朝鲜侨民，枪击中国农民，使得事态迅速趋于严重。日本不仅对于案件的解决缺乏诚意，而且加重事态，故应对万宝山事件负责。说帖的三项附件分别列出了朝鲜人与当地农民的租地契约、转租契约，以及中日双方关于万宝山事件的会同调查报告。该说帖 6 月 13 日于北平递交。①

（八）《关于一九三一年七月朝鲜各地仇华暴动之说帖》。说帖陈述了万宝山事件后，由于日本颠倒是非的新闻煽动，朝鲜仁川、京城、平壤、镇南浦、新义州各地仇华暴动的情形，以及各地华侨死伤及财产损失的情况。说帖声明，朝鲜各地仇华暴动发生后，中国使领馆迭次请求当地警署对华侨的生命财产安全予以保护，但是日本官厅既不注意防止暴动，也未采取妥善办法应对，故需要对在朝华侨的生命财产损失担负责任。该说帖 6 月 13 日于北平递交。②

（九）《说明日本不赖东三省供给原料粮食之统计表》。说帖以表格形式显示了 1928 年日本东北商品输入和原料输出情况，以及 1929 年东三省的整体对外贸易情形，说明日本从东三省输入的原料只占其总额的很小部分，反驳日本的工业原料和粮食半数依赖东北的宣传。此外说帖还分析了日本与东北之间的商品贸易结构，指出日本从东北输入了大量煤铁，严重损害了中国利益，因为中国缺乏煤铁等原料的程度更甚于日本。该说帖 6 月 13 日于北平递交。③

（十）《中国对日本所谓五十三悬案之驳正》。说帖针对 1931 年 11 月日

————————

　　① 顾维钧编：《参与国际联合会调查委员会中国代表处说帖》，沈云龙主编：《近代中国史料丛刊续编》第四十九辑，第 97—112 页。
　　② 顾维钧编：《参与国际联合会调查委员会中国代表处说帖》，沈云龙主编：《近代中国史料丛刊续编》第四十九辑，第 113—117 页。
　　③ 顾维钧编：《参与国际联合会调查委员会中国代表处说帖》，沈云龙主编：《近代中国史料丛刊续编》第四十九辑，第 119—123 页。

本公使馆在上海《大美晚报》和《文汇西报》上发表的所谓中日之间 53 件悬案，从历史事实出发，逐一说明各案的原委，揭露事实真相，驳斥日方宣传。该说帖 6 月 14 日于北平递交。①

（十一）《关于日本破坏中国统一之谋画之说帖》（含附件一份）。说帖指出，从 1911 年辛亥革命时期起，日本即在革命党和清廷间采取两面手段，其后支持袁世凯复辟帝制，资助段祺瑞镇压护法运动，出兵山东，策动东三省脱离国民政府，直至发动"九一八"事变并扶植建立伪满洲国，其二十年的对华政策都以延续中国内乱、妨碍中国统一为目标。此种政策的发展，可以概括为四个步骤：第一，鼓动革命与反叛政府；第二，助长和延长中国内乱；第三，阻碍中国统一；第四，直接占领中国领土。时至今日，日本已经"公然指挥伪政府，蔑视中国之国权与世界之舆情矣"。说帖并将日人后藤新平男爵所著之《在满蒙日本人民及日本军队之行动》一文列为附件，以日人之研究佐证日本此种阴谋。该说帖 6 月 20 日于北平递交。②

（十二）《关于日本在东北沪津以外各地挑衅寻仇情形之说帖》。说帖叙述了日本在汉口、青岛、福州、南京、汕头、镇江、苏州、杭州等地的种种挑衅行为，以及国民政府与日方交涉的经过，指出日本此类举动的目的在于激起中方的敌对行为，为扩大其在华侵略寻找借口。该说帖 6 月 23 日于北平递交。③

（十三）《关于抵制日货之说帖》（含附件一份）。中国的抵制日货运动是日本指摘中国并为其侵略行径进行辩护的重要借口，也是日方要求国联调查团重点调查的问题。对此，南京国民政府在《关于抵制日货之说帖》中给予了回应。说帖从国内法与国际法两方面陈述了中方的观点，评论了抵货运动的各种特性，并审视了日本宣称的责任问题。说帖认为，就国内法而言，简单的抵制货物，即个人不买、不用某国货物，或不与某国商人交易，或不为某国事业服务，纯属个人的行动自由，国家无权禁止或取缔。至于劝告他人抵制货物，只要符合法律规范，也属于人民的权利。个人抵制货物既属合法，则法人及机

---

① 顾维钧编：《参与国际联合会调查委员会中国代表处说帖》，沈云龙主编：《近代中国史料丛刊续编》第四十九辑，第 125—144 页。

② 顾维钧编：《参与国际联合会调查委员会中国代表处说帖》，沈云龙主编：《近代中国史料丛刊续编》第四十九辑，第 145—169 页。

③ 顾维钧编：《参与国际联合会调查委员会中国代表处说帖》，沈云龙主编：《近代中国史料丛刊续编》第四十九辑，第 171—178 页。

关抵制货物自然也不违法。就国际法而言,抵货并非中国所发明,而是国际关系中对一国施加压力的合法方式,中日两国所订立的条约中也没有强迫中国购买日货的规定。目前中国发生的排货风潮,是对朝鲜惨杀华侨、日本占领东三省和在上海发动"一·二八"事变等挑衅举动的反应。中国的抵货风潮没有一次是直接施加在日本人民身上的,抵货运动中发生的越轨行为也是施加在中国人自己身上,所以中国政府对日本不负有任何责任。一国受他国的侵害而不愿用武力解决,以抵货作为和平的报复方式,属于正当合法的行为。说帖附件包含了上海地方法院对抵货责任进行判定的刑事判决书等。该说帖 6 月24 日于北平递交。①

(十四)《关于日本企图独占东三省铁路之说帖》。说帖陈述了日本干涉东三省铁路建筑,以及企图以借款等方式独占东北铁路利权的种种行为,并列举了新民屯至法库门、锦州至瑗珲、打虎山至通辽、沈阳至海龙、长春至吉林、吉林至敦化、四平街至洮南、洮南至昂昂溪等铁路路线建筑中的具体实例。该说帖 6 月 24 日于北平递交。②

(十五)《关于日方所谓中国教科书内排外教育之说帖》(含附件一份)。排外教育也是日本攻击中国的重要方面。日方曾摘录了中国教科书内的若干"排外"内容,印行了《中国之排外教育》和《中华民国教科书内发现之排外纪事》两本册子,提交给国联调查团。对于日本的攻击,南京国民政府在《关于日方所谓中国教科书内排外教育之说帖》中予以驳正。说帖首先指出日方小册子内摘录的课文在翻译上牵强附会,不少内容其实并没有收录在教科书中,而且这些教科书也大多没有经过教育部的审定。说帖进而批评日本在明治维新时期也曾培养过排外主义,即使在已经摆脱不平等条约束缚的今日,日本的历史纪事和报章记载在民族主义问题上也未能做到心平气和。在结论中,说帖表示,中国方面将对教育部审定的各类教科书重新审查修订,但是如果日本不能采取同样步骤的话,难以期望此种工作能产生深远的影响。说帖附件详细列举了日本文部省所编审的中小学教科书中的排外内容。该说帖 6 月 25 日

---

① 顾维钧编:《参与国际联合会调查委员会中国代表处说帖》,沈云龙主编:《近代中国史料丛刊续编》第四十九辑,第 179—194 页。

② 顾维钧编:《参与国际联合会调查委员会中国代表处说帖》,沈云龙主编:《近代中国史料丛刊续编》第四十九辑,第 195—206 页。

于北平递交。①

（十六）《关于中国努力开发东三省之说帖》。说帖列举了近年来中国在司法、移民、农业、林业、渔业、矿业、交通、商业和教育等领域努力开发东三省的事实，驳斥日方将东北的繁荣完全归功于己方开发的不实宣传，并说明日本在东北所经营的各项事业完全以日方自身利益为目的，并一直试图垄断在东北的利权。说帖表示中国希望开拓东三省的富藏，欢迎各国协作共同开发东北，使中国及全世界人民能共同受益。该说帖 6 月 26 日于北平递交。②

（十七）《关于日本违犯条约及其侵夺中国主权二十七类案件之说帖》。说帖将近年来日本违背条约、侵犯中国主权的重要不法行为分为 27 件，一一列举，分别为：日军驻扎南满铁路沿线；日军在图们江及珲春进行军事演习；日本守备队强占临榆县农田，将其用作靶场；驻扎南满的日军策动蒙匪蠢动；日本政府派遣特务在吉林省援助"匪党"扰乱边境；日本军舰在麻盖附近击毁华船并击毙华人；日本在领事馆派警察驻守并与当地政府和民众发生冲突；日本在南满铁路沿线各城市派警察驻守并对地方行政进行干涉；日本警察强行截走安东海关缴获的军械；长沙案件；日本拒绝撤销在南满设立的邮局；日本违反青岛购盐的协定；日本在中国走私及贩卖麻醉品；日本军舰"谷风"号枪杀平潭渔民；日本渔船及汽船在中国领海内擅营渔业；日轮"东豫丸"号私运军火；朝鲜人在安东进行走私；福州日商违抗永租房地契税；福州日本领事馆包庇鸦片馆；中日间关于东北电报交通的争议；日本军舰"芙蓉"号驶入内河；济南惨案；日本大地震后日人惨杀华侨案；朝鲜第一次仇华暴动；万宝山事件；朝鲜第二次仇华暴动；等等。该说帖 6 月 26 日于北平递交。③

（十八）《关于东三省币制及其与大豆关系之说帖》。说帖叙述了东北的币制、银行及奉票的整理情况，解释了大豆与东三省官银号的关系，并反驳了因东三省官银号收购大豆导致纸币价格跌落的说法。说帖表示，东三省银行对大豆的收购是惯常行为，主要是以此作为垫借农户的款项的抵押物，并抵制

---

① 顾维钧编：《参与国际联合会调查委员会中国代表处说帖》，沈云龙主编：《近代中国史料丛刊续编》第四十九辑，第 207—216 页。

② 顾维钧编：《参与国际联合会调查委员会中国代表处说帖》，沈云龙主编：《近代中国史料丛刊续编》第四十九辑，第 217—253 页。

③ 顾维钧编：《参与国际联合会调查委员会中国代表处说帖》，沈云龙主编：《近代中国史料丛刊续编》第四十九辑，第 255—286 页。

日商对大豆的低价收购。说帖指出，日本的朝鲜银行和正金银行在东北滥发纸币，扰乱东北币制信用，才是造成东北币制紊乱和纸币贬值的罪魁祸首。该说帖 6 月 26 日于北平递交。[①]

（十九）《关于中国政府在沪案开始时决定和平政策之说帖》。说帖说明了十九路军移防上海以及此后国民政府以宪兵团接替该军防务的经过，驳斥了外间所传十九路军到上海以后攻击日侨、危害公共租界、造成上海形势的紧张，以及南京国民政府派遣宪兵团接防是出于对十九路军的不信任等谣言，以供国联调查团明了事实真相。该说帖 7 月 2 日于北平递交。[②]

（二十）《关于外蒙古之说帖》。1932 年 3 月调查团与南京国民政府在南京会谈时，曾问及外蒙古问题。此说帖历述中国与外蒙古的历史关系，阐明了中俄之间关于外蒙古的争执，强调外蒙古的自治虽然经过中国宪法的认可，但地方自治不能超出中央政府所决定的范围，中国始终视外蒙古为领土的一部分，不承认苏联在外蒙古问题上的违法行为以及外蒙古当时的事实状态。该说帖 7 月 3 日于北平递交。[③]

（二十一）《关于东三省匪患之说帖》（含附件一份）。"九一八"事变后，日本在国联行政院会议上宣称东北土匪危及日人的生命财产安全，并以"剿匪"作为拒不撤兵和扩大军事行动的借口。日方在致国联调查团的说帖内，把东北土匪猖獗的原因归结为中国的内乱。中方提供的《关于东三省匪患之说帖》，并不争辩中国有无内乱以及东北匪患是否猖獗，而是追索了这两种祸患发生的原因及其与日本的密切关系。说帖详述了日本庇护私运军火和援助东北马贼的情况，并援引了日人所著的书籍，证明东北匪患与日本在东北势力的消长并步同趋，"日军撤退与日本管理权消灭早一日实行，则日本所了解之匪患早一日熄祸"。该说帖 7 月 18 日于北平递交。[④]

[①]　顾维钧编：《参与国际联合会调查委员会中国代表处说帖》，沈云龙主编：《近代中国史料丛刊续编》第四十九辑，第 297—291 页。

[②]　顾维钧编：《参与国际联合会调查委员会中国代表处说帖》，沈云龙主编：《近代中国史料丛刊续编》第四十九辑，第 293—295 页。

[③]　顾维钧编：《参与国际联合会调查委员会中国代表处说帖》，沈云龙主编：《近代中国史料丛刊续编》第四十九辑，第 297—299 页。

[④]　顾维钧编：《参与国际联合会调查委员会中国代表处说帖》，沈云龙主编：《近代中国史料丛刊续编》第四十九辑，第 301—318 页。

（二十二）《关于东三省海关被劫经过之说帖》。说帖叙述了日本攫取东三省海关的步骤及其占领龙井村、安东、牛庄、哈尔滨、大连等地海关的经过情形。该说帖 7 月 29 日于北平递交。①

（二十三）《关于中国之共产主义之说帖》（含附件三份）。说帖阐述了共产主义传入中国的由来，国共关系的变化以及目下中共的发展、组织及影响，强调政府"剿共"的决心与成绩。在结论中，说帖认为："剿共"的成功不在军事的胜利，关键在于收复失地后的善后措施，政府正在拟定计划、救济灾区、改善农民生活、增加生产、恢复地方秩序，这些都为下一步行政上的改革创造了条件。说帖附件包含《危害民国紧急治罪法》《1930 年之红军情状》《关于剿共之政治经济善后计划》三项文件。该说帖于 7 月 29 日于北平递交。②

（二十四）《关于日本攫取东三省盐税之说帖》。说帖说明了日本攫夺东三省盐务的经过，指出自 1931 年 10 月 30 日至 1932 年 4 月 12 日，日本已经攫夺盐款高达 708 万元，盐务行政被日本破坏后，不仅辽吉黑三省的盐运大受影响，而且国民政府以盐税担保的外债偿还能力也失去保障。该说帖于 8 月 3 日于南京递交。③

（二十五）《关于所谓东三省独立运动之说帖》（含附件一份）。说帖详细述说了日本谋求东北独立的处心积虑，以及扶植"满洲国"成立的步骤，指出"满洲国"处于日本的监督与控制之下，完全是日人的傀儡政权。在结论中，说帖表示，除了少数无聊政客，东三省民众无不反对伪满政权，以马占山、丁超和李杜将军为首的各地义军广泛开展的抗日运动即明证。说帖附件中列出了伪满任命的日本官吏表和伪满洲国政府组织大纲。该说帖 8 月 5 日于北平递交。④

（二十六）《关于东三省邮政被劫经过之说帖》。说帖说明了日本攫夺东

---

① 顾维钧编：《参与国际联合会调查委员会中国代表处说帖》，沈云龙主编：《近代中国史料丛刊续编》第四十九辑，第 319—323 页。

② 顾维钧编：《参与国际联合会调查委员会中国代表处说帖》，沈云龙主编：《近代中国史料丛刊续编》第四十九辑，第 325—363 页。

③ 顾维钧编：《参与国际联合会调查委员会中国代表处说帖》，沈云龙主编：《近代中国史料丛刊续编》第四十九辑，第 365—367 页。

④ 顾维钧编：《参与国际联合会调查委员会中国代表处说帖》，沈云龙主编：《近代中国史料丛刊续编》第四十九辑，第 369—389 页。

三省邮局的情形,包括强取辽宁和安东邮局的密码电本,设立军事邮局,企图办理沈阳、滨江、龙江、洮南及四平街等地的航邮,以及虐杀邮局工作人员等。从1932年8月1日起,随着伪满邮票的发行,自"九一八"事变后艰苦维持十个月的东北邮政不得不宣告停办。该说帖8月17日于北平递交。①

(二十七)《关于日本劫夺东三省担保外债盐税摊款之说帖》(含附件一份)。说帖指控自1932年4月1日起,日本强行劫夺东三省盐务机构,即使是对担保外债的盐税摊款也予以截留,致使国民政府偿付外债的能力受到损害。该说帖8月25日于北平递交。②

(二十八)《关于日本人民、商行在华贩运麻醉毒品之说帖》(含附件七份)。说帖详述了日方在东三省及山东、北平、天津、青岛、陕西、保定、福州、厦门等地违法制造和贩运毒品的行为,指出事件背后有日本政府的暗中支持:"观于大批日本人民(连同朝鲜人在内)与日本商行在华贩运麻醉毒品,如谓贩卖此种毒品以戕害中国人种健康之政策,不由日本政府之暗中主持,殊难取信也。"说帖附件列举了日本在华制作贩卖毒品的数据以及各地破获的日人制毒贩毒案件情形。该说帖8月27日于北平递交。③

中国代表处提交国联调查团说帖的时间,集中于1932年6月至8月。这段时间也是国联调查团在北平撰写报告书的关键时期。从说帖内容来看,总说帖重在从整体上陈述中日纠纷的概况,分说帖则详细阐述中日之间的各种争端和日本的种种侵略和不法行为。28件分说帖的内容,大致可概括为三类。(一)驳斥日本对中国的恶意攻击。如对于日本所称53件悬案之驳斥、对日本所指中国教科书内有排外论调之辩明、对于奉票问题之解释、对于抵制日货问题之说明、对于中国建设东三省成绩之胪举等。(二)揭露日本对中国的侵略。如揭露日本侵占东三省的概况,日军在各地的寻衅事件,朝鲜屠杀华侨惨案与万宝山案,日本劫夺东三省铁路、盐税、邮政的情形,日本在华制毒贩毒案件,以及日本对中国政治经济上的其他侵害,等等。(三)声明中国在

---

① 顾维钧编:《参与国际联合会调查委员会中国代表处说帖》,沈云龙主编:《近代中国史料丛刊续编》第四十九辑,第391—397页。

② 顾维钧编:《参与国际联合会调查委员会中国代表处说帖》,沈云龙主编:《近代中国史料丛刊续编》第四十九辑,第399—404页。

③ 顾维钧编:《参与国际联合会调查委员会中国代表处说帖》,沈云龙主编:《近代中国史料丛刊续编》第四十九辑,第405—426页。

中日争端中的立场。除了分说帖在各个具体事件上阐述中国的意见和观点，总说帖在最后也提出："中国以为公平及根本之解决之办法，应在乎下列各端：（一）遵照国联九月三十日与十二月十日之两决议案，将驻扎所谓南满铁路附属地以外东三省各地方之日本军队，立即撤去；（二）中国制定并履行保护日本人民与其财产之一切合理条款；（三）恢复中国东北政权，由中国政府依法任命之官吏执行之；（四）公平解决日本侵犯东三省、天津、上海及中国其他各处之责任与赔偿问题。"①这四项意见，构成了南京国民政府解决东北问题和中日纠纷的根本原则。

中国代表处提交国联调查团的各项说帖，有几个显著特点。一是内容丰富。说帖几乎涵盖了中日争端的所有问题，是中国方面关于东北事件和中日纠纷问题的系统性陈述。这些说帖不仅对日本攻击中国的种种论调进行了回应，而且全面陈述了日本的不法行为，以及"九一八"事变后日本对中国的侵略情形，堪称揭露日本侵略的最全面和权威的文献。二是论证有力。中国代表处极为注重说帖内容的真实严谨。国联调查团来华前，顾维钧即要求说帖在编写时"叙列事实，务须力求真确，少加判断……关于损失部分所列数目，并须真确，尤当详列证据，以昭信实"②。照此要求，29 份说帖及其附件注重以调查得来的大量数据资料作为支撑，以具有法律意义的官方文书、条约作为陈述事实的基础，佐证资料十分丰富，有时还引用日方资料或文件来反证日本罪行，极具说服力。三是视角国际化。说帖善于从国际社会和列强的立场出发，以国际规则和外交准则来阐释中方对东北问题和中日争端的意见，以争取调查团和国际社会对中国的同情和支持。如总说帖详述日本的违法行为时重点阐述其如何违背《国联盟约》《非战公约》《九国条约》及国联行政院历次决议案，《关于中国努力开发东三省之说帖》表示中国愿将东三省向各国开放，《关于日本劫夺东三省担保外债盐税摊款之说帖》指出日本的行为损害国民政府履行信约之能力等。这也是"九一八"事变后南京国民政府将东北问题国际化，将解决东北问题的希望寄托于国际干涉的策略体现。

---

① 顾维钧编：《参与国际联合会调查委员会中国代表处说帖》，沈云龙主编：《近代中国史料丛刊续编》第四十九辑，第 27 页。

② 《顾维钧致张学良电》，1932 年 2 月 25 日，《国际联合会调查团（四）》，第 9 页，"外交部"档案，台北："国史馆"藏，020-990600-2078。

三、有利与无力：说帖对调查团的影响

国联调查团对中日冲突的调查以及报告书的撰写，并不仅仅依赖中日双方政府提供的说帖。调查团实地调查所获得的证据，各国在华外交官、传教士、商人等提供的第三方信息，以及调查团搜集和整理的中日两国的新闻报道、出版物等各类材料，共同构成了调查团了解事实、判定"九一八"事变和中日冲突真相的证据链条。

所有证据材料中，中日两国说帖作为正式的外交文书，代表了官方意见，受到调查团的高度重视。在调查团看来，说帖是"有价值之书面证据"[①]。报告书发表时，两国说帖作为附录内容被同时公布。在说帖的使用方式上，为显示不在中日间有所偏袒，调查团对两国说帖予以同等重视，使用时进行对比参照，而且"由此方面接到材料，即提示于彼方面，并使其有加以评论之机会"[②]。

调查团报告书在中日争端的某些问题上，并不支持中方说帖的立场和观点。如在抵制日货和经济绝交问题上，对于中方说帖对抵货运动的正当性的解释，报告书认为："中国代表之说帖，为本国关于经济绝交之立场辩护，对于此点，并未争论。但辩称'经济绝交……就大体而言，系依合法之方式而进行'。但调查团所得之证据，对于此说未能证实。"[③]在评语中，调查团称："中国政府宣称，经济绝交，为抵御强国武力侵略之合法武器，尤以在仲裁方法未经事先利用之事件为然……然单独对于某一国家之贸易，实行有组织之抵制，是否合于睦谊，或与条约义务不相抵触，乃成一国际法之问题，而不在调查团调查范围之内。但为举世各国之利益计，调查团希望此项问题，应及早加以讨论，并以国际协约加以规定。"[④]另外，在排外教育问题上，中方《关于日方所谓中国教科书内排外教育之说帖》认为对学生进行爱国主义教育是各国的通行做法。对此，调查团报告书也提出异议，认为在教育青年上，"民族主义之建设方面，似不如其破坏方面，能得较多之注意。试一翻阅各校课本，即使读者感觉著书之人，图以嫉恨之焰火燃烧爱国观念，又欲于仇害心理之上，建树人格。

① 中华民国国民政府外交部译：《国际联合会调查团报告书》，南京：中华民国国民政府外交部，1932年，第12页。
② 中华民国国民政府外交部译：《国际联合会调查团报告书》，第12页。
③ 中华民国国民政府外交部译：《国际联合会调查团报告书》，第193页。
④ 中华民国国民政府外交部译：《国际联合会调查团报告书》，第195页。

此种猛烈排外之宣传,初起于学校,继用之于社会生活上之各方面,其结果引诱学生参加政治活动,有时甚而发为攻击各部长及其他官吏之身体、家宅或衙署之行动,与推翻政府之企图。此种态度,既乏有效之内政改革,或国家程度之增进,以为之陪衬,徒各使国惊骇,对于现时藉为唯一保障之权利,更增不愿放弃之感"①。抵制日货和排外教育是日本指责中国的重要方面。日本不仅将其视为造成两国矛盾冲突的原因,而且宣扬这些问题也同样对列强构成威胁。在这两个问题上,调查团报告书的事实陈述和结论都倾向于日方观点。

但是在整体上,调查团给予中方说帖很高的评价,认为"中日两方都呈现了完美无缺、无可辩驳的陈词,各自展现了争端的一面",但是相较之下,中方陈词显得"更加无懈可击"。② 这些翔实有力的资料支撑,使得调查团在报告书的撰写以及核心问题的调查结论上相对客观公正。

第一,促成调查团报告书对中日争端的历史渊源和现实因素形成了较为全面的认识。1931 年 11 月日本在国联行政院第三期会议上主动提议派遣国联调查团时,宣称"目前满洲事件的起源并不仅仅是始于九月十八日",所以"从根本上解决问题的基本条件是对整个局势的真实了解,包括东北和中国本身"③,要求国联调查团的调查范围包括整个中国。这一提议的目的,是想证实中国国内混乱无序的状况,以及种种违背条约和侵害日本权益的行为,把"九一八"事变和中日冲突的原因归于中国。国联调查团在华期间,日本代表向调查团提交了大量资料,其中政府说帖有四件,分别为《中国之现状》《日本与满蒙之关系》《中日关于满蒙交涉之议定书》《"满洲国"之独立史及附件》,而《中国之现状》说帖中又附带了《支那的盗贼》《最近 10 年在支外国人被害表》《支那的共产主义运动》《支那的排外教育》《所谓"二十一条"现状》《违反重要的支那国条约及日支两国间交涉概要》《支那排外货运动》七个附件。④ 日本

---

① 中华民国国民政府外交部译:《国际联合会调查团报告书》,第 25 页。

② "The Ambassador in Japan(Grew) to the Secretary of State",July 16,1932,*FRUS*, The Far East, 1932, Vol. Ⅳ, p. 153.

③ "Minutes of the eighteenth meeting (public) of the sixty-fifth session of the Council", November 21, 1931, R1865, p. 2, League of Nations and united Nations Archives, Geneva.

④ 《斋藤外务大臣致驻间岛冈田总领事的函电(1932 年 6 月 10 日)》,张生主编,陈海懿、马海天编:《李顿调查团档案文献集·日本外务省藏档(二)》,第 310—311 页。

一直试图影响国联调查团的调查范围和调查主题,以期得到有利于自己的结果。但是随着调查的深入,调查团意识到:"现在冲突中之问题,并不如寻常所拟议者之简单。此项问题实属异常复杂,而惟深悉一切事实及其历史背景者,始足以表示一正确之意见。"[①]中国提交的29份说帖和大量附件,详细揭露了日本对中国的种种不法行为和侵略行径,系统陈述了中国方面对中日争端的认识与观点,对于国联调查团突破日本引导,全面了解和认识中日争端的历史渊源和现实因素具有重要意义。调查团报告书前两章即全面梳理了近代中国的变迁,以及东北与中日两国的关系问题,并且表示从历史、地理上看,"东三省向来为中国之一部,此则中国及列国所公认。中国政府当地法律上之主权,亦从未发生疑问"[②]。东三省主权归于中国的主张,确立了解决东北问题的重要前提。

第二,促使调查团报告书在"九一八"事变和伪满洲国两个关键问题上得出了较为公正和客观的结论。"九一八"事变是中日冲突和国联调查的核心问题。调查团在东北期间,日本和伪满洲国一方面设置种种障碍,限制调查团的实地调查,另一方面千方百计制造伪证,试图向调查团证明"九一八"事变出于"正当防卫"和伪满洲国的产生具有"合法性"。这种情况下,中方说帖中提供的关于"九一八"事变和伪满洲国的大量书面证据材料,无疑对调查团了解事实真相起到很大的作用。调查团报告书发表后,日本曾提出意见书,批评报告书过于采信中方资料,并对"日本政府提供的相关资料,而且出处确凿的各种情报被忽略或者无视"感到不满。[③] 日方意见书也聚焦于"九一八"事变和伪满洲国问题,认为报告书在叙述"九一八"事变时,"以《日本的说明》为题摘要采用了6节(第67—69页)",但是"此摘要脱漏了许多重要的细节",而中方的说明虽然也是通过摘要形式采用,但其都与"后面的一些论断"等重要问题有关;[④]在伪满洲国问题上,"报告书单方面采纳支那备忘录中的诬言……但事

---

①　中华民国国民政府外交部译:《国际联合会调查团报告书》,第207页。

②　中华民国国民政府外交部译:《国际联合会调查团报告书》,第59页。

③　《帝国政府对国际联盟中国调查委员会报告书之意见书》,张生主编,陈海懿、马海天编《李顿调查团档案文献集・日本外务省藏档(一)》,第360页。

④　《帝国政府对国际联盟中国调查委员会报告书之意见书》,张生主编,陈海懿、马海天编:《李顿调查团档案文献集・日本外务省藏档(一)》,第377页。

实恰好相反"①。日方对于《李顿调查团报告书》的批评,从侧面反映了中方说帖对《李顿调查团报告书》的影响。最终,《李顿调查团报告书》对"九一八"事变和伪满洲国两个问题形成如下结论:(一)日军在"九一八"事变时的军事行动,"不能认为合法之自卫手段"②;(二)"满洲国"政权"不能认为由真正的及自然的独立运动所产生"③。虽然报告书并未将此事件明确定性为"侵略",但是日军对东北的侵略事实,已经昭然若揭。正是在这两个关键问题上的结论,给予中方公理和道德上的最大支持,使中国赢得了国际社会的同情。这也是日本对报告书深感不满并最终退出国联的主要原因。

第二节　社会各界呈文的提交及民意的表达

一、唤起民众:呈文的产生及构成

国联调查团来华后,外交部鉴于"我国民众自沪案起后,对于东省事件渐乏注意,而日人则在此时期唆使东省叛逆,组织傀儡政府,行动日益加厉",感到应"唤起民众,继续力争,藉表民意"。1932 年 3 月 19 日,中国驻国联代表颜惠庆因各大国对伪满洲国态度含混,加之日方宣传"伪满的成立系出于东北人民意愿",对中国殊为不利,遂致电外交部,希望发动民众团体,向国联表示民意。外交部分别致电张学良和中央宣传委员会,请其"密示东北及各地民众团体继续作反对运动"。中央宣传委员会则电令各省市国民党党部,切实指导民众团体,进行反对伪满洲国的宣传,并转函中央民众运动指导委员会制定具体办法。④

由于南京国民政府的推动,加之"九一八"事变后民族危机的刺激,中国各界对于调查团的来华做出热烈的回应。调查团行经上海、杭州、南京、汉口、北平等关内各地之时,各界团体和个人或在拜谒时面交,或通过政府各部门以及

---

① 《帝国政府对国际联盟中国调查委员会报告书之意见书》,张生主编,陈海懿、马海天编:《李顿调查团档案文献集·日本外务省藏档(一)》,第 385 页。
② 中华民国国民政府外交部译:《国际联合会调查团报告书》,第 112 页。
③ 中华民国国民政府外交部译:《国际联合会调查团报告书》,第 155 页。
④ 《外交部关于九一八事变后与日交涉情况的报告(1931 年 9 月—1932 年 9 月)》,中国第二历史档案馆编:《中华民国史档案资料汇编》第五辑第一编外交(一),第 406 页。

中国代表顾维钧转致,向调查团呈递了大量的电报、快邮代电和信函,谴责日本对东北的侵略,要求国联主持公道,表达收回东北主权、确保永久和平的诉求。其中纳入调查团研究报告统计范围者有 350 多件。

调查团到东北后,日本和伪满洲国方面为掩盖事件真相,竭力限制调查团与东北民众的接触,"任何华人不经日警之许可,不能行近调查团所居之寓所"①。对于随行的中国代表顾维钧及工作人员,日、伪方面的限制和监视尤为严重,其下榻旅馆附近"侦探四布,状极奇离","住房外常有六七人轮值。虽至饭厅或至他室,亦必尾随,出门散步,更不必言……卧房时被侵入,彼此谈话,有时且被干涉"②。和调查团或者中方人员接触的东北民众动辄遭到逮捕,"在沈阳有张某者,因往访我顾问端纳,即被日警拘去,又有齐某,因访随员顾执中,亦被日警拘去。以此类推,则来访(顾)维钧及其他人员被拘者不知若干人。其来访被拒或徘徊不敢入内者,又不知若干人矣"③。但是日、伪的威逼和恐吓手段没有吓倒东北民众,他们冲破阻挠与限制,以各种方式给调查团发电、致书和投函,"陈述其自身所受日人蹂躏之痛苦,及其对于事变前后所见之事实"④。在一个半月的调查中,调查团收到的东北各地民众来信和各团体的陈情书、请愿书等各类呈文,数量高达 1 550 余件。国民党在东北的党务机构为广泛发动民众和表示民意,甚至干脆自己写成呈文,然后"利用民众团体名义,分函呼吁,先后共达二八六件"⑤。

除了国内各界民众,散居世界各地的华人华侨在国联调查团来华后,亦纷纷致电表示欢迎,并揭露日本侵略中国的阴谋,要求日本撤兵和赔偿。海外中国人的函电与国内各界的电报、书信互相补充,反映了国人的意见与诉求,构成了致调查团呈文的重要部分。

---

① 《东北调查报告》,参与国际委员会调查团中国代表处:《参与国联东案调查委员会概要》上册,南京:参与国际委员会调查团中国代表处,发行时间不详,第 6 页。

② 《张学良致罗文干电》,1932 年 4 月 29 日,《沈阳事变(二)》,第 44 页,蒋中正"总统"文物,台北:"国史馆"藏,002-080103-00012-005。

③ 《东北调查报告》,参与国际委员会调查团中国代表处:《参与国联东案调查委员会概要》上册,第 14 页。

④ 《东北调查报告》,参与国际委员会调查团中国代表处:《参与国联东案调查委员会概要》上册,第 18 页。

⑤ 《为东北党务报告纪要上吴铁城呈》,1941 年 8 月 23 日,特种档案,台北:中国国民党文化传播委员会党史馆藏,特 33/4.13。

国联调查团结束在东北的调查后,于 6 月 5 日返回北平,"整理所得材料,拟着手编纂报告书"①。出于对中方各界呈文的重视,调查团专门指派华人秘书吴秀峰和顾问莫斯(G. S. Moss)负责翻译和研究工作。因呈文数量过于庞大,调查团不得不请顾维钧在北平代为寻觅翻译和打字人员作为帮手。②顾维钧为其聘请了多名大学教授和外交部工作人员,并在北平旧外交大楼辟出三间大房,作为调查团整理资料之用。③ 由于时间紧张加之任务繁重,除了部分重要呈文全文逐译,大部分呈文采取了简要翻译的方式。经过 12 天的紧张工作,呈文翻译得以完成。吴秀峰和莫斯又对呈文加以分析并撰写研究报告,提交给调查团。其中海外华侨和关内各界的呈文报告由吴秀峰主笔;而东北各界呈文的研究报告则由吴秀峰和莫斯协力完成,前者负责团体和民众的自发来信,后者负责正式会谈时收到的团体陈情书和请愿书。④ 经由这一系列研究报告,中方各界呈文内表达的汹涌民意得以展现在国联调查团面前。

二、展现民意:呈文的主要内容

(一) 海外中国人电报

海外中国人虽与祖国相隔万水千山,却血脉相连、息息相通。"九一八"事变后不久,各地华人华侨就不断致电南京国民政府,要求其采取强硬的抵抗政策,"武力收回失地""长期抵抗""制止内战"。⑤ 调查团抵达上海前后,各地华人华侨组织又纷纷致电,表示诚恳之欢迎,"计有代表二十万华侨之泗水各团体,代表四万九千六百四十五人之望加锡华侨各团体,代表六十个分会之坎拿大中国国民联合会,以及温哥华中国商会、美尔钵中华公会等"。⑥

---

① 《招待国联调查团报告》,《国际联合会调查团(二)》,第 27 页,"外交部"档案,台北:"国史馆"藏,020-990600-2076。

② 《顾维钧致王广圻电》,1932 年 5 月 31 日,《国际联合会调查委员会中国代表处来往电报(一)》,第 27 页,"外交部"档案,台北:"国史馆"藏,020-990600-2055。

③ 《招待国联调查团报告》,《国际联合会调查团(二)》,第 27 页,"外交部"档案,台北:"国史馆"藏,020-990600-2076。

④ "To the Secretary-General of the League Commission of Inquiry, Peiping", June 18, 1932, S40—No. 14, p. 1, League of Nations and United Nations Archives, Geneva.

⑤ 陈刚文:《一年来之华侨概况》,《南洋情报》第 1 卷第 4 期,1933 年 1 月 1 日。

⑥ 《国联调查团昨已抵沪,各界代表均至码头热烈欢迎,希望秉公调查暴日侵华真相》,《中央日报》1932 年 3 月 15 日,第 2 版。

　　夏威夷檀香山中国商会和华人联合会致电国联调查团,表示夏威夷华人相信调查团有足够能力公正调查中日冲突,恢复并维持远东地区的永久和平。① 加拿大维多利亚市华侨拒日救国会在给调查团的电报中,希望调查团立即采取措施制止日军在上海和东北的倒行逆施,并向国联提交报告,抑制日本的侵华野心。② 在海外中国人聚集数量最多的荷属东印度群岛,当地国民党海外支部和华侨商会等组织也致电调查团,表示对伪满洲国的反对。电报指出:"日本利用前清废帝,唆使民族叛逆,欺骗公众舆论,扶植'满洲国'傀儡政权,以达最终吞并东北之目的。此种反华之阴谋,为世界历史所罕见。东北为中国之一部分,全体中国人强烈反对此种傀儡组织。"③菲律宾三宝颜的华人团体在电报中表达了海外华人对调查团的共同诉求:"我们渴望永久和平,要求日本停止敌对和破坏行为,从我们的所有领土上迅速和永久地撤出军队,并赔偿因肆意侵略给中外带来的生命财产损失。我们所要求者,是一个主权国家的基本权利,为国际公法和国际条约所保障。"④

　　整体来看,海外中国人的电报主要是向调查团揭露日本侵略东北的阴谋,指出伪满洲国是日本人一手扶植的傀儡政权,希望调查团提请各国政府拒绝承认伪满,遵守《国联盟约》、《九国条约》和《非战公约》,要求日本从东北撤出军队,恢复"九一八"事变之前的状态,并赔偿"九一八"事变给中方造成的损失。⑤

---

　　①　"Telagramme from the United Chinese Society and Chinese Chamber of Commerce of Honolulu", March 16, 1932, S41—No. 5, League of Nations and United Nations Archives, Geneva.

　　②　"Telegramme from China Salvation Bureau Vicritia", March 21, 1932, S41—No. 5, League of Nations and United Nations Archives, Geneva.

　　③　"Telegramme from Kuomintang Headquarters Netherlands India Chamber of Commerce and various overseas Chinese society", March 26, 1932, S41—No. 5, League of Nations and United Nations Archives, Geneva.

　　④　"Telegramme from Chinese Educational Association in Zamboanga", March 28, 1932, S41—No. 5, League of Nations and United Nations Archives, Geneva.

　　⑤　"Rapport sur les 61 telegrammes adresses à la Commission par les organisations Chinoises à l'etranger", S41—No. 5, pp. 1 - 2, League of Nations and United Nations Archives, Geneva.

海外中国人所发电报分析表

国家（地区）	发报组织数量/个	电报数量/封	代表的海外中国人数量①/人
美国	2	1	85 000
澳大利亚	3	3	45 000
英属婆罗洲和马来半岛	4	4	2 000 000
缅甸	5	5	345 000
加拿大	6	7	45 000
古巴和西印度群岛	2	2	85 000
夏威夷	9	4	30 000
荷属东印度群岛	29	8	2 800 000
印度	2	2	200 000
暹罗	7	6	2 500 000
法属印度支那	7	5	850 000
菲律宾	7	7	84 000
南非、马达加斯加和毛里求斯	7	7	17 600
总计	90	61	9 086 600

资料来源：Rapport sur les 61 telegrammes adresses à la Commission par les organisations Chinoises à l'etranger", S41—No. 5, League of Nations and United Nations Archives, Geneva。

国联调查团在研究海外中国人电报时，曾发现一个有趣的现象：在这些电报中，找不到从欧洲或日本发出者。对此，吴秀峰的解释是：在欧洲的大多数中国人都是临时移民——学生，他们缺乏发电报的经济基础；至于在日本的中国人，他们向调查团发送反日电报是非常困难的，事实上，他们以另一种方式表达了自身的观点，自中日冲突以来，许多在日本的中国人特别是留学生自发

① 各地海外中国人数，取自南京国民政府中央侨务委员会 1931 年 3 月编制的最新官方统计数据。该数据发表在 1931 年 4 月出版的《中央侨务月刊》上。此外调查团还参酌了何汉文《华侨概况》一书（神州国光社 1931 年出版）。参见 "Rapport sur les 61 telegrammes adresses à la Commission par les organisations Chinoises à l'etranger", S41—No. 5, League of Nations and United Nations Archives, Geneva.

地回国,以示抗议。由此观之,海外中国人在欧洲、日本等地的沉默,并不意味着他们对祖国的重大危机漠不关心,毫无疑问,他们和其他同胞持有同样的观点。最终,调查团对于海外中国人电报得出如下结论:"这 61 封电报表达了 9 086 600 名中国海外移民的意见,占全世界中国海外移民的 67.6%。实际上,这也是来自全世界各地中国移民的意见。"①

(二) 关内各界呈文

关内各界虽然暂时远离东北战火,却深为民族危亡的形势所刺激,并对沦陷区东北同胞的苦难感同身受。调查团在上海、南京和北平等地调查时,各界团体和民众纷纷致电投书,希望国联和国际社会介入中日纠纷,解决两国冲突问题,确保永久和平。这些呈文大多数都是各地的党政机构和民众团体发出,且多为具名。

根据国联调查团的统计,这些呈文的数量为 350 多封。实际上因为研究报告的截止时间是 6 月中旬,未及统计 7、8 月呈递的大量信函,故其总数远不止于此。从呈文的发送团体和地理分布来看,分别是来自 5 个省的 38 个政府机构,13 个省的 79 个国民党党部,11 个省的 44 个抗日救国会,18 个省的 85 个商会,13 个省的 145 个工会,10 个省的 74 个同业公会,15 个省的 73 个农会,10 个省的 23 个妇女协进会,16 个省的 159 个教育会,6 个省的 53 所学校,8 个省的 10 个学生自治会,3 个省的 5 个学会,4 个省的 9 个新闻记者联合会,11 个省的 7 个欢迎国联调查团筹备会,以及来自 10 个省的 32 个其他团体。②

从统计数据来看,关内呈文的发送组织,以各地的国民党党务机构、抗日救国会、工会、农会、商会和教育会为主,分布区域则集中于浙江、江苏、湖南、江西、山东、河南、河北等地。这些省份也是南京国民政府和张学良可以有效控制或施加影响的地区。这一现象,在某种程度上可视作呈文的递送受到政府推动的一个注脚。但不能忽视的是,这些地区也多是国联调查团在关内调

---

① "Rapport sur les 61 telegrammes adresses à la Commission par les organisations Chinoises à l'etranger", S41—No. 5, p. 7, League of Nations and United Nations Archives, Geneva.

② "Rapport sur les 350 lettres adresses à la Commission par les organisations Chinoises jusqu's au 19 Juillet", S38, p. 1, League of Nations and United Nations Archives, Geneva.

查时的行经之地，说明调查团的到来，对当地党政机构和各界民众团体递交呈文的意愿形成了刺激。

国民党党部、党务指导委员会和党务整理委员会是关内各界递交呈文的重要力量。陆军第 74 师特别党部致电欢迎国联调查团，表示调查团"负国联之重托，膺和平之大任，适于危机待发之际，远涉重洋，莅沪调查。全球人士切于属望，敝国民众尤为欢迎。盖公理之能否存在，正义之有无保障，人类文化是否将为暴力所摧残，世界和平能否将为日本而破坏，贵团之行，实负全责。尚望秉公彻查，详实报告，俾国联凭以裁判，举世知所曲直。庶集全世之力以制裁暴日"①。河南省党务执行委员会在来电中控诉日本侵略行径，指出"东邻日本，蛮横性成，乘我不备，突然称兵，既占我东省，复扰我沪滨。国联本其应尽之职责，曾一再决议限期撤兵，惟日本肺腑别具，充耳不闻，目国联决议案如废纸，视《九国公约》若具文，骄纵恣肆，雄视世界，横行东亚，侵沪日军尚未全撤，又复增兵东省，近更劫夺海关税收，承认自造之傀儡组织，封豕长蛇，与日俱厉。此种背理灭信行为，不惟危害中国领土行政之完整，亦且违反国际盟约之神圣与尊严，破坏世界永久之和平"，希望调查团"将调查所得事实详报国联，以便举行大会时根据公正报告，采取有效制裁"。② 江西省鄱阳县党务整理委员会在代电中，除希望调查团公正调查并报告国联外，严正表明了中国人民抵抗侵略的决心，称："不然，则中华民族惟有取自卫手段，继续抵抗，头可断，家可毁，尺地寸土不可失！"③

各地的抗日救国会、工会、农会、商会、教育会等社会团体，是呈文的绝对主力。九江各界救国会在代电中揭露日本侵华蓄谋已久："田中奏折中且谓'欲征服支那，必先征服满蒙，欲征服世界，必先征服支那'，日本对满蒙、对中国以至于对世界之野心，从此数语中赤裸裸暴露无遗。"呈文同时反驳了日本对中国的种种污蔑和不实宣传："吾人试以日本现在之人口与土地作一统计，则所谓满蒙生命线是否有成立之根据，乃不容辩论之问题。中国非数十年前

---

① 《陆军第七十四师特别党部筹备委员会致国联调查团电》，1932 年 3 月 21 日，S38，League of Nations and United Nations Archives，Geneva。

② 《河南省党务指导委员会致国联调查团电》，1932 年 7 月 13 日，S38，League of Nations and United Nations Archives，Geneva。

③ 《江西省鄱阳县党务整理委员会致国联调查团代电》，1932 年 4 月 9 日，S38，League of Nations and United Nations Archives，Geneva。

之中国,中国人民反抗日本之行为,乃日本对华加紧压迫侵略之结果……各友邦在华之合法权益,中国从未加以蔑视。而日本竟谓为'无组织之国家',此种侮辱友邦所发之狂言,除欲侵略中国外,实无其他理由。"①河北省濮阳县农会、工会、商会、教育会、妇女生活改进会等团体在致调查团的代电中,贡献了三点意见:(一)自"九一八"事变发生后,日本先占我东三省,后又进兵上海,虽然国联屡次决议撤兵,而日本悍然不顾,此种行为,既是侵占中国领土,也是挑战国联,事实俱在,不容狡辩;(二)日本在调查团来华前,强迫成立傀儡政府,试图蒙蔽国际视听,请调查团迅速报告国联;(三)中国民众决不承认日本由暴力威逼所造成的一切事实及协定,即使国联不对日本予以正当制裁,中国民众也会以铁血精神做政府后盾,与日本长期斗争,宁为玉碎,不为瓦全。②

　　除团体呈文之外,还有少数个人呈文。上海商人李见三致函李顿,陈述其弟李圣侠在回寓所途中被日本水兵无理捕去,从此毫无音讯、生死未卜之事。李见三信中声明其弟身份为商号经理,被捕区域在公共租界,并附上兄弟二人合照,恳请李顿及调查团予以同情的援助,制止日军的暴行。③署名"中华民族一平民——张圯上"的信函则以长篇文字向调查团陈述了中国现有领土版图的由来,驳斥日本"东北并非中国领土"的谬论。信中宣称,中华民族一向热爱和平与正义,但在遭遇外来侵略、忍无可忍之时,则会投袂奋起,不顾惜任何牺牲,伪满洲国破坏中国统一,中国人民决不能容忍。④个人呈文中也有个别社会名流列名其间。中国国联同志会主席熊希龄致电国联调查团,说明东北在日人占据之下,"官吏俱失其自由,所有表现尽由日人策动……有名之绅士等亦早经来平"。电报提醒调查团在东北实地调查时,"最好避开日人,而询诸一般普通民众商人等,当较为翔实可信",并希望国联"以最大的精神压迫,不

---

① 《九江各界救国会致国联调查团代电》,S38,League of Nations and United Nations Archives,Geneva。

② 《河北省濮阳县农会等团体致国联调查团代电》,S38,League of Nations and United Nations Archives, Geneva。

③ 《李见三致国联调查团函》,1932 年 3 月 16 日,S39,League of Nations and United Nations Archives, Geneva。

④ 《张圯上致国联调查团函》,1932 年 3 月 20 日,S39,League of Nations and United Nations Archives, Geneva。

用武力,使日本将东省驻兵撤退,将东省还诸中国。否则,中国惟有一战或抵制日货,以与奋斗到底"。① 已投闲置散数年的吴佩孚以"大中华民国孚威上将军"的名义致书日本天皇,并将其抄送给调查团。函中指出:"中国连年天灾人祸,已苦民不堪命,乃贵国不顾救灾恤邻之义,转利用之以大展其兵精器锐之威,是固中国之不幸,抑亦岂日本之福哉?"他以"平民之立场,迫于良心之使命",从日本角度总结了侵占东北的借口:一是日本物产匮乏,视得东北为日本存活之必需;二是日本明治维新以来人口激增,只得向东北殖民;三是日本自认以巨大代价从俄国手中夺得东北,希望有所补偿;四是防范苏联势力。吴佩孚逐一分析这些理由,认为均不能成立,日本如为本国利益而侵占中国东北,不仅会与中国结为"不解之仇,致以国力相拼",而且在国际上也会自陷孤立,重蹈德皇威廉二世之覆辙,所以"贵国今日之事,虽胜犹败也"。他规劝天皇果断采取措施,恢复中日和平,万务"逞一时之雄,而贻百年之祸"。②

关内各界呈文多由各地党政机关和社会各界团体发出,大多文辞雅训,语句得体,但其蕴含的挽救危亡的爱国热情和反对侵略的坚定态度,还是给国联调查团留下深刻印象。在呈文研究报告中,国联调查团认为,呈文是由中国各省、各主要行业和社会阶层的组织寄给调查团的,反映了中国人民的真实意见:他们呼吁国联维护和平与正义,呼吁调查团向日内瓦提交一份公正的报告;关于收回东北,"中国人民将知道如何利用自己的物质力量来实现这一目标"③,为此将不计牺牲,宁为玉碎,不为瓦全。④

① 《熊希龄致国联调查团电》,1932 年 3 月 29 日,S38,League of Nations and United Nations Archives,Geneva。

② 《吴佩孚致国联调查团函》,1932 年 8 月 23 日,S39,League of Nations and United Nations Archives,Geneva。

③ "Rapport sur les 350 lettres adresses à la Commission par les organisations Chinoises jusqu's au 19 Juillet",S38,p. 41,League of Nations and United Nations Archives,Geneva.

④ "Rapport sur les 350 lettres adresses à la Commission par les organisations Chinoises jusqu's au 19 Juillet",S38,League of Nations and United Nations Archives,Geneva.

（三）东北各界呈文

1. 各地民众自发来信和请愿书

调查团在东北实地调查期间，由于日本和伪满洲国的封锁，东北民众不能接触调查团，却仍设法以各种方式呈递了大量的信件和文书：在调查团外出时将呈文扔进其乘坐的汽车内，邮寄或者请人代送到调查团下榻的旅馆，寄给在北平的朋友然后请其转交给调查团，等等。绝大多数信件和请愿书都寄给了调查团所调查的城市——尤其是沈阳——的外国领事馆。与调查团在关内收到的呈文不同，东北各界的"大多数信件都是由农民、小商人、工人和学童写给委员会的，而且他们自己也是日本人的受害者"。①

部分呈文向调查团指出，日本侵华蓄谋已久，"九一八"事变并非偶然事件。黑龙江省滨江市、哈尔滨市工商市民代表郭维城等人在信中揭露了日本的大陆政策："日本之抱侵略中国之主义也，为该国数十年来之传统政策，其目的为实现其帝国主义之大陆政策。所谓大陆政策者，先吞并朝鲜，业经成功。故侵占东三省，达到目的以后，再进而侵占华北。然后，更拟吞并中国全部，以造成亚洲唯一大帝国。其后，更进谋征服六大洲，独雄世界。"信中称，日本之野心，在《田中奏折》、"九一八"事变后日本当局的言论，以及最近关东军司令官本庄繁对马占山"日本无论如何绝不放弃满洲，因满洲为天富之国，日本取得后凭其富源，对世界任何国家无所不惧"的表示中，都可以得到印证。所以，日本侵占东三省，不仅中国遭受损失，世界各国胥蒙其害，中日两国之事件实为全世界的重大问题。② 救国同志会则在来信中分析了"九一八"事变发生的近因：万宝山案和朝鲜仇杀华侨案、中村案，指出这些事件无论是偶然发生，还是有意制造，都成为日本鼓动侵略舆论的借口。③

不少呈文虽然无从知晓"九一八"当晚在柳条湖发生的事件内幕，但仍对

---

① "Rapport sur les 1 550 lettres et pétitions à la Commission d'Enquête de la Société des Nations par la population Chinoise des Trois Provinces du Nord-Est, surport par l'intermédiare des consulats étrangers", S40—No. 13, p. 1, League of Nations and United Nations Archives, Geneva.

② 《滨江市、哈尔滨市工商市民代表郭维城等致国联调查团函》，1932 年 5 月 8 日，S36，League of Nations and United Nations Archives, Geneva。

③ 《救国同志会致国联调查团函》，1932 年 4 月 8 日，S40，League of Nations and United Nations Archives, Geneva。

日人诬陷中国军队炸毁南满铁路的谣言提出质疑,并力图还原"九一八"事变真相。有民众给调查团寄去 1931 年 10 月 26 日出版的天津《大公报》,报上登载了日本帝国大学教授横田喜三郎质疑军部的言论,内称:"中日冲突发生,基于铁路之破坏。据确实消息,所破坏之铁道不过二米突,其时间为九月十八日下午十点三十分,仅有六时半之时间。其占领地点,北抵宽城子(十九日午前四十四分),南至营口(同日五时),此果为自卫权乎?"①署名"国民一份子梁真"的来信指出:"日人借口东北军破坏南满铁路,是以出兵保护云云。实则日本守备队保护铁路十分周密,铁路上禁止行人,如有误行其上,十有八九被其枪杀,不然,亦被拘去拷打,何能有人在上埋藏炸药,轰毁铁路?"②康公正目睹了日军对沈阳城的占领过程,在来信中称:"苟果系中国人拆其铁路,伊自能以正大光明之理由与我交涉,决不致占我各处,且如彼③此之神速,是事前有计划、有准备可知也。观其入城后之竹梯遍城墙,是决非短时间所制成,且如此其多也。"④

大量来信披露了日本扶植成立"满洲国"的内幕:"九一八"事变后,日本人乘地方纷乱之际,迫使一些中国人成立所谓地方维持会。其后盗匪横行,情形愈加严峻,日本人被迫任命曾被其逮捕监禁的臧式毅组织新政府,并成立所谓自治指导部,筹备建立"满洲国"。为加速"满洲国"的建立,日本人在天津诱劫了溥仪,逼迫其就任"满洲国""执政",定年号为"大同"。安达、呼兰等六县民众致调查团的请愿书中,点明了伪满洲国主要头面人物与日本的复杂关系:"伪满洲国执政虽系满人,此次出山,确被日人再三强迫拉出。臧式毅受日人拘留一月有余,始出而就职。张景惠之服从伪国,亦非素志。此数人者,如果有意建国,岂待日人强拉或拘禁? 至赵欣伯,素为日人所豢养,鲍观澄为泄愤而复仇,熙洽之为此,亦属不得已。"⑤哈尔滨商民来信则呈现了民众被迫参加

① 《十月廿六日天津大公报第四版——快读这篇日本人的公理与良心讲演》,S36,League of Nations and United Nations Archives,Geneva。

② 《国民一份子梁真致国联调查团函》,S40,League of Nations and United Nations Archives,Geneva。

③ 原文如此,疑为"且彼如此之神速"之误。

④ 《康公正致国联调查团函》,S39,League of Nations and United Nations Archives,Geneva。

⑤ 《安达、明水、拜泉、肇东、呼兰、林甸六县市民大会请愿书》,1932 年 5 月 16 日,S36,League of Nations and United Nations Archives,Geneva。

伪满洲国建国大会的生动场景："在三月九日开建国庆祝大会的时期,商民之到场者,皆系强迫,而后在街上游行之时,无不窃骂。即在礼场中讲坛上,在讲演之最后,欲邀民众之赞同的表示,司仪员乃高唱三呼'满洲国万岁'之口号以导之,但台下的民众无一应者。各街张贴之标语,均被撕毁。即今贵团到哈之前之三日,沿街张贴为建立'满洲国'之种种标语,未经一日夜,又均被撕毁。而我卖国贼为掩贵团的眼光计,急派人将撕破者完全刷去,更易以木制的。就以上各项情形观之,足证实建立'满洲国'绝非民众的自决。"①东北民众抗日救国团宣传部则在信中向代表团阐析伪满洲国的名不副实,内称:"既名国家,须有土地、人民、主权,三者缺一,即难成立。此次日本所谓的满州伪国,既占中国之土地,复迫中国之人民,而一切主权,又皆出自日人之手,其土地何有?人民何在?似此空洞之国家,虽蒙童知其不可,若明哲视之,亦不过嗤其仅有'满州国'三字而已。"②

还有一些呈文向调查团反映了日本欺骗调查团和世界舆论的手段:收买中国无赖举行亲日的集会游行,并拍照和录像,送到各处放演;乘调查团到站之际,令本国侨民冒充中国民众前往欢迎;强迫农商各界向调查团呈递请愿书,赞成"满洲国";等等。③

此外,在数以千计的自发来信中,东北民众还揭露了日本人如何收买土匪,煽动在东北的朝鲜人扰乱秩序与和平,以作为军事占领东北的借口;如何迫使东北官员与其合作,攫夺东北的政治和行政权利,控制东北财政,垄断东北贸易,占据铁路与矿山;如何囚禁中国名人并没收其财产,强租强卖土地,压迫农民;如何压制思想自由,欺骗公众舆论,实行奴化教育;如何控制"满洲国"军警;如何镇压中国人反抗;等等。部分来信分析了"九一八"事变给中国造成的损失,以及日本占领东北对中国经济的影响,表示中国人民永远不会承认日

① 《哈尔滨商民来信》,S36,League of Nations and United Nations Archives,Geneva。

② 《东北民众抗日救国团宣传部来信》,S36,League of Nations and United Nations Archives,Geneva。

③ "Rapport sur les 1 550 lettres et pétitions à la Commission d'Enquête de la Société des Nations par la population Chinoise des Trois Provinces du Nord-Est, surport par l'intermédiare des consulats étrangers",S40—No. 13,pp. 14 - 15,League of Nations and United Nations Archives,Geneva.

本强加的契约,东三省人民将对日本侵略和伪满洲国政权抵抗到底。①

东北民众身受亡国之痛,被激起了强烈的爱国心和民族认同感。很多底层民众文化水平不高,撰写的呈文语句尚且不通,但体现出的民族大义却毫不含糊。一位名叫张敢言的农民陈述了其在日本统治下生活的困苦:"我是中国一个贫穷的种菜农人,在哈种菜多年,全家很可太平度日。我中国的东三省,早先是很太平、很富足的宝地。自从日本盗贼行为的强占东北以来,地方被其蹂躏,经济破产,商工业停顿,人民被逼无路,焉能不流为乞丐、盗匪?连我这个穷种菜人,现在的生活即不能维持,痛思这都是日本所赐,中国人均要永不忘的。凡是日本铁蹄所到的地方,无不被其惨杀、抢掠、焚烧。更甚者,日本军人遂意私人民户,奸淫妇女,无故逮捕人民,加以杀害,种种兽行,不胜枚举。日本人假借民意,成立伪国,以掩其丑行。这一个不知耻的'满洲国',实不是中国东三省老百姓的本意,确是日本人的鬼计。"②沈阳铁匠侯强在来信中说:"我现在很忙,因为钉掌之故。我告诉你,我第一个就是不承认'满洲国'是我们所立的,我还不知道有这一个'国家'成立。在奉,我只听人说,日本把光绪[宣统]拿来,强迫我们立的。第二个,我受的苦太多了。自从事变,我的铁炉每天黑天白日一齐忙,结果我的妇人孩子几乎没饭吃。所有的(原因)就是日本人的兵,每天三十、二十的来,拉了马,迫我给钉掌。走(的时候),我们连声也不敢响。咳!日本把我倾[害]苦了,无故任意强奸、烧杀、强夺人民。我看他也不是人类之中的一种,如若是人类,不能做出人说不出的奸强等恶事来。"③署名"弱小的民人天心"的民众则在信宣称:"我不承认是'满洲国'的人,我是中国人。不但我是这样,就是我们东三省的人民都不承认是'满洲国'的人,都是中国人。打倒'满洲国'!打倒!打倒!"④呈文当中,署名为"中国

① "Rapport sur les 1 550 lettres et pétitions à la Commission d'Enquête de la Société des Nations par la population Chinoise des Trois Provinces du Nord-Est, surport par l'intermédiare des consulats étrangers", S40—No. 13, pp. 6 - 16, League of Nations and United Nations Archives, Geneva.

② 《中国农人张敢言来信》, S36, League of Nations and United Nations Archives, Geneva。

③ 《奉天铁匠侯强来信》, S40, League of Nations and United Nations Archives, Geneva。

④ 《弱小的民人天心来信》, S40, League of Nations and United Nations Archives, Geneva。

人""中国国民""中国市民""中国民众""中华民众""中华人民"的信件比比皆是，其朴素的爱国热忱跃然纸上。

据国联调查团的统计，总共 1 550 封的东北民众信件和请愿书中，除了 2 封之外，全都公开或暗示反对伪满洲国和日本。① 由此，调查团认为："在我们看来，鉴于上述事实，调查团很难——如果不是不可能的话——得出结论：像日本告诉世界的那样，'满洲国'是按照人民自决的原则，由东北三千万中国人创造出来或是他们想要的。"②

2. 日、伪引荐团体递交的陈情书与请愿书

调查团在东北调查期间，日本和伪满洲国也引荐了一些民众团体与调查团会晤，除此之外，禁止任何团体和个人私自接近调查团。这些团体主要有奉天市商会工会、朝鲜农民代表团、"满洲国"报界联合会、南满线全区商会联合会、"新京"农工商教育会、蒙古人代表团、"满洲国"民众协会、"蒙古自治筹备会"、满蒙青年同盟会、辽西慈善联合会等，③"其为日人所威吓利诱、秘密指使，毫无疑义"④。会晤中，这些所谓民众团体也向调查团呈递了陈情书和请愿书。

日、伪引荐的民众团体呈文的内容，主要是控诉张作霖、张学良父子在东北的统治，赞美"满洲国"的新政，并表示"新国家"得到民众拥戴。"蒙古自治筹备委员会"在给调查团的陈情书中表示，"蒙古为数千年屹然独立之民族，备具土地、人民、语文、政教等立国要素"，诬称中华民国成立后，"我蒙古民族不惟无生存发达之希望，将并我数千年来之民族亦不可得而保存矣"，并列举所

---

① "Rapport sur les 1 550 lettres et pétitions à la Commission d'Enquête de la Société des Nations par la population Chinoise des Trois Provinces du Nord-Est, surport par l'intermédiare des consulats étrangers", S40—No. 13, p. 17, League of Nations and United Nations Archives, Geneva.

② "Rapport sur les 1 550 lettres et pétitions à la Commission d'Enquête de la Société des Nations par la population Chinoise des Trois Provinces du Nord-Est, surport par l'intermédiare des consulats étrangers", S40—No. 13, p. 18, League of Nations and United Nations Archives, Geneva.

③ "Index of translations of statement from delegations presented to the commission in Manchuria-handed to Mr. Moss by the secretariat", S41—No. 1, League of Nations and United Nations Archives, Geneva.

④ 《东北调查报告》，参与国际委员会调查团中国代表处：《参与国联东案调查委员会概要》上册，第 6 页。

谓二十年来军阀政权压迫蒙古族的情形：强制开放与侵占土地、以屯垦为名实行侵略、侵夺政权、经济剥削、愚民政策、愚弄王公、闲置武备、束缚言论、蹂躏人权等。陈情书宣称，蒙古人将本着三百年来满蒙合作之精神，与满洲人民一起联合建立"满洲新国"。① "君主立宪会"前会长文耀致函调查团，提出建立"满洲国"的六项理由：第一，国民党一党专制，而军阀盗匪横行，在精神和法理上已不能称中华民国为法治国家；第二，日本屡次请求解决满洲悬案，但蒋介石和张学良故意推诿，迁延日久，导致酿成沈阳事变；第三，"九一八"事变后东北陷于无政府状态，张学良不与日方交涉，反而派遣散兵游勇，勾结胡匪，以抗日为名，专意杀烧淫掠东北人民，十村九空；第四，满洲人民深受无政府之痛苦，于是拥戴当年不忍涂炭生民而退位的溥仪为行政元首；第五，"满蒙"主权在历史上从未归属于关内政府，民众拥戴仁德的逊帝，建设"新国家"，是正当举动；第六，"满洲国"建立后，不仅脱离了张学良和蒋介石等军阀的残暴统治，还可以容纳外国投资，为世界各民族谋求福利。② 毋庸讳言，此类呈文反映的张氏父子治下的东北弊政，在一定程度上确实存在，但以此理由欢迎日本的侵略，无异引狼入室、认贼作父。

日、伪引荐的民众团体的言论，并不能反映东北的真实民意，对于此点，调查团其实了然于胸。在研究报告中，莫斯明确指出，这些团体的陈情书和请愿书必然"首先经过了日本当局的审查和通过"③，"其部分意见可能是真诚的，但显然反映了'满洲国'当局正统的、被认可的官方观点"，这些请愿书的目的，"更像是为了证明满洲'革命'的自发性"。调查团把这些陈情书和请愿书与东北民众自发来信进行比较，认为除了少数人群——他们的真正利益与"满洲国"息息相关——会竭尽全力支持"满洲国"外，三千万东北民众中超过80％的人以压倒性多数反对"满洲国"，他们心向中国，从内心深处认为自己是中国

---

① 《"蒙古自治筹备委员会"陈情书》，1932年5月4日，S39，League of Nations and United Nations Archives，Geneva。

② 《前君主立宪会会长文耀来信》，1932年5月4日，S40，League of Nations and United Nations Archives，Geneva。

③ "Report on written or printed statement or declarations presented by delegates of associations to the Commission of the League of Nations in Manchuria in the Chinese language"，S41—Rapid Binder，p. 1，League of Nations and United Nations Archives，Geneva.

人,"他们可能会屈服,但他们强烈反对任何非中国的政府,并热切期望中国主权的恢复"。① 研究报告最后认定:"综上所述,目前的满洲显然处于政治动荡状态,并且这种动荡正在迅速增长和发展,保持现状和恢复原状都不能让满洲民众满意,更不用说那些注入并寻求扩大动荡的外部势力了",因此,"'满洲国'必须重铸"。②

三、共识与分歧:调查团对呈文的解读

社会各界呈文作为中方民意的主要表达渠道,体现了强烈的民族立场和爱国观念,受到国联调查团的重视。呈文和其他材料一起,构成了调查团了解和判定"九一八"事变和中日冲突真相的重要证据。

呈文对《李顿调查团报告书》的影响随处可见,尤为重要的是,调查团对呈文所展现出的民意的解读,应用于报告书的重要章节和关键结论。如报告书第六章"满洲国"之"满洲居民之态度"一节,不仅内容大多取材于呈文研究报告,其结论也采纳了报告的观点,认为"一般中国人对'满洲国政府'均不赞成,此所谓'满洲国政府'者,在当地中国人心目中直是日人之工具而已"③。此种判定,戳破了日本向世界宣称的"满洲国"的建立出自东北民意的谎言。日本的扶植加上民意的反对,消解了"满洲国"政权合法性的根基。又如在解决东北问题的原则及条件上,报告书认为"如仅恢复原状,并非解决办法……维持及承认满洲之现时组织,亦属同样不适当"④,从而提出了"东北自治"的方案。这一观点的来源,正是莫斯报告的结论。

值得注意的是,吴秀峰和莫斯主导的对中方各界呈文的分析和研究,在真相认定上大致相同,但结论上却各异其趣。吴秀峰的研究报告,在强调忠于呈

① "Report on written or printed Statement or declarations presented by delegates of associations to the Commission of the League of Nations in Manchuria in the Chinese language", S41—Rapid Binder, p. 13, League of Nations and United Nations Archives, Geneva.

② "Report on written or printed statement or declarations presented by delegates of associations to the Commission of the League of Nations in Manchuria in the Chinese language", S41—Rapid Binder, p. 14, League of Nations and United Nations Archives, Geneva.

③ 中华民国国民政府外交部译:《国际联合会调查团报告书》,第 178 页。

④ 中华民国国民政府外交部译:《国际联合会调查团报告书》,第 209 页。

文原意、足以为调查团"深思熟虑的判断提供充分基础"①的同时,处处展现出对中国的支持。如对关内各界呈文的研究报告中,吴秀峰立场鲜明地指出以牺牲中国为代价向日本妥协的严重危害:"在我看来,只要维护国际正义的善意继续存在,中国人民将与国联和美国合作,克服目前的困难。最糟糕的是西方大国非但没有继续支持日内瓦,反而以牺牲弱国为代价,与强国结盟。在这种情况下,不仅中国人民,而且世界各国的先进分子,都会投入第三国际的怀抱之中。"②在对东北民众自发来信的研究报告中,吴秀峰详尽梳理和陈述了这一千多封信函和请愿书所陈述的事实和意见,并明确判定了"满洲国"的成立不受民意支持。而莫斯报告虽然早已洞悉日伪引荐的东北民众团体不过是日人的传声器、伪满洲国受到东北绝大多数民众反对的真相,却依然将支持"满洲国"的各种力量纳入考虑因素之中,提出东北既不能保持现状,也不能恢复原状,即"'满洲国'必须重铸"的观点,表现出事实与结论的割裂性。

呈文研究报告的结论差异,与研究者的个人身份与政治理念有很大关系。吴秀峰是广东人,1920 年赴法国留学,留学期间加入国民党,1927 年在巴黎政治学院获得法学博士学位,其后供职于国联秘书处,任政治部秘书。③ 作为调查团工作人员中唯一的中国人,同时又是国民党党员,吴秀峰展现了维护国家民族利益的强烈自觉。莫斯是英国人,生于日本,在中国生活 30 年,熟知中国情况,"九一八"事变后曾奉英国外交部之命前往锦州调查情况,1932 年任驻威海卫领事。④ 调查团赴东北调查时,李顿特意将其借调过去,作为中文翻译和顾问。⑤ 李顿对这个英国同胞甚为倚重,认为其人"非常有魅力",其工作也

① "To the Secretary-General of the League Commission of Inquiry, Peiping", June 18, 1932, S40—No. 14, p. 2, League of Nations and United Nations Archives, Geneva.

② "Rapport sur les 350 lettres adresses à la Commission par les organisations Chinoises jusqu's au 19 Juillet", S38, pp. 42 - 43, League of Nations and United Nations Archives, Geneva.

③ 《吴秀峰呈蒋介石文》,1935 年 4 月 10 日,《一般资料—民国二十四年(二十一)》,第 163 页,蒋中正"总统"文物,台北:"国史馆"藏,002-080200-00219-097。

④ 《驻哈尔滨长冈代理总领事致芳泽外务大臣的函电(1932 年 5 月 25 日)》,张生主编,陈海懿、马海天编:《李顿调查团档案文献集·日本外务省藏档(二)》,第 202 页。

⑤ 《驻芝罘内田领事致芳泽外务大臣的函电(1932 年 4 月 26 日)》,张生主编,陈海懿、马海天编:《李顿调查团档案文献集·日本外务省藏档(二)》,第 40 页。

"非常值得敬佩"。[①] 早在东北调查期间,莫斯即曾私下会晤日本驻哈尔滨代理总领事长冈半六,讨论"以支那恢复满洲主权来换取承认日本特殊权益可能会引发的结果"[②],由此观之,其研究报告中的最终主张并非无迹可寻。莫斯解决中日冲突的态度与意见和李顿高度相似,这种对各方利益加以调和的理念,也与后来的《李顿调查团报告书》如出一辙。

当前学界对国联调查团的研究,多将其视为一个整体。除李顿之外,对其他代表的研究尚未展开。[③] 而吴秀峰和莫斯对中方各界呈文的研究报告表明:国联调查团的专家顾问乃至工作人员,对于报告书的撰写和结论也有不容忽视的影响。从日内瓦国联和联合国档案馆藏李顿调查团档案来看,报告书在撰写时几乎是全员参与,尤其是技术分析工作,主要是由专家和工作人员完成,而后由各代表讨论定稿,在此过程中,意见出现分歧时有发生。[④] 国联调查团内部的差异性及其对调查活动和报告书产生的影响,是一个值得深入探讨的问题。

小　结

"九一八"事变后,在和日本的外交斗争中,如何有效地反驳日本言论、揭露中日纠纷真相、表达中方立场观点,是南京国民政府急需解决的重要问题。

国联调查团来华期间,外交部、东北外交研究委员以及以顾维钧为首的中国代表办事处,集中央与地方、政府机构以及专家学者之力,编制并呈递了篇

---

① 王启华译,金光耀校:《李顿赴华调查中国事件期间日记》,《民国档案》2002 年第 4 期,第 44 页。

② 《驻哈尔滨长冈代理总领事致芳泽外务大臣的函电(1932 年 5 月 25 日)》,张生主编,陈海懿、马海天编:《李顿调查团档案文献集·日本外务省藏档(二)》,第 202 页。

③ 关于李顿的研究,主要集中于李顿文件。参见朱利译,金光耀校:《李顿赴华调查中国事件期间致其妻子信件(上)》,《民国档案》2002 年第 2 期;朱利译,金光耀校:《李顿赴华调查中国事件期间致其妻子信件(下)》,《民国档案》2002 年第 3 期;王启华译,金光耀校:《李顿赴华调查中国事件期间日记》,《民国档案》2002 年第 4 期;金光耀、朱利:《〈李顿文件〉所见之李顿中国之行》,《复旦学报(社会科学版)》2003 年第 4 期。

④ 关于国联调查团报告书撰写中的分工情况,参见 "Outline of organization of secretariat and technical work", S35 - 2 Divers, League of Nations and United Nations Archives,Geneva。

幅巨大的说帖。说帖几乎涵盖了与中日争端相关的所有问题,对东北事件和中日纠纷问题进行了系统性陈述,堪称"中国近代历史上有关中日关系的最重要文书"。[①] 尤为难能可贵的是,作为官方外交文书,说帖并不遵循宣传说辞,而是高度注重事实依据,并以中日条约、国际公约和国际法原则为武器。此种理念与调查团观察和分析中日冲突的逻辑相符,对调查团产生了很大的影响。在此问题上,以顾维钧为首的一批外交家和学者擅长沟通中西,功不可没。

除了官方说帖外,调查团来华后,在南京国民政府的组织下,各地团体与民众,包括海外的中国人,踊跃向国联调查团致电投函,呈递陈情书、请愿书,谴责日本对中国的侵略,反对伪满洲国傀儡政权,要求国联调查团伸张正义,公正调查。呈文的发送者以各地的抗日救国会、工会、农会、商会和教育会等社会团体以及一般民众为主,其来源地区则遍布东北三省和关内各地。数以千计的呈文,体现了民众强烈的国家观念和民族立场,向调查团展现了民族主义的巨大声势。

作为中方文书的代表,说帖和呈文有力支持了南京国民政府在中日问题上的态度立场,促成调查团对中日争端的历史渊源和现实因素形成了较为全面的认识,并在"九一八"事变和伪满洲国两个关键问题上得出了相对公正的结论。

---

① 李云汉:《顾维钧与九一八事变之中日交涉》,李云汉主编,刘维开编:《国民政府处理九一八事变之重要文献》,第 658 页。

第五章　调查团报告书的发表和
南京国民政府的回应

　　1932 年 10 月，《李顿调查团报告书》公开发表。这份报告书既是国联调查团的最终调查成果，也是后来国联处理中日冲突的主要依据。对于报告书，时人评论多认为其前八章关于中日冲突的陈述持论相对公允，但最后两章提出的原则和建议过于迁就日本侵略造成的事实，东北自治方案无异于国际共管。时至今日，学界对《李顿调查团报告书》的批评与不满之处，也大多集中于此点。

　　《李顿调查团报告书》为何会出现"建议之解决方法……与其自述之事实不相符合"①的矛盾？在提出中日问题的解决方案时，国联调查团主要基于哪些因素的考量？报告书发表后，国内各方政治力量对其持何种态度，南京国民政府内部又对其如何研判并制定应对之策？本章试图对这些问题进行考察和探析。

第一节　《李顿调查团报告书》的发表

一、事实与建议：《李顿调查团报告书》的主要内容

　　1932 年 9 月 4 日，《李顿调查团报告书》定稿。五大国代表和秘书长哈斯分别在英文原稿上签字后，正本由法国代表克劳德和德国代表希尼亲自携带，经西伯利亚铁路送至国联，抄本则由哈斯送往上海英国领事馆保存。9 月 30 日，英国领事馆派人将抄本分别送往南京和东京，10 月 1 日上午，英国领事馆

---

① 《汪兆铭对报告书意见》（1932 年 10 月 20 日），罗家伦主编：《革命文献》第 40 辑，第 2763 页。

又将报告书的摘要送到南京国民政府外交部。① 外交部部长罗文干在接到报告书后,立即指派次长徐谟、情报司司长吴南如和欧美司司长刘师舜,率领参事、秘书和条约委员会委员等二十余人,彻夜审阅研究,并翻译成中文。报告书原文长达四百余页,未及全文逐译,只译出摘要,但因结论部分关系重要,所以通篇译出,罗文干亲自加以校订。② 10 月 2 日晚,报告书原文在日内瓦、东京和南京三地同时发表。

《李顿调查团报告书》除绪言外,共分十章,其中第一至第八章叙述了中日冲突的种种事实并陈述调查团的意见,第九到第十章则提出了解决中日问题的原则条件和具体方案。

在绪言部分,调查团首先回顾了中日争端提交国联后行政院采取的行动,以及调查团的委派、组织及其在中日两国的行程。调查团表示,根据国联行政院 12 月 10 日决议案,该团对自身使命的理解是:(一) 审查中日间的争议(包括争议的原因、发展及在调查时的现状);(二) 考虑解决中日争端的可能办法(注重调和两国之间的根本利益)。由此可以看出,调查团一开始即未把自己的工作职责限定于调查事实,而还在寻求问题的解决方案。绪言阐释了整部报告书的撰写理念:"首欲说明两国在满洲之权利利益,藉以明了历史背影。该项权利及利益,乃两国争议之基本原因也。次乃考查此次事变前之最近特定问题,并说明一九三一年九月十八日后之经过情形⋯⋯最后报告书结论中,载有关于各种问题之感想及考虑,为我等所欲提出于行政院者,并提议数项方法我等认为足使中日争端得一持久之解决,并足使中日间之善良谅解重行树立焉。"③

"九一八"事变的发生并非偶然,无论是调查事变真相,还是寻找解决方案,都需要对两国争执的历史背景加以必要了解。报告书第一章"中国近年变迁之概况",对中国近代政治和社会的变迁情形做了一般性考察,指出"现在中国之重要原动力,即为其民族自身之近代化。今日之中国,实为一正在进化中之民族。所有其国民之种种生活,均呈过渡现象"。中国的政治变动、内战、社

---

① 《报告书撮要昨午译竣,今午以飞机送平并转津,全国同时下午八时发表,今晚揭开数月来一重厚幕!》,《大公报》(天津)1932 年 10 月 2 日,第 3 版。

② 《调查团报告书明晚发表,全文十余万字,正由外交部赶译,日内瓦在公表前保守空前秘密,官方对其立言公正满意?》,《大公报》(天津)1932 年 10 月 1 日,第 3 版。

③ 中华民国国民政府外交部译:《国际联合会调查团报告书》,第 5—14 页。

会及经济的不安,以及相缘而生的中央政府的脆弱,都是辛亥革命以来的特殊现象。调查团将以上现象的形成过程加以简单申述,如清王朝的推翻、民国初年的情状、1914 年至 1928 年的内战与政潮、孙中山对于国民党的改组、1927 年南京国民政府的成立及其与反对力量的竞争、共产主义在中国的发展以及国民政府与共产党在南方的冲突等,表示"此种现状,所有与中国有密切关系之国,无不受其不良影响。倘不设法补救,势必继续危及世界和平,且为世界上经济不景气之助因"。

在对中国现状进行批评的同时,调查团又对中国寄予了某种同情与希望。报告书将当下中国的政象与华盛顿会议时期相比较,称:"当时中国境内,不啻有三个政府存在,其他事实上独立之省分,更无论矣","现虽在数省内政府威力未免稍弱,惟并未有敢公然否认中央政权者,若能照此现象维持下去,则各省行政、军队与财政等等,当能逐渐变为国家性",所以"中国政府虽有种种失败之处,而其所成就者,亦已不少矣"。报告书中还强调,如果国联能对当下的中日冲突予以"满意之解决",则可以使中国相信国际合作政策的利益,并"迅速而有效的赞助中国移去足以危害中国与其余世界间之和平关系之任何原因"。①

第二章"满洲之状况及其与中国其他部分及俄国之关系",主要叙述"九一八"事变前东北的概况及其与中俄之间的关系。调查团认为:东北地区广袤膏腴,人口稀少,清政府入关后,开发东北的活动微乎其微,使得俄国几乎支配此地。甲午战后,俄国在东北逐步扩张势力,但是东北仍为中国所有。张作霖统治时期,虽然对于中央政府"时而拥护,时而攻击,时而将其所辖领土宣布独立",但其举动绝无分裂中国之意,故"满洲虽迭经战事及独立时期,但仍为中国完整之一部"。张学良在东北易帜后,与南京及国民党的联络更为密切。东北在张氏父子治下,"滥用私人、官僚腐化及行政窳败"等状况虽普遍存在,但也"努力改良行政,其成绩颇有可观","关于满洲中国人民及利益,其经济富源之发展及组织,较从前确有显著之进步"。报告指出,自 1917 年俄国革命后,中国开始清除苏俄在东北的影响,积极管理和发展东三省,近些年来更欲消减日本在"南满"的势力,此种政策使得中日之间的冲突益形扩大,至 1931 年 9

---

① 中华民国国民政府外交部译:《国际联合会调查团报告书》,第 15—34 页。

月达到顶点。①

第三章"一九三一年九月十八日以前中日关于满洲之争执",叙述"九一八"事变以前中日之间关于东北的主要争端。虽然东北是中国的一部分,但是当时日本在这里"享有"广泛的政治和经济权益。这些特权对中国主权的行使限制到一种程度时,必然导致中日两国之间产生矛盾。报告叙述了中日在东北根本利益上的冲突:中国认为东北是粮食的策源地及国防第一线,而日本的态度则迥然不同,日本要求在东北享有"特殊地位",这与中国主权产生冲突,并与国民政府抑制和减少外国特权的政策不能相容。双方态度和政策的根本差异,引起了对各项复杂条约的解释及适用上的种种争执,如关于1905年条约及平行线问题、关于各种铁路合同问题、1915年条约问题、日本人在东北的居住及商租土地权问题、南满铁道地带内的行政权问题、使领馆警察的权力问题,以及移民东北的朝鲜人的地位问题等。到1931年,随着万宝山案、朝鲜暴动仇杀华侨案和中村事件相继爆发,中日两国间的关系呈现极度紧张之势,日本方面已按捺不住,"于是解决一切中日悬案,必要时用武力解决等口号,遂嚣腾于日本民众之口矣"。②

日益增长的紧张情势,最终在1931年9月18日夜间爆发。第四章"九月十八日及其后事变之叙述"中,调查团陈述了对"九一八"事变的调查情况和意见。关于"九一八"事变的爆发情形,中日两方持论不同,互相抵触。调查团宣称,他们对事变的相关各方,特别是军事长官进行了广泛调查:日方有"河本中尉、岛本中校及平田上校⋯⋯日本关东军司令本庄中将及其僚属",中国则有"驻守北大营之王以哲旅长,益以参谋长及参加战役军官⋯⋯更有张司令长官学良及其参谋长荣臻"。此外,调查团尽量接见事发之时及其后旅居沈阳的外籍人士,加以辅正。在展示了中日双方对事变的不同陈述后,调查团认为,由于东北日益增长的紧张情形,事变之前"中日双方军队间情绪之激昂,实无容讳","依据调查团所得种种确切之说明,则可知日方系抱有一种精密预备之计划,以因应该国与中国方面万一发生之敌对行为","中国方面依照其所奉训令,并无进击日军,亦并无在特定时间及地点危害日侨生命财产之计划⋯⋯日方之进攻及其事后之军事行为,实出中国方面意料之外"。同时,调查团确认

---

① 中华民国国民政府外交部译:《国际联合会调查团报告书》,第35—56页。
② 中华民国国民政府外交部译:《国际联合会调查团报告书》,第57—106页。

"九月十八日下午十时至十时三十分之间,在铁路上或铁路附近,确曾有炸裂物爆发之事",但是根据铁路轨的轻微破坏"事实上并未阻碍长春南下列车准时之到达"等实情,"是晚日之军事行动,不能视为合法自卫之办法"。"九一八"事变后,日本军队在东北继续扩大行动,并占领了东北各地。对于东北未来的军事状况,调查团感觉难以判断,特别是随着日军进犯山海关和热河,中日战事有进一步扩大的态势。①

第五章"上海",叙述自1932年2月20日起至日本军队最后撤退为止上海"一·二八"事变时期的状况。调查团称,该团在3月14日抵达上海后,并没有接到在中日两国间进行调解或对上海事件加以特别研究的命令,但为"完成纪录起见",需要在报告书中对上海战事予以记载。调查团认为,中国军队在上海的表现,坚定了中方抵抗的决心,也使得东北各地的抗日军队精神为之一振,故而对东北形势产生了重大影响。对1932年2月南京下关的日舰开炮事件,调查团也做了简要叙述,中日双方关于此案的报告大相径庭。②

第六章"满洲国",缕述伪满洲国成立的过程、伪满政府的状况以及民众的态度,直有禹鼎铸奸之感。第一节"'新国'成立之过程",陈述了日本占领沈阳后的混乱、各省秩序的逐渐恢复以及"新国"的成立,明确指出"一九三一年九月以前,满洲毫未闻有独立运动",从各方面得到的证据来看,伪满成立的原动力"一为日本军队之在场,一为日本文武官吏之活动法令",所以伪满洲国"不能认为由真正及自然之独立运动所产生"。第二节"现在之'满洲国'政府"对伪满洲国的政权架构进行了详细考察,包括财政、教育、司法、警察、陆军、金融政策,以及其接收盐政、海关及邮政,以示"与中国分立"等情形。调查团列出了"满洲国"政府的若干改革计划及实施步骤,并对其能否实施如此众多的改革措施表示怀疑,认为"在一九三二年之不安定及扰乱情形之下,彻底的改革计划、安定情况及经济繁荣,决难实现"。关于伪满洲国和日本的关系,调查团认为,"满洲国"政府各部门的名义领袖虽是中国人,但是其重要行政权全部操诸日本官吏及顾问之手,此辈固然不接受东京政府的直接训令,但是日本却有"运用其绝大力量之方法",使其遵照当局的意旨行事,而且根据当时的消息,日本政府有正式承认"满洲国"的意向。第三节"满洲居民之态度",论及东北

---

① 中华民国国民政府外交部译:《国际联合会调查团报告书》,第107—132页。

② 中华民国国民政府外交部译:《国际联合会调查团报告书》,第133—140页。

居民对于所谓"新国家"的态度。调查团首先说明搜集此项证据十分困难,但仍然想方设法与日本和伪满的各级官长会晤,并私下晤谈了包括商人、银行家、教员、医师、警察、普通职工在内的各界民众,同时收到东北各地民众自发来信一千五百余件。经过调查,虽有极少数团体和个人为"满洲国"张目,但是绝大多数民众都表示反对伪满,"此所谓'满洲国'政府者,在当地华人心目中,直是日人之工具而已"。对于东北民众在日本压迫下的心理,报告书以"一种消极的默认与仇视之混合性"对其加以概括,尤为透骨破的。①

在分析了中日冲突的政治和军事原因后,调查团在第七章"日本之经济利益与华人之经济绝交"中,考察了经济因素对中日关系的影响。报告书首先分析了贸易关系对中国和日本的重要性,指出两国"相互间实隐伏为政治冲突所不能割断之经济关系"。然后报告书又追溯了经济绝交运动的源头,认为近代以来中国人以经济绝交作为对抗外国的政治武器,此种习惯和心理与国民党所代表的现代民族主义相混合,促成了当前的经济绝交运动,对中日关系在物质上和心理上都产生了重要影响。调查团分析了经济绝交运动的组织力量,称此种力量"虽包括多数个别团体在内,而重要支配之机关,厥为国民党",中国政府对经济绝交中的非法举动不仅未能加以制止,甚或予以直接的援助。在本章结论中,调查团称,从贸易结构来看,中日两国互相依赖、经济接近符合双方利益,但两国间的经济关系受到政治交恶的极大影响,以至于一方使用武力,另一方采取抵制,导致经济接近成为不可能之事。②

由"中日两国在经济上相互需要"的观点出发,第八章"在满洲之经济利益"详细研究了两国在东北的经济利益及其相互关系。调查团对日本在东北的投资、中日两国在东北的经济关系、两国向东北的移民、东北的铁路与货币等问题进行了专门研究,并另附说帖加以说明。报告书表示:"欲充分开发满洲现有之富源,暨致力于将来经济之发展,两国经济之调和,甚属必要也。"欲求此种调和,"中国须满足日本在满洲之经济利益,日本亦须承认满洲人民具有不可变易之中国特性"。调查团特别指出,如果希望各国合作发展东北的话,必须实行门户开放政策,"此项原则之维持,乃日本、满洲及中国其他各部

---

① 中华民国国民政府外交部译:《国际联合会调查团报告书》,第141—178页。
② 中华民国国民政府外交部译:《国际联合会调查团报告书》,第179—196页。

之福也"。①

　　整部报告书的焦点,是九、十两章提出的解决原则与建议办法。第九章"解决之原则及条件"中,调查团提出了解决中日问题的原则条件。调查团认为:中日问题十分复杂,"最后及真正之解决",除要满足中日两国的根本利益外,还需要符合国际利益,并且不能忽视苏联利益。恢复原状与维持"满洲国",都不能认为是恰当的解决办法,因为恢复原状只会使纠纷重现,而维持和承认现时的"满洲国"政权,则违背中国的利益和东北人民的愿望,妨碍中日相互谅解,违反国际基本原则,不利于远东和平。报告书认为,要圆满解决东北问题,必须依据以下十项原则条件:(一)符合中日双方的利益;(二)考虑苏联的利益;(三)遵守现行的多边条约,即《国联盟约》、《非战公约》和《九国公约》的规定;(四)承认日本在东北的利益;(五)订立中日新约,恢复两国间的相互信赖和合作;(六)规定解决将来纠纷的办法;(七)在承认中国主权和行政权完整的情况下,东北实行自治;(八)维护东北的内部秩序并避免外来侵略;(九)中日之间实行经济合作;(十)通过国际合作,促进中国的建设。②

　　在十大原则条件的基础之上,调查团在第十章"考虑及对于行政院之建议"中,提出了中日问题的解决方案。此方案建议:中日两国在国联行政院的邀请下讨论双方纠纷的解决,并召集由两国政府代表和东北民众代表组成的顾问会议(顾问会议的选举办法由两国政府规定,必要时可得到行政院的指导和中立国观察员的协助),根据顾问会议决议,建立属于南京国民政府但是高度自治的东北地方政府。外国顾问应存在于东北地方政府的政治、经济、军事、外事各部门,并担任东北中央银行顾问,其中日本人占据重要比例,同时"以外国教练官之协助,组织特别宪警,为东三省境内之唯一武装实力",中日两国军队均退出东北。新政府成立的同时,签署中日条约,使日本在东三省和热河的权利有法可依,至少与现存的条约或协定相同;签署中日和解、仲裁、互不侵犯及互助条约,解决中日之间所遇到的任何困难,保证东北成为非军事区并维护其安全;签署中日商约,保证两国的货物交易,并保护他国现有的条约权利,禁止一切有组织的抵制日货运动。③

────────────────

① 中华民国国民政府外交部译:《国际联合会调查团报告书》,第 197—206 页。
② 中华民国国民政府外交部译:《国际联合会调查团报告书》,第 207—216 页。
③ 中华民国国民政府外交部译:《国际联合会调查团报告书》,第 217—228 页。

除正文外,《李顿调查团报告书》还附带了 14 张地图和 1 本附件书,以作为报告书的参证。地图包括中日两国地图、满洲地形图、满洲政治地图、满洲不同时期的军事形势地图、满洲铁路地图、调查团在远东考察路线图,以及上海中日冲突形势图和外国安全区分布图等。附件书则分为三部分:第一部分是调查团 4 月 29 日于沈阳编写的初步报告书;第二部分包含中日两国代表提交给调查团的说帖清单、调查团在中日两国会晤的团体和个人名单、日伪推荐团体呈递的声明书和请愿书清单,以及关于中日两国在满洲利益合并的说明;第三部分则是调查团专家对东北问题和中日主要矛盾的专项研究报告,主题涉及东北的铁路问题、财政和货币问题、贸易问题、移民问题、朝鲜人地位问题,以及日本在东北的投资、中国人民抵制日货和日本在华利益等问题。①

二、真相与现实:影响《李顿调查团报告书》的各方因素分析

国联调查团作为国联的派出组织,由英、美、法、意、德五大国的代表组成,聘请了政治、经济、军事、法律和外交等领域的优秀专家,并让中日两国各派一名陪同人员参与其中,以彰显调查的权威性和公正性。"公断人"的身份,使得调查团报告书措辞委婉严谨,立场也尽量保持中立,往往将中日双方的不同意见同时列出,除关键问题之外,极少加以评判或发表结论。

整部报告书中,不乏对中国的批评,如认为当时中国存在民族主义和排外教育、抵制日货和经济绝交等。但是报告书对中国的支持也随处可见,如"中国政府,虽有种种失败之处,而其所成就者,亦已不少矣"②,"近数年中,日本之要求,在中国方面已认为系对于中国国家愿望之一种严重挑衅"③,"东省行政在一九三一年事变以前,无论有若何缺点,但在其境内若干地方,未尝不努力改良行政,其成绩颇有可观"④,"东三省向来为中国之一部,此则中国及列强所共认者"⑤。以上论述,处处都构成了对日方说辞的否定。尤为重要的是,报告书认为东北主权属于中国、日军在"九一八"事变时的军事行动"不能

---

① 李顿调查团报告书附件材料 *Supplementary Documents to the Report of the Commission of Enquiry* 单独成册,现藏于日内瓦国联和联合国图书馆。

② 中华民国国民政府外交部译:《国际联合会调查团报告书》,第 23 页。

③ 中华民国国民政府外交部译:《国际联合会调查团报告书》,第 31—32 页。

④ 中华民国国民政府外交部译:《国际联合会调查团报告书》,第 48 页。

⑤ 中华民国国民政府外交部译:《国际联合会调查团报告书》,第 59 页。

认为合法之自卫手段"、"满洲国"政权"不能认为由真正的及自然的独立运动所产生",这些关键性的结论,事实上认定了日本的侵略行为,给予中方公理和道德上的最大支持,使中国赢得了国际社会的普遍同情。这也是日本对报告书最为不满之处并最终退出国联的主要原因。

但是,正如报告书绪言所称:"当我等校阅各种问题时,我等对于已往行动之责任,注意较轻,而对于寻求方法以防止将来重生此类行动之必要,注意较重。"[1]调查团对事实真相进行调查的最主要目的,并非判明是非责任,而是在此基础上寻求解决中日冲突的方法。其解决中日问题的建议方案,实际是在国民政府《解决东案办法大纲草案》的基础上,通过顾问会议等方式,以国际力量的介入,促成中日两国在东北利益的重新分配,其核心是承认日本在东北的特殊经济利益,同时保全中国对东北的领土主权。在李顿看来,"现在的危险并不是由中国还是日本来控制满洲未来的命运……日本海军和陆军力量的强大,中国的相对虚弱,满洲现存的日本军队,'满洲国'的存在,中国现阶段混乱状况或中国政治的演变,对日本而言中国市场的重要性,中国联合抵制日本贸易产生的损害效应……所有这些都是现实情况,调查团没有忽视其中的任何一个因素。但是,另一类现实情况同样不可忽视,即,国际联盟、《国际联盟盟约》、《非战公约》和华盛顿《九国公约》的存在。"[2]在国际社会介入下东北高度自治的建议方案,正是对各种现实因素进行回应和对各方利益进行调和的结果。

作为"九一八"事件的受害方,南京国民政府处于弱势地位。事变初期,国民政府解决东北问题的诉求和方案,是要求日本撤兵,恢复东北原状;"一·二八"事变后蒋、汪合作,在汪精卫的主导下,国民政府解决东北问题的基本诉求已经调整为保全对东北的主权,为此可以承认日本在东北的正当条约利益,并实现东三省的非军事化和高度自治。但是日本在东北问题上的态度和政策却在不断强化,执意通过扶植"满洲国"的方式实现对东北的实际控制,迫使国联和欧美大国认可这一事实。内田外相上台后,甚至提出"焦土外交"的主张。[3]

---

① 中华民国国民政府外交部译:《国际联合会调查团报告书》,第13页。

② 王启华译,金光耀校:《李顿赴华调查中国事件期间日记》,《民国档案》2002年第4期,第28页。

③ 「第六十三回帝国議會衆議院議事速記録第三号」、『官報』(号外)、1932年8月26日、41頁。

双方政策基准的差异,使得通过外交手段解决中日冲突的弹性空间逐渐逼仄。

调查团内部对中日两国的态度也不尽一致。顾维钧在陪同调查的几个月中,明显感觉到"英美两国团员很自然地比较同情中国,而法国将军一般是而实际上也是比较同情日本的……希尼博士和马柯迪大使表现比较中立"①。日本则认为:"国际联盟调查团中法国代表持有的态度常常对我方有利……,意大利代表不时亦表示出亲日态度。与此相对的是,美国代表在多数场合下批评我方的政策,英国代表则努力采取公平的态度。"②在报告书的撰写特别是结论问题上,调查团各委员也有意见分歧。英国驻华使馆代办英格拉姆在给英国外交大臣西蒙的电报中提到"调查团直到离开的那一刻仍在努力完成报告书",在一些原则问题上,"法国成员克劳德将军表现出了出人意料的坚持,在报告书签署前的最后十天里,为了达成一致意见,其余成员被迫一次又一次地在表达的清晰性上做出巨大牺牲。李顿爵士……经过同事们百般劝阻才没有在最后一刻加入他的保留意见"③。克劳德的私人助理助佛兰透露,克劳德和李顿的分歧主要在对日本在东北行动的认定上,"如果仅从法律论和条约论而言,是持指责之态度,从事实论方面,也有可以肯定之意见。李顿倾向于法律论,克劳德将军是以事实论为基础"④。对于调查团内部的分歧,专家顾问开脱益格林诺(Kat Anglino)如此评价:"调查团人数过多,加上代表们缺乏关于中国的基本知识,使得对问题的讨论徒然拖长","五个外行人凑在一起勉强做成的结论,自然矛盾百出"⑤。

在中日冲突问题的解决办法上,调查团成员间也有分歧。李顿在来华之前即已考虑东北自治问题。3月7日,在和日本外相芳泽谦吉的会谈中,李顿

① 顾维钧著,中国社会科学院近代史研究所译:《顾维钧回忆录》第一分册,第439—440页。

② 《驻北平矢野参赞致芳泽外务大臣的函电(一)(1932年4月18日)》,张生主编,陈海懿、马海天编:《李顿调查团档案文献集·日本外务省藏档(一)》,第339页。

③ "Sir Ingram to Sir John Simon", September 24, 1932, *Foreign Office Files for China*, *1919—1980*, FO 371/16181, pp. 145 - 146.

④ 「14 一般 14 昭和7年9月7日から昭和7年9月12日」、JACAR(アジア歴史資料センター)Ref. B02030450100(第422画像目から)、国際連盟支那調査員関係(第五卷)(外務省外交史料館)。

⑤ 《〈杉村·安杰理诺会谈录〉之安氏谈话要点》,赵朗编:《"九一八"全史》第5卷"资料编"下,沈阳:辽海出版社,2001年,第838—839页。

提出了解决东北问题的三个方案：日本吞并、国联委托统治、成立自治政府。因为日本声称对中国并无领土野心，所以李顿主动排除了第一种方案；芳泽表示"日本在满洲土地上发动了两次战争……日本为这些战争已经耗费了大量的金钱，而且日本人民为此流血牺牲，因此国际托管不符合日本人对此问题的看法"，反对第二种方案；三种方案中，只剩下地方自治可以选择。此时李顿对伪满洲国的情况毫无了解，其口中"自治的地方政府"，显然并非伪满洲国。① 调查团3月到上海后，李顿在和顾维钧的私人会谈中，也提出了"满洲中立化"的建议。② 在南京和北平期间，李顿几次试探国民政府的意见，并最终提出了东北非军事化和建立自治的文官政府的提议。而法国代表克劳德则倾向于日方立场，不仅认为"满洲国"的独立和"九一八"事变"完全是两件事"，甚至曾向日本代表吉田表示："改善'满洲国'，使其成为卓越的国家，并逐渐满足列国的要求的话，或许可以使'满洲国'被列国承认。"③报告书最终得以出台，体现了调查团团员在中日冲突解决方案上的互相妥协。

调查团团员的个人意见也反映了其母国和国联的利益及意志。虽然从法理而言，代表团代表的是国联而不是其母国，但是在来华调查期间，调查团各成员习惯于同其母国使领馆"保持最密切的联系"④，一方面利用使领馆的便利条件⑤，另一方面也是为保持和其母国政府的有效沟通。其母国政府对于解决中日冲突的意见，可以有效传达到调查团各成员处，并影响其意见和立场。

在东北问题上，英美等国对日本的侵略政策虽有所不满，却又不愿意过度介入中日冲突，最关心的是如何和平解远东危机，维护其在华利益。1932年2月英国外交部远东问题会议上，次官韦尔斯利（Victor Wellesley）提交了一份关于远东危机根源的备忘录。在备忘录中，韦尔斯利认为，日本在东北的地位

---

① "Record of conversation with Mr. Yoshizawa, No. 4", March 7, 1932, S29, League of Nations and United Nations Archives, Geneva.

② 金光耀：《顾维钧传》，石家庄：河北人民出版社，1999年，第144—145页。

③ 《驻北平矢野参事致斋藤外务大臣的函电（二）》，1932年6月27日，张生主编，陈海懿、马海天编《李顿调查团档案文献集·日本外务省藏档（二）》，第418页。

④ "The Ambassador in Japan(Grew) to the Secretary of State", July 16, 1932, *FRUS*, The Far East, 1932, Vol. Ⅳ, p.149.

⑤ 顾维钧著，中国社会科学院近代史研究所译：《顾维钧回忆录》第一分册，第439页。

与英国在马来亚的地位类似,东北问题不可能有合法的解决办法。韦尔斯利称:"我非常确信,在纯粹司法的基础上,找不到这个问题的永久解决办法……我们必须抛开理论上的主权,面对现实。从法律角度讲,日本目前在满洲条约权利的发展很难证明是合理的。但从道义和现实的角度出发,我倒要试问:地大物博的中国,在一个以前从未与其完全统一的边疆省份里,是否有理由阻碍它更积极进取的邻国的经济发展,从而损害世界的整体利益? 在我们所处的时代,任何国家都不能再允许这种态度。"英国外交部将这份备忘录转给驻华公使兰普森(Miles W. Lampson),并指示后者"寻找机会,在极度机密的情况下让李顿爵士阅读这份备忘录,并且只能让他一人知情"。① 后来出台的《李顿调查团报告书》,便贯穿着英国这种所谓的"面对现实"、调和各方利益的理念。

对远东事务拥有巨大影响力的美国,也倾向于国际合作和东北自治的解决方案。1932 年 1 月,美国驻华公使约翰逊(Nelson T. Johnson)在向史汀生汇报东北局势时认为:"我相信,如果不考虑中国、日本和苏联的利益,满洲问题是无法解决的。中国太弱小了,不能在满洲维护自己的主权……中国将不得不接受一个必须损害其在满洲主权的解决方案。"②5 月,正在东北调查的麦考益请美国驻哈尔滨总领事汉森(George Charles Hanson)起草一份解决东北问题的备忘录,供其个人参考。汉森随后向约翰逊做了汇报,表示其提议的主要内容是:"为了满足日本的愿望和大多数当地居民的想法,为了保全中国所谓的中央政府的'面子',为了至少在理论上维护关于中国(包括满洲)主权和领土完整的条约,应该拟订一项计划,给予满洲类似于外蒙古的地位。换言之,满洲应该成为一个自治地区(其实在张作霖控制时就是了),承认在中国主权之下,是中国领土的一部分。日本可以继续直接或间接任命自治政权的主要官员,这些任命将由中国中央政府自动批准。除了日本人,满洲政府还应该配备外籍顾问或行政官员,以便利用日本以外的人才来运作政府,并确保

---

① "No. 356 Memorandum by Sir V. Wellesley on the Far Eastern Problem", February 6, 1932, Documents on British Foreign Policy 1919—1939, Ser. 2, Vol. 9, DBPO, F 1033/1/10.

② "The Minister in China(Johnson) to the Secretary of State", January 13, 1932, FRUS, The Far East, 1932, Vol. Ⅲ, p. 26.

'门户开放'的政策得以维持。"①这一提议的绝大多数内容,后来也被吸纳到《李顿调查团报告书》的解决方案中。

国联是由英法等大国控制的国际组织,五大国对中日冲突的态度也主导了国联处理中日纠纷的方式。国联虽然试图解决中日冲突、维护集体安全机制,但在大国之间存在意见分歧且不愿单独承担责任,国联本身又缺乏制裁力量的情况下,能做的只有向全世界昭示中日冲突的事实真相,并尽力进行调解。在这种情况下,国际合作下的东北自治,成为调查团提出的解决东北问题的最终方案。只是随着东北局势的快速变化,国联调查团的这一苦心设计,已难餍日本军国主义者分裂"满蒙"的野心了。

在日本的步步紧逼之下,中日之间的矛盾冲突已经难以通过外交方式化解,强行调和的结果是中日双方都认为自己的利益受损。报告书正式公布之后,不仅引起日本的强烈反对,而且引起中国国内的一片议论之声。

第二节　南京国民政府对《李顿调查团报告书》的回应

一、各方政治力量对《李顿调查团报告书》的评判

《李顿调查团报告书》的发表,引发了日本国内的普遍不满。1932 年 10 月 1 日,日本外相内田康哉向驻国联和英、美、法等国的外交人员通报其对报告书的意见,表示第一到第八章对日本各有有利和不利之处,但第九、第十两章"同以承认'满洲国'作为问题解决之关键的日本立场是根本不相容的",所以日本断然不能接受。② 军部对报告书的反对尤为强烈,认为"调查团关于解决满洲问题的意见是没有必要的",对报告书"不需要重视",③陆军省高层甚

---

① "The Consul General at Harbin(Hanson) to The Minister in China(Johnson)", May 23，1932, *FRUS*, The Far East, 1932, Vol. Ⅳ, p. 34.

② 「リットン報告書一読後の感想通報について」(1931 年 10 月 1 日)、外務省編『日本外交文書:満州事変』第 2 卷第 1 冊、986—989 頁。

③ 「重視する要なし リットン報告書に陸軍の態度」、『朝日新聞』(夕刊)、1932 年 10 月 2 日、1 頁。

至视报告书为"最恶的报告",称绝对不认可调查团的调查结果与调停方案。①为反驳报告书,日本政府决定成立由外务省、陆军省和海军省组成的专门委员会,起草对报告书的意见书,并呈递国联行政院。②

相对于日本迅速而激烈的反应,南京国民政府对调查团报告书的回应显得迟缓而谨慎。10月3日,外交部部长罗文干对报告书发表了语调温和的简单宣言,表示:"国联调查团报告书业经公布,此乃李顿爵士与其同事诸君,数月来为国际和平而不辞劳瘁、坚苦工作之结果也。"罗文干谈到自己对报告书的初步印象,称:"试将报告书略加浏览,即觉有最显明呈现之两点:一为九一八日及'九一八'以后之一切日本军事动作均无正当之理由,不能认为自卫之手段,一为所谓'满洲国'者,并非真正及自然之独立运动所产生,而为日本军队及日本文武官吏操纵造作之结果。"同时,罗文干表示,因报告书中包含许多重要问题,中国政府当局正在悉心考量之中,对报告书暂时持保留意见。

报告书发表后,中国驻国联代表团和驻美公使施肇基等人,纷纷致电外交部,请示对报告书应表示的态度。罗文干指示各驻外使节:"在政府具体方针未定以前,无从表示意见","仅就报告书中最明显两点予以指出,发表一简单宣言,交由各报登载"。③ 1932年10月9日,顾维钧对国际报界代表发表意见,称:"中国对于行政院上年十二月十日创设李顿调查团之决议案既已接受,且曾与调查团合作,故准备承认以该团之报告书作为讨论之基础,惟保留批评及发表意见之权。国联会如能为中日争端求得一正直持久之解决办法,实中日两国之幸也。"④14日,颜惠庆、顾维钧和郭泰祺致电外交部,建议中央大致接受报告书,表示:"原报告九、十两章,过于迁就事实,与前八章不相呼应,自未能尽满人意。但东案发生业逾一载,三省人民水深火热,拖延愈久,收拾愈

---

① 「どこから見ても最悪の報告陸軍側では大憤慨」、『朝日新聞』(夕刊)、1932年10月3日、2頁。

② 《外部对报告书初步表示:两点特注意,全案正考量;日本果反对,竟欲要求再调查;美政府表欣慰,将有意见发表》,《大公报》(天津)1932年10月4日,第3版。

③ 《罗文干致蒋介石电》,1932年10月4日,《一般资料——民国二十一年(六)》,第117页,蒋中正"总统"文物,台北:"国史馆"藏,002-080200-00058-056。

④ 《顾维钧对李顿报告书意见:可承认作国联讨讲之基础,但须保留批评并发表意见》,《中央日报》1932年10月11日,第3版。

难，如国内一时别无办法，似可接受报告书为讨论之根据。"①

东三省此前的实际控制者张学良，对报告书评价甚高。10 月 6 日，张学良在北平召开中外记者会议，称："本人认为该报告书文章甚佳，极委婉周到之致。此问题本极不易着笔，故可称赞。其中对中国部份虽有数点不能令我人满意，但大体上尚周到。此问题极困难，故我人不能过于苛责。"②

孙科则对报告书既有肯定之处，也有不满的地方。在和上海记者的谈话中，孙科表达了对报告书的两点主要感想：第一，调查团对东三省问题的叙述不失详尽，且能认清"九一八"事变的责任，认为日本造成伪国，在是非判断上尚能主持公道，可以称为满意；第二，其建议方案过于迁就日本以暴力造成的事实。接下来孙科指出报告书中令其疑惑和失望之处：报告书不赞成东北恢复"九一八"事变前的原状，但表述模糊，未指明东北的原状"系指'九一八'前中国之统治状态，抑或张学良之军人统治状态"；书中提出的广泛自治和顾问会议方案，无异于使东北名存实亡，因为"在现况之下，日本实有巨大之势力，而顾问会议之组织，日本因其关系之密切，当得多数之席次。是则将来之东三省，名义上虽为中国不可分割之领土之一部分，其统治之形式，则为国际共管，而在事实上，则为日本代管"。最后，孙科认为，中国政府不能对报告书寄予过高希望，"现在仍应同时运用经济、武力及外交手腕，但最后仍恃武力"。③

与南京国民政府一直明争暗斗的党内反对派和地方反蒋势力，此时密集发声。10 月 4 日，"卧病香江"、久不发表政见的胡汉民在广州著文，猛烈批评报告书，内分数点：（一）从作用上看，《李顿调查团报告书》"决不必要"，国联派遣调查团并提出此项报告书，暴露了其缺乏维护正义、主持公道的能力，如果以此报告作为解决东北问题的依据，无异国联自行宣告破产；（二）从内容上看，报告书前后矛盾之处甚多，中国拥有东北利权，无需与日本协商，更无需顾及第三方面利益；（三）东北问题的最终解决，不在于国联，也不在于公约，而在中国人民最后的自决——"主权之确保，非白纸黑字之条文所能胜任，非现时之国联所能负担，能胜任负担者，厥为我国民坚决之意志与抵抗之精神"。

①　《颜惠庆、顾维钧、郭泰祺致外交部电》，1932 年 10 月 14 日，《东省事变之解决方针及措置（五）》，第 6—8 页，"外交部"档案，台北："国史馆"藏，020-010112-0026。

②　《张学良谈话》，《大公报》（天津）1932 年 10 月 7 日，第 3 版。

③　《孙科发表谈话，对于调查团报告书意见：有比较满意之处及绝对失望者，仍须政府与民众努力收复失地》，《申报》1932 年 10 月 5 日，第 9 版。

除了批评"国联处置东北事变之手段为失当"以及"国联调查团之报告为无聊",胡汉民还把矛头对准南京国民政府当局,指责其依赖国联外交政策的失败,称:"自'九一八'事变发生以来,徒事依赖国联,不图抵抗,不讲外交,不求办法,丧失土地至七千四百万方里之结果,即为获得如右之原则。"①

10月14日,桂系实力派人物李宗仁、白崇禧也致电西南政务委员会,严驳报告书之不当,并条陈中方应采取的步骤。电文称:"该书对我国主权及领土,不独不能保持独立与完整,且损害尤重。若承认该书,与承认'二十一条'无异,四集团全体官兵誓死反对。"②西南政务委员会和西南执行部则致电国民党中央党部和南京国民政府,批评调查团报告书"不敢作公正之主张","所谓国联,所谓公约者,实无价值之可言。东北问题,只要凭我民族之力量,乃可以自决,中国领土之完整、主权之独立,亦只要凭我民族之力量,乃可以维持"。③国民革命军第一集团军总司令特别党部在电文中不仅批评《李顿调查团报告书》,而且指责南京国民政府妄图依赖国联,一再因循畏葸,"讵知我之依赖国联愈殷,而暴日则蔑视国联愈甚"。④

除了西南方面,10月9日,李烈钧、柏文蔚、程潜等15名国民党中央委员也在冯玉祥领衔下通电全国,批评《李顿调查团报告书》"除于日寇暴行绝难掩饰者予以含糊说明外,其关于最重之责任问题,竟至绝无正面之解答,反以由暴日侵略而引起之中国经济绝交运动,责难我方。其混淆真象,颠倒因果,隐为日寇卸责,已昭然若见"。电文认为,报告书解决中日争端的建议,"不啻使我国于日寇侵略之外,再受国际共管之束缚",要求南京国民政府"放弃不抵抗主义及依赖国联谬想,速解人民束缚,切实与民众合作,全国动员,抗暴日而收复失地"。⑤

政府当局的缄默与反对派的高调,引起了部分媒体的批评。《北平晨报》

---

① 《胡汉民评论调查报告书,历数三点认为失当,并谓解决东北问题全在自救》,《中央日报》1932年10月13日,第2版。

② 《李、白电粤,严驳报告书》,《大公报》(天津)1932年10月17日,第3版。

③ 《西南执行部及政委会对报告书通电全文:明知日本侵略而不敢作公正主张,领土主权只有凭我民族力量维持》,《大公报》(天津)1932年10月15日,第3版。

④ 《一集团特别党部通电指摘调查团报告:解决东北问题惟有抵抗》,《大公报》(天津)1932年10月18日,第3版。

⑤ 《冯玉祥等通电,指摘报告书谬误》,《申报》1932年10月10日,第17版。

批评政府对《李顿调查团报告书》的准备不足："夫报告书原文不外十一万余言……原则与建议部分全文不过数千字，倘政府有预定方针，则其是否合乎我所期待者，只须三数小时之考虑，即可立下结论。乃拖延数日，尚在征求意见之中，不胜令人骇异。"①《益世报》认为中国政府之所以持缄默态度，"从一方面说这是审慎，从另一方面说，这是政府中缺乏负责的主脑人物，缺乏伟大的政治家，缺乏预定的外交政策的缘故"。②《大公报》点评了各派政治人物对报告书和国民政府的批评，称近年来"领袖要人，似仅认国府主席、五院院长等人为在朝，其他无论拥有任何资望与地位，殆俱以党国之第三者自视，凡所表示，显与在朝负责任者应取之态度不侔，此极可怪之现象也。日来所谓领袖人物对于《李顿调查团报告书》种种歧异之批评，显然证明此等情态"。报纸认为，如果党国要人不能团结，动辄自居局外，甚至实行军阀政治和地域割据，则国民自决根本无从说起。③《益世报》也将矛头指向"一班失势在野的领袖"，认为其"批评报告书的时候太唱高调……在发言上太不负责"，"这派人的意见，以为自己不在当权负责的地位，故不妨放言高论，如此可以暴露当权负责者的懦弱无能，可以表明失势在野者的敢做敢为。失势在野的领袖，与当权在位者表示不同的政策，这是实际政治上司空见惯的事端。然在外交问题上，故作空言、不切实际的高调，以事党派内讧，实非大政治家所当为"。报纸劝告这些失势在野的委员，"国难期中，利用外交题目，在党派上彼此为不忠实的指摘，实为我们所反对……为今之计，在位在野的领袖，都应摒除私见，对报告书加以公平正当的估价，共同决定何者应为接受，何者应加拒绝，向外一致主张，此乃正当办法"。④

二、南京国民政府对《李顿调查团报告书》的应对

调查团报告书发表后，南京国民政府当局虽然对外三缄其口，但内部的评估与讨论却紧锣密鼓地进行。1932 年 10 月 2 日晨，报告书摘要刚刚翻译完竣，外交部便立即送交在京的中枢要人，并派人乘飞机呈递给在外地的汪精卫

---

① 《勿彻底错误》，《北平晨报》1932 年 10 月 8 日，第 2 版。
② 《为政府借箸一筹》，《益世报》1932 年 10 月 5 日，第 1 版。
③ 《要人口中之团结与自决》，《大公报》（天津）1932 年 10 月 9 日，第 2 版。
④ 《缄默与高调》，《益世报》1932 年 10 月 11 日，第 2 版。

和蒋介石审阅。① 4 日,行政院在宋子文主持下开会讨论报告书问题,各部、会长官在非正式会商后,一致决定提请中央政治会议讨论。5 日,中政会召开例会,罗文干列席并提出报告,各委员以报告书事关重大,必须做缜密研究,决议先交外交委员会审查,同时要求参谋、军政、内政、财政、铁道等有关机构,分别研究第九、第十两章,待决定具体意见后,再提会讨论。由于外委会各委员散处四方,并且多人不能来京开会,会议决议对外委会进行改组,补充朱家骅、居正、陈果夫、叶楚伧、何应钦、贺耀组、朱培德、黄慕松等人,并推定汪精卫、罗文干、宋子文、朱培德、顾孟余五位常委,轮流召集会议。② 6 日,外委会又决定各委员分别对第九、第十两章起草具体意见,每日上午由罗文干召集会议,对各条款逐项研究。③

在对报告书的评价上,外委会各委员意见纷纭。国民党元老人物居正认为,报告书除了判定日军在"九一八"事变时的行为不能认为自卫以及伪满洲国由日本扶植,其建议方案侵害中国主权,违背国联决议精神,并且评论失当,颇有可议之处。④ 国民党中央党部秘书长叶楚伧表示,报告书第九、第十两章认为不能恢复东北原状以及提议设立顾问会议是屈服于日本武力造成的事实,从顾问会议的人员构成和任务来看,显然与其所宣示的"无背中国领土及主权完整"的宗旨相矛盾,故而引起国内几乎一致的反对。在此问题上,中国应表明立场,要求国联予以修正。⑤ 军事委员会参谋本部参谋次长贺耀祖则称赞调查团报告书"观察深刻,持论精密,斟酌句词,煞费苦心",并认为调查团对中日争端的事实叙述"颇多公允、适当,间有未及深究中日历史关系及误解中国之立场者,应加辨明纠正",但是解决原则和建议部分"关系巨大","固非

① 《莱顿报告书摘要昨晚发表:九一八为日方预定精密计划所造成,伪独立出于日本参谋部之援助指挥,建议组顾问会议,中日订三种条约,另订东省地方制,与中央权限划分》,《大公报》(天津)1932 年 10 月 3 日,第 3 版。

② 《昨中政会讨论报告书,决先交外委会审查,加推居正等为外委会委员,推定汪罗宋等五人任常委》,《中央日报》1932 年 10 月 6 日,第 2 版。

③ 《外委会昨开正式会议审议国联调查团报告书,顾维钧已抵日内瓦,唐绍仪谈话表反对》,《大公报》(天津)1932 年 10 月 7 日,第 3 版。

④ 《居正委员意见》,《国际联合会调查团(六)》,第 81—83 页,"外交部"档案,台北:"国史馆"藏,020-990600-2080。

⑤ 《叶委员意见》,《国际联合会调查团(六)》,第 6—10 页,"外交部"档案,台北:"国史馆"藏,020-990600-2080。

此一二人所能决定"。① 立法院副院长邵元冲对报告书的建议部分意见强烈，认为其提议的原则及办法与前八章的事实及观察自相矛盾，东北自治及顾问会议方案无异于对东北实行变相的国际共管，"此万不能容受者也"，除此两点之外，其他原则和办法都可以酌量修正。邵元冲警告政府必须注意民意的反对："以对全国国民整个热烈之情绪而言，中央若对此重大之点加以迁就，亦适以引起国民对中央强烈之反抗，恐乱事一发，收拾愈难，非国家之福也。"②铁道部部长顾孟余则表示，调查团报告书虽有诸多令人不满意之处，但大部分建议并不违反政府的现有政策，中国必须与国联立于统一战线，故对报告书应避免吹毛求疵的批评，可以大体上接受。至于报告书中需要反对之处，顾孟余认为主要是顾问会议以及将日本人居住权及土地商租权扩展至东省全境两点。③ 军政部部长何应钦则认为，调查团报告书第一章至第八章持论公正，应全部予以接受，九、十两章可以要求部分修正，主要是在顾问会议问题上须采取合理办法，并缩小顾问的权限，但是对于国联，仍需表示信赖，"一切仍听国联公正之解决"。④

　　所有意见中，外交部部长罗文干的观点最为详尽，也最引人关注。罗文干认为，评论《李顿调查团报告书》之前，需要先了解国际社会和中日两国的情形。"九一八"事变后，虽然国联派调查团来华调查，但是各国却不敢依据条约对日本实行制裁；日本并不满足于吞并东北，绝不肯接受《李顿调查团报告书》；以中国当下的实力，也不可能以武力收复失地。因此，在对报告书的应对方针上，需要坚持中国的领土主权，否认伪满洲国，但在应对办法上，则要视国际潮流、日本态度及中国实力的变化，相机而动。罗文干判断日本对于国联的态度不外乎两种："蔑视国联"和"敷衍国联"，其中对中国最有利的结果就是日本退出国联，引起国际纷扰，但是如果日本不退出，则国内抵制日货和东北义

---

　　① 《贺委员耀祖意见》，《国际联合会调查团（六）》，第 67—80 页，"外交部"档案，台北："国史馆"藏，020-990600-2080。

　　② 《邵委员元冲意见》，《沈阳事变（二）》，第 84—86 页，蒋中正"总统"文物，台北："国史馆"藏，002-080103-00012-008。

　　③ 《顾委员孟余意见》，《国际联合会调查团（六）》，第 102—104 页，"外交部"档案，台北："国史馆"藏，020-990600-2080。

　　④ 《何委员应钦意见》，《国际联合会调查团（六）》，第 14—27 页，"外交部"档案，台北："国史馆"藏，020-990600-2080。

勇军的抵抗活动应该同时推进,以作为政府的外交后盾。罗文干剖析报告书提出的建议,认为"于文字之外,另有用意":调查团之所以提出顾问会议,是在否认"满洲国"后,"给日本及'满洲国'想一下台地步";中方在顾问会议决定后有宣言之权,是对中国"造假面子";顾问会议的提议要提交国联及九国会议,是保证国联的处理权并卖人情给九国;两国军队同时撤出,是害怕日本特别警察及铁路守备队在东北再生事端;提议由国联指派顾问,监督警察及税收机关,是"恐我国官吏之暴征苛敛,混乱金融,及日人之把持经济,影响外人利益",由此观之,"调查团之用心,可谓良苦"。在具体内容上,罗文干提出了对报告书建议部分的十一条修正,包括根本反对顾问会议、中国自动改善东北政治、中国自主决定外国顾问的聘用和支配等。最后,罗文干表示,按照报告书的建议,东北变相国际共管,名存实亡,仍好于现时东北被日本武力独占、名亡实亡的状况。但是国人对于报告书不能"自甘束缚,尽行接受",因如此一来,列强以后援引成例,国内又引起反对,加剧内争。总之,中国对于报告书,"固无须失望,怨天尤人,亦毋须色喜,再事倚赖。应持以镇静,坐观变化,假以时日,当尚有较好之机会"。对于国联之外的九国会议,罗文干也认为不能寄望太高,因为"纵使日本不更多行不义,国联束手,美国未必召集。即召集,而其解决之道,则又恐与此次李顿报告之建议,相差无几耳"。①

从外委会各委员的意见来看,他们大致认为报告书中的建议原则和方案虽有若干之处需要修正,但总体上可以接受。12日,外委会经数日协商后,认为《李顿调查团报告书》"在不妨害中国主权领土与行政完整之下,有不少部分可按照其原则,进行东北问题之磋商",并要求日内瓦中国代表团声明如下基本立场:"中国政府颇愿作为中日问题讨论之基础。但为便于实行,及为免除将来纠纷起见,中国政府认为,建议办法中之若干项,有改善或修正之必要。"②此时众人皆切望蒋介石和汪精卫对报告书有具体表示。

《李顿调查团报告书》发表时,蒋介石正常驻汉口,督剿红军。10月7日,蒋介石致电罗文干,询问外委会对报告书的研究情况:"政府同人研究国联调

---

① 《罗委员文干意见》,《国际联合会调查团(六)》,第84—101页,"外交部"档案,台北:"国史馆"藏,020-990600-2080。

② 《外交部致日内瓦中国代表团电》,1932年10月16日,《东省事变之解决方针及措置(五)》,第86—87页,"外交部"档案,台北:"国史馆"藏,020-010112-0026。

查团李顿报告书之结果如何,请快函飞示,共资商榷,此间亦方在研究中矣,俟有所见,当陈供参考也。"①10月9日,在读完报告书摘要后,蒋在日记中感叹:"李顿对于调停之主张,亦太怕日寇矣。但报告书中前八章调查之日本责任,尚属公道,余对此认为有修正与保留之接受,而不拒绝。鸣呼,以弱国而谈外交,又欲于外交中图自主自强之道,乃非此不可。"②15日,罗文干携带各委员拟具的意见书,赴汉谒蒋。蒋介石详陈了其对报告书的意见,指示罗文干:在态度上,"前八章可以接受,第九、十两章要求修正",在政策上,"解决东三省方案,在原则上必须恢复'九一八'以前状态","断不能容认日本武力造成之任何新情势,或强迫中国接受'九一八'以来中日两国条约上所无之义务,因以削减中国主权或行政完整",故而对于报告书中召集顾问会议、强制任用外国顾问、合并中日铁路以及永远禁止排货等建议,应该要求废弃或做根本修改,但是为永久和平及中日关系改善考虑,可以同意撤除军备,签订互不侵犯条约,实行对日和解及公断计划,并改善东三省行政。③

不难看出,相对于调查团来华期间蒋、汪二人在《解决东案问题大纲草案》上表现出的让步,报告书公开发表后,蒋介石对解决中日问题的态度有了一定程度的强化。此种变化,与时局的发展有重要关联。《解决东案办法大纲草案》提出后,日本随着斋藤内阁上台,坚持承认伪满洲国,国民政府在国联调查团斡旋下与日本召开停战会议的想法并未实现。7月,日军滋扰热河地区,给国民政府造成很大的军事压力。9月15日,日本与伪满签订了《日满协定书》,正式承认了伪满洲国。随着日本在东北继续扩张的态势日益明朗化,蒋介石判断:"就目前形势观察,除非列强对日有执行经济或武力制裁之决意,或日本国内有不利于军阀之重大变化发生,日本决不接受调查团报告。"但是上述两种情事,在当时都没有实现的希望,所以在东北问题上,中国纵然表示愿意让步,仍然对解决纠纷于事无补,只能为将来的交涉或行动增加束缚。另外,从国内环境来看,报告书发表后,政界各派力量对报告书存在不同的解读,国民党党内反对派和地方反蒋势力更是借批判报告书之机,抨击当局外交政

---

① 王正华编注:《蒋中正总统档案:事略稿本》(17),第57—58页。

② 秦孝仪主编:《"总统"蒋公大事长编初稿》卷二,台北:"国史馆",1978年影印,第236页。

③ 《蒋委员长对于国联调查团报告书之意见》,《国际联合会调查团》(六),第121—123页,"外交部"档案,台北:"国史馆"藏,020-990600-2080。

策的失败。国民政府如果在中日问题上继续做出公开让步,不仅会严重损害国民党一贯标榜的"追求民族独立"的政治形象,而且必然招致党内外反对势力和国内舆论的重大攻击,造成全面被动的局面,这也是蒋最为担心的问题之一。① 但是随着日本对中国压迫的增强,南京国民政府依仗国联解决中日问题的需求也更为迫切,所以在对《李顿调查团报告书》的态度上,蒋介石认为,"为取得国联及一般国际舆论之同情起见……自宜采取温和态度,不可表示过度之反抗"②,同时又指示外交部在报告书提交国联大会审议之前的几个月中,尽最大努力"要求国联为必要之修正"③。

汪精卫在 10 月下旬赴德国就医前,公开发表告别书,其中提到对报告书的意见问题。汪精卫对报告书事实观察与建议部分的不符表示遗憾,称报告书"于事实之叙述及东北事件因果之观察,明白公允。对于日本蓄意破坏中国领土完整以遂其侵略政策,认为该国预定之计划一点,尤为明确,值得吾人对调查团之努力及公平判断与以赞赏。惟于此尚不能无憾者,即调查团于叙述事实后,而建议之解决方法,似觉与其自述之事实不相符合耳"。汪精卫认为,调查团虽然知晓事变责任全在日本,却不敢要求日本承担,不惜迂回曲折,提出所谓和平的解决办法,其关键原因是"国联虽有公平之观察及对于正义之同情心,而其制裁力不足以副之"。至于中国当下对报告书的应对之策,汪精卫表示,有战争以及和平两种途径可供选择:"由前之道,则凡过去日本用武力攫夺而去者,亦由武力恢复之,此由武力以求公道也。由后之道,则由和平以求公道,其最要方法,在接受国联对于我之同情心,而于其制裁力之薄弱,则求所以矫正而增益之,以期得最后之胜利。"④汪氏显然不认为中国当时有通过战争收复失地的可能,所以其谈话的用意是暗示在当时形势下,只能信赖国联,认可《李顿调查团报告书》。

---

① 《蒋委员长对于国联调查团报告书之意见》,《国际联合会调查团》(六),第 120 页,"外交部"档案,台北:"国史馆"藏,020-990600-2080。

② 《蒋委员长对于国联调查团报告书之意见》,《国际联合会调查团》(六),第 120 页,"外交部"档案,台北:"国史馆"藏,020-990600-2080。

③ 《蒋委员长对于国联调查团报告书之意见》,《国际联合会调查团》(六),第 121 页,"外交部"档案,台北:"国史馆"藏,020-990600-2080。

④ 《汪兆铭对报告书意见》(1932 年 10 月 20 日),罗家伦主编:《革命文献》第 40 辑,第 2763—2764 页。

在公开表示意见之外,10 月 21 日,汪精卫致电蒋介石,私下陈述自己的外交主张,表示中国须一面继续信赖国联,一面仍不可忽视对日交涉,称:"《国联调查团报告书》,其所拟办法固未能满意,但大体上尚属持平,且与我方有利较多,此时外注重国联,自无疑义,惟对日交涉,仍不可忽。同志中有虑日本故造直接交涉空气以懈国联者,此为应有之顾虑,但只须我方审慎,不堕其术中,自不必因噎废食。"蒋介石回复:"所见甚佩,当转告岳军。并请嘱有壬等,亦共同进行。"①

在蒋介石和汪精卫意见的基础上,外委会连日开会讨论,形成了对报告书原则和建议部分的详细意见。关于第九章解决中日问题的十项原则,意见认为:第一条"适合中日双方之利益"和第二条"考虑苏俄利益",不必表示异议;第三条"遵守现行之多方面条约",应积极赞成;第四条"承认日本在满洲之利益",应只承认日本在东三省的正当利益;第五条"树立中日间之新条约关系",必须在不得损害中国主权和领土行政完整的原则之下;第六条"切实规定解决将来纠纷之办法",在和解等项下说明;第七条"满洲自治",可向国联声明,中国将积极改善东三省行政,逐步设立人民代表机关,实行中央地方均权制度,给予地方政府宽大的自治权利;第八条"内部之秩序与免于外来侵略之安全"(即撤除军备),为保障永久和平,中国愿意诚恳考虑,但为保证计划的实行,必须附以切实有效的保障公约;第九条"鼓励中日间之经济协调",不必表示异议,但须视东北问题是否完满解决而确定其办法及程度;第十条"以国际合作促进中国之建设",须以不违背第三条"遵守现行之多方面条约"为前提。

至于报告书中提出的建议方案,外委会决议如下:(一) 关于中日直接讨论,自始至终必须在国联行政院或其他方面的监督之下进行;(二) 关于顾问会议,因国内反对者最多,可以声明"中国政府自行推进东省自治制度时,当尽量容纳或参酌地方人民以适当方法表示之真正意思";(三) 关于中央政府的权限,保留外交、国税、电政、交通、国籍法、司法制度以及重要官吏的任免权;(四) 关于宪警,中国政府准备派遣宪警维持东北治安;(五) 关于外国顾问,中国为改善东北政治起见,可以聘用外国专家,但要自主决定专家的任免,不受任何条约拘束;(六) 关于中日经济条约,必须在不损害中国主权和领土行

---

① 《汪精卫致蒋介石电》,1932 年 10 月 21 日,《一般资料——民国二十一年(八)》,第 197—198 页,蒋中正"总统"文物,台北:"国史馆"藏,002-080200-00060-079。

政完整的原则之下,且范围只限于东三省;(七) 关于中日和解、公断、不侵犯及互助条约,均应由第三国人士参加;(八) 关于在中日商约中禁止抵货运动,应视东北问题有无完满解决而定;(九) 关于其他应该主张的重要原则,不承认日本因违约侵略而获得的利益,国联关于日本撤兵的决议案继续有效,日本的撤兵义务和不以武力施压谈判的原则继续存在,中国保留向日本索赔损失的权利。① 从上述意见内容不难看出,外委会对于解决方案的原则是:妨害中国主权和领土完整的建议明确不能接受;对领土主权无害的建议予以原则上的认可;认为属于内政,应由中国主动提出的建议,则提出合理的对案。

10 月 16 日,外交部致电日内瓦中国代表团,传达了外交委员会上述决议。代表团回电称,外委会决议对报告书前八章未加评论,似有完全同意之嫌,应指出其"不完全、不正确之点,以及不合法之结论",以备代表团遵照。同时,代表团对于顾问会议提出了自己的看法,认为调查团的本意倾向中国:"顾问会议一事,李顿之意,以保证日方得参加自治,诱其退出东省,盖以我方单独任之,不足为充分之保证也。"至于抵制日货问题,代表团建议最好提请国际法律机关,以适用办法予以裁决,以便中国有所遵循。②

对于代表团的提议,11 月 1 日,外委会开会讨论,决议对报告书前八章"可酌量情形,声述吾方意思",具体意见为:(一) 前八章陈述事实及其结论,大体客观公正,特别是对"九一八"事变的发生和伪满洲国成立的认定,"尤能明白判定日本对于东省事件之国际责任";(二) 第九、第十两章内所提的建议,如顾问会议等,显然与上述事实认定有所抵触;(三) 调查团对中国政治情形及其他问题的观察,如民族主义、抵制日货等,尚有不够透彻之处;(四) 调查团对日本国内政治紊乱、危及远东和世界和平的情形,未能加以观察。此外,对中国代表团提出的对顾问会议的意见问题,外委会强调,"此举损害我主权及行政权之完整,国内一致反对。调查团虽有苦心,然我方仍应明白拒绝,否则国内势将引起重大纠纷"。至于抵货问题,外委会表示,抵货因日本军事侵略而引起,东北问题解决后,即可迎刃而解,但是此事"不可交国际法律机

---

① 《罗文干致日内瓦中国代表团电》,1932 年 10 月 20 日,《东省事变之解决方针及措置(五)》,第 12—15 页,"外交部"档案,台北:"国史馆"藏,020-010112-0026。

② 《照译颜代表自日内瓦来电》,1932 年 10 月 29 日,《东省事变之解决方针及措置(五)》,第 96—97 页,"外交部"档案,台北:"国史馆"藏,020-010112-0026。

关,因交必失败"。①

在蒋介石、汪精卫等人主导下,国民政府明确了以《李顿调查团报告书》为基础解决中日问题的基调,并制定了对报告书的具体意见和应对策略,即认可调查团关于"九一八"事变的调查结果,而对中日冲突的调停方案持尽力修改意见。

小　结

标榜中立的国联调查团,并不能撰写出一部完全客观公正的报告书。《李顿调查团报告书》的出台,是当事国意志、调查团意志、英美等大国意志以及国联意志多重博弈的结果。虽然报告书在陈述中日冲突时措辞委婉严谨,并在"九一八"事变和伪满洲国等关键性问题上得出了较为客观的结论,但是调查团调查事实真相的最主要目的并非判明中日争端的是非责任,而是在此基础上寻求根本解决两国冲突的途径。报告书提出的建议方案是在国民政府《解决东案办法大纲草案》的基础上,通过顾问会议等方式,以国际力量的介入,促成中日两国在东北利益的重新分配,其核心是承认日本在东北的特殊经济利益,同时保全中国对东北的领土主权。这一方案的提出,体现了调查团基于现实因素,对各方利益加以调和的理念。

报告书发表后,中日双方都认为其建议方案使得己方利益受损。日本已然承认伪满洲国,视东北为囊中之物,对报告书表示强烈反对。而中国国内各方政治力量对报告书也存在不同解读,国民党内反对派和地方反蒋势力更是借批判报告书之机,抨击国民政府外交政策的失败。蒋介石虑及党内外反对势力和国内舆论的攻击,加之判断日本必然不肯接受报告书,继续让步对解决东北问题于事无补,反为将来的交涉或行动增加障碍,指示外交部接受报告书的前八章,但对第九、第十两章尽力谋求修正。汪精卫也赞成继续信赖国联,基本认可报告书。在蒋、汪主导下,南京国民政府明确了以报告书为基础解决中日问题的外交方针。

① 《外交部拟致日内瓦代表团电》,1932年11月1日,《东省事变之解决方针及措置(五)》,第101页,"外交部"档案,台北:"国史馆"藏,020-010112-0026。

第六章 《李顿调查团报告书》发表后
国民政府面临的挑战与因应

报告书发表后,调查团的历史使命基本宣告结束,各方关注的焦点转向中日两国在国联审议报告书之前的外交折冲上。但是这一时期,南京国民政府内部发生的一系列事件"使全国上下屏息吞声一致对外之视线,突遭一意外之转换"①,与此同时,国民政府的外交政策也遭到日本的强力挑战。这些内外事件并非由调查团和报告书引起,却均与其有重要关联,可以被视为调查团影响的余绪。本章拟对这些事件进行考察,希冀以此进一步揭示在国联调查团的因应问题上,南京国民政府所面对的内政与外交相互制衡,以及外交严重受制于内政的状况。

第一节 国内政局的震荡

一、汪精卫出国与国民政府中枢的弱化

报告书发表后,中国国内政局再次经历了一场大的震动。

《淞沪停战协定》签订后,日本将在上海的陆军调到东北,并不断侵扰山海关和热河。南京国民政府此时将重心转向剿共,以"除去国家腹心之患"②。1932 年 6 月 9 日,蒋介石在庐山召开湘、鄂、豫、皖、赣五省"剿匪"会议,正式宣布"攘外必先安内"政策,部署对苏区发动第四次军事"围剿"。③ 6 月 15 日,汪精卫、罗文干和顾维钧等人飞抵庐山,向蒋介石汇报国联调查团在东北实地

---

① 《川鲁事态之尖锐化》,《申报》1932 年 10 月 23 日,第 3 版。
② 秦孝仪主编:《"总统"蒋公大事长编初稿》卷二,第 204 页。
③ 秦孝仪主编:《"总统"蒋公大事长编初稿》卷二,第 201—203 页。

调查的情形,并会商外交、财政、军事等问题。对于外交,会议决定仍本着"一·二八"事变后"一面抵抗、一面交涉"的原则,"对东北失地,决以积极方法,从速收回"①;对热河问题,则决定命张学良解决与日本关系暧昧的汤玉麟,占据热河,并与东北义勇军打成一片,使山海关的日军不敢进窥平津地区。②

会后,汪精卫偕宋子文、罗文干、顾维钧、曾仲鸣等人飞赴北平,与国联调查团再度进行晤谈。汪此行的另一个重要目的是向张学良通报庐山会议的决定,要求张学良遵照执行。但张学良在热河问题上态度冷淡,仅和汪会谈了一次,长"数分钟"。据张氏晚年回忆,汪精卫希望张学良的军队"和日本人打一下",表示"现在外面的压力太大,南京政府受不了啦,你呀,军队动一动,打一下,跟日本人打一打,就可以了。政府恐怕就维持不住了,打一下可以先平息一下国内反对的声浪"。③ 但是张学良当面回绝了汪的提议,认为"日本人未必犯热河",并且表示军事问题要与蒋介石直接晤商。④ 汪精卫再欲与张会谈时,张已称病住进医院。

张学良的态度引起了汪精卫的极大不满。在给李宗仁的电报中,汪表示:"弟赴北平,不仅为晤调查团,尤注意华北军事和政治状况。因此为抗日要著,须与张主任商量办法,明知无济,不得不尽责在我。滞平数日,不得要领。现拟提出主张,彻底改造,以期收复失地,巩固国防。弟之进退,当决于此也。"⑤ 6月27日,汪精卫在中央党部做报告,称:"平津长官仍无抗日决心,或许将来还有勾结日人以图生存之一日,故北方政治不改革,绝无抗日保土之希望,本人决计改革北方政治,否则本人辞职亦无不可。"⑥ 在北平碰壁后,汪已下决心

① 《顾维钧昨来沪:庐山会议结果圆满,积极进行收回东北,今日各界集会慰劳,顾氏明晨原机北返》,《申报》1932年6月16日,第9版。
② 秦孝仪主编:《"总统"蒋公大事长编初稿》卷二,第201页。
③ 王书君:《张学良世纪传奇(口述实录)》,济南:山东友谊出版社,2002年,第465页。
④ 《汪精卫致蒋介石电》,1932年6月24日,《沈阳事变(一)》,第94页,蒋中正"总统"文物,台北:"国史馆"藏,002-020200-00012-094。
⑤ 陈红民辑注:《胡汉民未刊往来函电稿》第11册,桂林:广西师范大学出版社,2005年,第442页。
⑥ 《王荫椿致邓锡侯电》,1932年6月28日,《各方民国21年6月往来电文录存(二)》,第105页,阎锡山史料,台北:"国史馆"藏,116-010108-0206-098。

整顿北方政局，并不惜以辞职相逼。

此时蒋介石也对北方形势忧虑不已。6月27日，他夜宿驶往汉口的军舰并考虑北方问题，认为："汪兆铭等反对张汉卿甚烈，汉卿固纨绔庸弱之徒也。北方事必更形紧张，余应速定方略，以安党国，然而如由余直接管理，则时间不许，实力亦差，而与缩小范围以待准备之旨亦相反矣。如放任不管，则平津又恐变为东省第二，是余必不能不管也。呜呼，如能假我三月至半年之时间，则事有可为耳。"①可见，蒋虽然也对张学良"殊无解决热河勇气""不自振作"感到失望，但因撤换张学良一事"关于北方全局与日本外交及中央政局，皆发生影响，而其继任人选又甚为难"②，因此主张维持现状，尤其是蒋把"攘外必先安内"战略置于优先地位，此时南方"剿共"战事正酣，自然希望华北局面保持相对稳定。

7月17日，石本事件③爆发，日军第八师团擅自进入热河，并派飞机轰炸了辽、热交界的朝阳。热河危机发生后，张学良及汤玉麟的告急电报接连送至南京。汪精卫屡电张学良，令其出兵抵抗，但是张学良和汤玉麟不仅未有抵抗举动，反而一再以补充军需为名，向中央索款。7月22日，汪精卫以行政院院长的名义发表通电，表示"国难日深，凡我军政长官，应督饬所属，从今努力，共谋捍卫"，意在逼张学良进兵热河。张学良则以北平政务委员会的名义发表宣言，暗示汪精卫没有指挥华北军事之权，④双方矛盾进一步激化。8月6日，汪精卫公开致电张学良，历数张氏"自去岁放弃沈阳，再失锦州，致三千万人民、数千里土地陷于敌手"，痛斥其"藉抵抗之名，以事聚敛"，并义正词严地声称："弟诚无似，不能搜刮民脂民膏，以餍兄一人之欲，使兄失望于弟，惟有引咎辞职以谢兄一人，并以明无他。惟望兄亦以辞职谢四万万国人，毋使热河、平津为东北锦州之续，则关内之中国幸甚，惟兄裁之。"此后，汪即辞去行政院院长

---

① 吴淑凤编注：《蒋中正总统档案·事略稿本》(15)，台北："国史馆"，2006年，第243—244页。

② 《蒋介石日记》(手稿本)，1932年7月4日，美国斯坦福大学胡佛研究所藏。

③ 1932年7月17日，日本间谍石本权四郎从热河省北票县返回锦州递送情报的途中，在朝阳寺车站附近，被活跃在当地的李海峰所部抗日义勇军逮捕。日本以此为口实，向中国辽宁和热河交界的朝阳地区发起进攻，此即"石本事件"(亦称"朝阳寺事件")。

④ 《北平政委会宣言通电》，1932年8月1日，《东省事变之解决方针及措置(一)》，第192—193页，"外交部"档案，台北："国史馆"藏，020-010112-0022。

之职,离宁赴沪。

汪精卫高调发表辞职通电后,朝野震动。张学良深夜发表谈话,否认汪电文中的指控,并表示:"自'九一八'以还,余个人身家性命,均早经置之度外,更何论乎去留?惟余为负有地方治安责任之人,事实上去留颇难自由,自今以后,立当部署所属,准备交代,绝不能拂袖引去,而危及治安。"①7 日,北平政务委员会决定张学良向中央提出辞职,同时致电汪精卫,解释请求中央补助确有必要,绝非以抗日之名聚敛。② 汪精卫接张电后,即电请中央准许张学良辞呈,并向记者发表谈话,提出"去军阀"之说,称:"国难日亟,而内部不统一如故,言军事则各自为政,无法指挥,财政则各省截留,仰屋兴叹。今热河告急,平津危殆,张汉卿拥兵不前,民族危亡,指日可待,故救国唯有去军阀,统一内政。"③政潮有愈演愈烈之势。9 日,行政院副院长宋子文及各部部长、各委员会委员长,援引责任内阁进退一致的原则,提出总辞。胡适谓此事有如"青天白日里的一声霹雳,中央政局就立刻陷入了无政府的危险"。④

蒋介石对汪、张交恶深恶痛绝,认为二人"皆为私而不顾大局,令人愤慨,而汪尤不如张也"⑤。为化解冲突、挽回局面,蒋不得不在两人之间极力调和。8 月 6 日,在接到汪的辞职电报后,蒋介石立即致电挽留,恳请汪"俯念艰危,立即返驾主持,以安人心"⑥,并通过国府主席林森、国民党元老吴稚晖以及宋子文、何应钦等军政要员,劝汪回京复职。同时,蒋介石又致电正在北平的张群,请其安抚张学良,劝慰张氏"以大局为重""忍耐处之"。⑦ 蒋介石还为张学良考虑了三条进退之策:(一)不辞职而带兵入热抗日,(二)辞职而带兵入热抗日,(三)辞职而改组北平绥靖公署。蒋本人希望张能采行第一或第二策,

---

① 《汪精卫突然辞职,并电张汉卿劝其亦辞职,张表示重值守备交代,日祸煎迫中之政界大波澜》,《大公报》(天津)1932 年 8 月 7 日,第 3 版。

② 《一周间国内外大事述评》,《国闻周报》第 9 卷第 32 期,第 2 页。

③ 《汪精卫昨电请中央准张学良辞职:为求统一本人决议牺性,打破军阀割据局面》,《庸报》1932 年 8 月 9 日,第 1 版。

④ 胡适:《汪精卫与张学良》,何卓恩编:《胡适文集(政治卷)》,长春:长春出版社,2013 年,第 192 页。

⑤ 秦孝仪主编:《"总统"蒋公大事长编初稿》卷二,第 216 页。

⑥ 《蒋介石致汪精卫电》,1932 年 8 月 7 日,《一般资料——民国二十一年(一)》,第 317 页,蒋中正"总统"文物,台北:"国史馆"藏,002-080200-00053-117。

⑦ 秦孝仪主编:《"总统"蒋公大事长编初稿》卷二,第 215 页。

进军热河,但是张经过衡量,认为难以出兵,于是采行第三策,并建议在北平特设军事委员会分会,以总揽全局。① 16 日,国民政府批准张学良辞去北平绥靖公署主任职务。17 日,中央政治会议例会,汪精卫回京主持,会议决议裁撤北平绥靖公署,改设军事委员会北平分会,蒋兼任分会委员长,而张没有列名军分会。

蒋介石此种做法,明显为示好汪精卫,希望借此让步,促使汪回宁复任。但是为安抚张学良、平息其手下将领的激愤之情,蒋介石又令张以全权代表的名义代行委员长职权,北平分会的名单也交由张决定,通过这种去名存实的方式,保留了张学良对华北军事的指挥权。② 蒋氏如此措置,自然难令汪精卫满意。汪再次离宁,并一度避居杭州莫干山。为免中枢持续动荡,8 月 22 日,国民党中央常务委员会决定,以行政院副院长宋子文暂代院长职务,同时名义上保留汪的行政院院长之职,准其请假。9 月 13 日,宋子文拜访汪精卫,请其不要离开上海,“俟热河或国联有所动作,即可出而任事”③,但汪氏已决定以治疗肝病为由,赴德国就医。

10 月 20 日晚,汪在上海发表“告别书”,内中公开了其对《李顿调查团报告书》的个人意见,并称此次出国“以谋专门治疗,或得康复,以继续为国事努力”。④ 22 日,汪精卫偕陈璧君、曾仲鸣等人离开上海,奔赴欧洲。汪、张纷争引起的政潮,最终以僵局收场。

早有论者指出,国民政府的此次政潮,表面上是汪、张交恶,实质是蒋、汪矛盾。⑤ 汪精卫与蒋介石在“一·二八”事变前后联袂复出,汪主政中央,蒋负责军事。但是汪之主政举步维艰,外部则日本咄咄逼人,东北问题持续恶化,内部则蒋介石掌控大局,军权不断干犯政权。8 月 17 日,汪在国民党中常会

---

① 秦孝仪主编:《“总统”蒋公大事长编初稿》卷二,第 217 页。

② 《蒋介石致张群电》,1932 年 8 月 13 日,《一般资料——手稿录底(十六)》,第 135 页,蒋中正“总统”文物,台北:“国史馆”藏,002-080200-00411-117。

③ 《宋子文致蒋介石电》,1932 年 9 月 13 日,《一般资料——民国二十一年(三)》,蒋中正“总统”文物,第 197 页,台北:“国史馆”藏,002-080200-00055-093。

④ 《汪昨晚发表告别书,对李顿报告书不满其建议,应矫正国联制裁力之薄弱,战争与和平均需团结一致》,《中央日报》1932 年 10 月 21 日,第 2 版。

⑤ 王军:《张学良与 1932 年南京政潮》,《河南大学学报(社会科学版)》1993 年第 1 期;段智峰:《蒋介石与汪精卫在二次合作格局下的斗争与合作——以 1932 年汪张交恶为中心的考察》,硕士学位论文,浙江大学人文学院,2009 年。

报告辞职缘由和经过,称:"本人'一·二八'受命于艰危之局,抱定抗日救国主旨,原期竭尽心力,挽回危亡,荏苒半载,事与愿违,建树毫无。"①汪系人物唐有壬也对外表示:"汪离京,固由于病体难胜繁剧,然其所拟之抗日计划,始终不能实现,亦为最大原因。"②虽是辩解之词,但也反映出汪所处的困境与心中之不满。故而张学良一味听命于蒋,拒不服从中央命令时,汪突然发难,引起政潮。蒋介石既不愿汪离职,又希望张学良继续坐镇华北,实施了一系列措施,希望调和双方,恢复原状,以便集中力量"剿共",但汪、张之间势同水火。权衡利弊之后,蒋介石还是迁就张学良,维持了张的权力与地位。汪精卫因此挂冠而去,蒋、汪之间的合作遭遇顿挫。

在《李顿调查团报告书》发表,南京国民政府急需应对之策时,汪远走海外,蒋常驻汉口,致使"中央政务颇形停顿"③,政府中枢面临虚化的风险。南京政潮也引起了国际社会的关注。国联调查团及各国驻北平外交使领团纷纷通过顾维钧等途径询问情况,并担忧政潮导致华北生变,中央政府再度解体,对日关系发生变化。④ 日本首相斋藤实则借机嘲讽中国政治涣散,称:"与中国交涉,较诸满洲问题,尤为重大。但吾人不知中国政府实际何在。《李顿报告书》提议与中国直接交涉,但吾人既不知中国政府何在,亦不知主持之者为何人,吾人又何能为之?"⑤

对于国内的政潮,日内瓦的中国外交官们深感痛心。10 月 10 日,颜惠庆等人致电中央,表示:"查十余年来,欧美列强常感我国政局不定,中央无强固政府,内部纷乱,政令不行。'九一八'以还,日本即利用欧美此种观念,在国际间极力宣传,谓我国政治紊乱,组织不完,条约义务不能履行,以期引起各国反

---

① 《汪归京主席中政会,北平军委分会发表,于王对调宋哲元长察省,行政院事待汪飞浔商决》,《大公报》(天津)1932 年 8 月 18 日,第 3 版。

② 《唐有壬陈树人谈汪离京原因,谓因不能贯彻对外主张,并非因对人问题而消极》,《大公报》(天津)1932 年 9 月 18 口,第 3 版。

③ 《冷融致刘文辉电》,1932 年 9 月 10 日,《各方民国 21 年 9 月往来电文录存(一)》,第 24 页,阎锡山史料,台北:"国史馆"藏,116-010108-0212-017。

④ 《顾维钧致蒋介石电》,1932 年 8 月 11 日,《迭肇事端(二)》,第 103 页,蒋中正"总统"文物,台北:"国史馆"藏,002-090200-00015-067。

⑤ 《刘次长照译顾公使自巴黎来电》,1932 年 10 月 26 日,《外交部与军事委员会委员长蒋中正等接洽中日纠纷之文电》,第 23 页,"外交部"档案,台北:"国史馆"藏,020-010102-0183。

感。此次调查团东来,日方所提说帖,关于此点尤反复申述。而该团亦以我国中枢分散洛、宁、沪、汉,形势分歧,内部亦多未充实,引为遗憾。虽经迭予解释,殊恐未能尽袪其感。惠等日来在此历访各国代表,亦多以我国无强固政府,形势涣散为虑。《调查团报告书》认为,此种情形足以危害东亚和平,并于第九章提出以国际合作协助中国改造之建议。将来国联开会,恐日本仍将利用此点,以中国现在状况之下,纵能有所议定,难望切实履行,或将以协助中国改良政治为先决问题,提出讨论,以期延阻东案之解决。"颜惠庆希望充实中央组织,强固政府,并主动延聘各国专家,协助改造中国。① 颜电发出后,宋子文以行政院代理院长的名义复电,表示国内也正为此不安,并力促各方团结合作,但政治形势十分复杂,并非几人的愿望和决心所能改变,"只能尽人事而已"。②

二、内战迭发及地方政局的动荡

《李顿调查团报告书》发表后,不仅南京国民政府中枢震动,地方冲突也频繁爆发,造成恶劣的国际影响,并严重干扰了当局的外交努力。

1932年9月中旬,山东省政府主席兼第三路军总指挥韩复榘与驻胶东的第12师师长刘珍年发生冲突,导致激烈的内战。韩刘冲突是中原大战的后遗症之一。韩复榘在中原大战时叛冯投蒋,于1930年被任命为山东省政府主席,而此前原直鲁联军将领刘珍年被安置在胶东,山东形成两大军阀对垒局面。韩复榘处心积虑统一山东,刘珍年则不甘放弃在胶东的独立王国,9月16日,双方的大战终于爆发。

韩、刘之争战火正酣之时,四川又爆发军阀刘湘和刘文辉叔侄的冲突。彼时四川经过连年内战后,逐渐演成二刘争霸的局面,刘湘与南京国民政府亲近,刘文辉则曾多次通电反蒋。1931年2月,国民政府改组四川军政,刘湘出任四川善后督办,刘文辉任省长。二刘自恃兵强马壮,都决心打垮对方,统一四川。1932年10月,刘湘、刘文辉争川之战爆发,双方各拥兵十余万,实力旗鼓相当,但刘湘联合邓锡侯、田颂尧、杨森、李家钰、罗泽洲、刘存厚等川内其他

---

① 《颜惠庆等之外交部电》,1932年10月10日,《东省事变之解决方针及措置(五)》,第84页,"外交部"档案,台北:"国史馆"藏,020-010112-0026。

② 顾维钧著,中国社会科学院近代史研究所译:《顾维钧回忆录》第二分册,第63页。

军阀,刘文辉孤立无援,却不甘示弱,双方战事极其激烈。

除了鲁川战事接连爆发,当时第三次康藏纠纷尚未解决,英国怂恿指使的藏军和刘文辉指挥的川康边防军仍然对峙于金沙江。淞沪抗战后蒋光鼐的十九路军被调往福建,与当地军阀陈国辉发生冲突。地方矛盾有集中爆发的态势。

各地内战的发生,全国为之侧目。驻日公使蒋作宾在日记中感叹:"国难如此紧急,国内仍纷起自斗,几不知人间有羞耻事。如四川之刘湘、刘文辉,山东之韩复榘、刘珍年,福建之蒋光鼐、陈国辉等,皆只知眼前一己利害,国仇皆不顾也。"①日本则抓住时机,攻击中国为"无组织之国家",为即将召开的国联会议制造舆论。10月4日,日本陆军省发表谈话,称"山东省有韩、刘之冲突,福建省则有主席问题,十九路军现方与当地军队争夺中……四川全省亦在混乱之中,致南京政府极感困难",反驳《李顿调查团报告书》中的"中国在发展之过渡期"的说法。②此外,在反对《李顿调查团报告书》的意见书中,日本也表示:"满洲及中国不安定,危及东亚及世界和平。若满洲交还中国,将治丝而愈棼。中国内部已无力改造。"③国联正式审议报告书前,日本更是积极活动,恶意宣传:"一、极力分化北方,谣传韩将独立,冯、阎、韩、吴联合拥段、张欲去汤及复辟诸说,肆意挑拨,以期分化实现;二、在国际造成纷乱之空气,宣传鲁、川、粤、闽、贵等省内讧不已,随地'匪共'抢劫,英人已助西藏独立,藏兵已入川边,蒙人又将大举入寇。"④此种宣传耸动国际视听,破坏中国形象。上海《大美晚报》评论称:"韩、刘之争城夺地,应受日本政府最高奖章,因日本藉此可昭示国际,谓中国事实上并未统一,且可加强日本进取华北之决心。"⑤

鲁川战事的爆发,也造成恶劣的国际观瞻。10月7日,蒋作宾会晤各国

①　蒋作宾著,北京师范大学、上海市档案馆编:《蒋作宾日记》,南京:江苏古籍出版社,1990年,第49页。

②　《蒋介石电韩复榘、刘珍年电》,1932年10月7日,《沈阳事变(一)》,第382—383页,蒋中正"总统"文物,台北:"国史馆"藏,002-090200-00003-234。

③　《外交部致蒋介石电》,1932年10月6日,《事略稿本——民国二十一年(六)》,第335页,蒋中正"总统"文物,台北:"国史馆"藏,002-080200-00058-144。

④　《外交部致蒋介石电》,1932年10月28日,《沈阳事变(一)》,第348页,蒋中正"总统"文物,台北:"国史馆"藏,002-090200-00003-219。

⑤　《蒋介石电韩复榘、刘珍年电》,1932年10月7日,《沈阳事变(一)》,第383—384页,蒋中正"总统"文物,台北:"国史馆"藏,002-090200-00003-234。

驻东京使馆人员,众人坦言对中国现状深感失望:"中国值兹国难当前,尚不觉悟,团结一致御侮,仍为个人私利斗争,且又无健全政府,将来列国态度,恐于中国不利。"蒋作宾闻言,深感刺痛,"泪从内落"。①9日,蒋作宾与英、德驻日大使晤谈时,两国大使也表示:"中国内乱不已,政府不健全,均予日人以口实,各国亦莫能为之辩解。"②日内瓦各国代表也向中国驻国联代表团表达了失望之情:"法国代表表示对我国国内混乱和政府缺点极为不满。英国、西班牙和澳大利亚的代表及捷克外长均希望我国迅速扩大政权基础,以建立一个有效的政府,并向国外显示一个联合阵线,从而鼓励友好国家对我进行帮助的善意和决心,并防止敌人的诽谤中伤。"③

因鲁川内战严重影响外交,罗文干于25日特意致电韩复榘、刘珍年、刘湘、刘文辉等将领,劝各方在国联会议即将召开之际,以国家为重,立即息争。中国驻日内瓦国联代表团也致电外交部,希望政府迅速制止战事,恢复国际视听。④ 为尽快结束内争,10月30日,中国驻国联代表颜惠庆,以及驻法公使顾维钧、驻英公使郭泰祺、驻美公使施肇基、驻德公使刘文岛、驻苏公使莫德惠、驻丹麦公使罗忠治和驻挪威、瑞典、芬兰公使诸昌年等人,联名致电冲突各方,指出内战的恶果及对外交大局的严重干扰,痛切表示:"窃以日本向诋中国内部分裂,频年扰攘,一切公法公约俱不适用于我国,故遇事不得不图自卫。各国政界、外交团及舆论方面,均以中国内讧不已,友我者叹息,忌我者讪笑。《调查团报告书》亦谓我国内部不安,为东亚和平障碍,建议国际合作,助我改造。值此国难临头,祸迫眉睫,在我全国,正应同德同心,一致对外,冀可挽救于万一,当不致有拥兵自逞、以图争长者。倘因受敌挑拨,则煮豆燃萁,何异自杀? 或因争权泄愤,国家沦胥,同归于尽。诸公深明利害,务望放开眼光……风雨同舟,共济危局;否则国将不国,更何外交之可言? 我不自爱重,而欲求人

---

① 《外交部致蒋介石电》,1932年10月7日,《事略稿本——民国二十一年(六)》,第264页,蒋中正"总统"文物,台北:"国史馆"藏,002-080200-00058-120。

② 《外交部致蒋中正电》,1932年10月9日,《沈阳事变(一)》,第305—306页,蒋中正"总统"文物,台北:"国史馆"藏,002-090200-00003-202。

③ 顾维钧著,中国社会科学院近代史研究所译:《顾维钧回忆录》(第二分册),第63页。

④ 《妨害领土主权完整者不接受,中央确定对报告书态度,外部已训电代表团遵照,内战影响外交,再晓谕川鲁将领,中政会议决翁文灏长教、朱长交》,《益世报》1932年10月27日,第1版。

援助,必不可能。"①

正集中力量"剿共"的蒋介石,感到鲁川战事颇为烦神。9月19日,蒋介石在对山东内战进行了军事应对部署后,感叹道:"目前对倭寇、对国际,尚觉无法以善其后,而韩复榘之横暴、汪兆铭之诈伪,更令人心痛。"②四川战事爆发后,另外一些省份也有骚动迹象,蒋介石深感忧虑:"鲁事未了,川战又起,闽、粤、桂、黔皆有酝酿内讧,陕甘二省亦不能安定,而强邻倭俄则眈眈虎视,我国局势殆哉危乎!"③

为平息各地战事、安定局面,蒋介石多次致电当事的地方当局,劝各方以国事为重,止战息兵。10月7日,蒋介石致电韩复榘和刘珍年,称:"溯自胶东问题发生以来,舆论沸腾。以为际此国难严重之时,竟有同室操戈之变,痛心疾首,奔走呼号,冀能共勒悬崖之马,力挽既倒之澜。绝续存亡,间不容发。今强寇既以此耸动国际之视听,外报复大肆恶劣之宣传。倘烈燃箕之祸,必遗噬脐之忧。兄等久历行间,饱经忧患,尚希养蓄部属,以为国家干城之寄,保存元气,以振民族复兴之机也。"④次日,蒋又致电四川刘文辉、刘湘、杨森、田颂尧、邓锡侯、罗泽洲等人,剖陈时局艰难,劝告各方休战:"查《李顿报告书》方公布于世界,其中叙述虽未尽当,而于我国近年发展之过程,颇具同情。乃日本即据我当前现状,持为抹杀一切及应施宰割之口实,以资反驳,凡我军人,受兹侮辱,其何能堪? 宜如何惩忿痛艾,勠力同心,以图共挽国家之危难? 务望各守原防,力避接触,迅求和平解决,勿使川战续发,以破日本之藉口,而免误国之责任。"⑤同日,蒋氏又电两广陈济棠和李宗仁,回应两广对《李顿调查团报告书》的意见,并转达蒋作宾鱼、虞两电,希望两广与中央精诚团结,共赴国难。⑥

---

① 顾维钧著,中国社会科学院近代史研究所译:《顾维钧回忆录》(第二分册),第74页。

② 王正华编注:《蒋中正总统档案:事略稿本》(16),台北:"国史馆",2007年,第78页。

③ 王正华编注:《蒋中正总统档案:事略稿本》(17),第166—167页。

④ 《蒋介石致韩复榘、刘珍年电》,1932年10月7日,《沈阳事变(一)》,第382—386页,蒋中正"总统"文物,台北:"国史馆"藏,002-090200-00003-234。

⑤ 《蒋介石致刘文辉等电》,1932年10月8日,《沈阳事变(一)》,第387—390页,蒋中正"总统"文物,台北:"国史馆"藏,002-090200-00003-235。

⑥ 《蒋介石致陈济棠和李宗仁电》,1932年10月8日,《沈阳事变(一)》,第391—397页,蒋中正"总统"文物,台北:"国史馆"藏,002-090200-00003-236。

此外,蒋介石又与汪精卫、宋子文等人函电商榷,决定"一面严令诸将各守原防,静候查办,一面简派大员,前往彻查,确定办法,俾共遵守"①,同时调遣军队,以备最后武力之解决。

在各方压力下,11月13日,南京国民政府将刘珍年调至浙东,韩刘冲突基本得到解决,但二刘之战则持续至1933年刘湘大获全胜、刘文辉败退川西为止。

鲁川军阀逆势而动,抢夺地盘,"使敌人对我无组织无秩序之恶宣传,而竟得现成之证明……使我国政府当局于焦头烂额、手忙足乱之状态中,而倍增其惶急与烦虑"。② 此种局面的出现,既是各地军阀长期割据混战的恶果,也充分反映出这一时期南京国民政府对地方控制力的不足。

第二节 诉诸国联外交政策的重申

一、拒绝中日直接谈判

《李顿调查团报告书》发表后,南京国民政府在内政上经历震动的同时,外交上也面临严峻挑战。

1932年9月15日,日本不顾中国的反对,与伪满洲国签署《日满议定书》,正式宣布承认伪满。此时《李顿调查团报告书》已完成而未发布,国联会议尚未召开,日方此举,颇有逼迫国联和国际社会承认"既定事实"的意味。

日本悍然承认伪满后,南京国民政府迅即向日本驻华公使有吉明和日本外务省发去抗议书,谴责日本侵略罪行。16日,国民政府致电《九国公约》签字国,声明日本已经违反《国联盟约》和《九国公约》,要求各国"采取最有效之方法,对付目前之局面"。③ 17日,中国驻国联代表颜惠庆致函国联特别大

---

① 《汪定今晨赴德,三月为期,罗谈外交不变既定原则,应付报告书方法已定随机运用,汪昨接见各部会长及蒋阎代表》,《益世报》1932年10月22日,第1版。

② 《川鲁事态之尖锐化》,《申报》1932年10月23日,第3版。

③ 《我致九国条约当事国照会》(1932年9月16日),"中华民国外交问题研究会"编:《日本制造伪组织与国联的制裁侵略》,台北:中国国民党中央委员会党史委员会,1995年,第52页。

会,要求国联迅速采取严正措施。①

在争取国际社会援助的同时,国民政府也通过特定渠道,进行对日直接交涉。《上海停战协定》签订后,蒋介石、汪精卫将主要精力转向"剿共",命驻日公使蒋作宾趁日本"五一五"政变之机,以"不失主权,收复失地"为根本方针②,与日方接触。蒋作宾向来赞成中日直接交涉,认为"值此中日纠纷尚未得解决办法时,联络英美,信赖国联,亦实为扼要之图",但在国联11月开会审议调查团报告前,如果能通过妥善交涉解决中日冲突,对中国也是"上策","否则或受国联处分,或惹起世界大战,均于我国大不利也"。③ 基于此种观念,蒋作宾7月返回东京,遍访日本朝野领袖,劝说日本暂缓侵略步伐,改变对华态度,提议中日两国捐弃前嫌,"迅速恢复常态,实行亲善"。但是政变后的日本政坛,法西斯势力猖獗。政友会实权人物床次竹二郎在和蒋作宾谈话时表示:"辽案在去年九、十月间及'满洲国'未成立之前或可容易解决,今事势发展至此,欲蔑视事实,求回复去年'九一八'前之原状,恐万难办到……倘中国能如放弃外蒙古以放弃满洲,则诸事均易解决。"④被视为稳健派领袖的近卫文麿,也转告蒋作宾:在承认"满洲国"问题上,日本已无交涉余地,"中国惟有断念"⑤。蒋作宾活动数月,毫无实质进展,感叹:"警告日本各节,日本均悍然不顾,已无公理可言。"⑥9月11日,蒋氏自知无能为力,致电中央,表示对日直接交涉失败:"日本已决心承认伪国,势难挽回,惟望中央积极筹备,以应付今后万难之局面。"⑦

---

① "Letter from the Chinese Delegation to the President of the Special Assembly", September 17th, 1932, League of Nations Official Journal, Special Supplement, No. 111 (1932), P. 84.

② 《蒋作宾呈蒋介石函》,1932年8月22日,《一般资料——民国二十一年(二)》,第95页,蒋中正"总统"文物,台北:"国史馆"藏,002-080200-00054-101。

③ 《蒋作宾呈蒋介石函》,1932年8月22日,《一般资料——民国二十一年(二)》,第90—91页,蒋中正"总统"文物,台北:"国史馆"藏,002-080200-00054-101。

④ 《蒋作宾呈蒋介石函》,1932年8月22日,《一般资料——民国二十一年(二)》,第96—97页,蒋中正"总统"文物,台北:"国史馆"藏,002-080200-00054-101。

⑤ 《蒋作宾电国民政府外交部》(1932年8月25日),"中华民国外交问题研究会"编:《日本制造伪组织与国联的制裁侵略》,第40页。

⑥ 蒋作宾著,北京师范大学、上海市档案馆编:《蒋作宾日记》,第472页。

⑦ 《外交部致蒋介石电》,1932年9月11日,《一般资料——民国二十一年(三)》,第163页,蒋中正"总统"文物,台北:"国史馆"藏,002-080200-00055-078。

为逼迫国民政府屈服,日本采取了打拉结合的手段。一方面,日本在正式承认伪满洲国后,又宣称热河属于伪满洲国,屯兵辽热边境并轰炸朝阳地区,给国民政府造成极大的军事压力。另一方面,针对蒋介石以"剿共"为重心希望与日本采取"携手主义"的态度,日方表示"极愿援助中国统一,援助中国饷械,剿灭'匪共'"①。外相内田康哉、元老西园寺公望和近卫文麿都表露出以援助中国统一换取中国放弃东北之意。荒木贞夫则称,承认伪满是日本既定方针,"(日本)早置国联与美国于度外,纵令彼等全力压迫,亦不惜与之一战。倘中国仍利用欧美以窘日本,殊非中国之福,且恐惹起不幸之事。其愿中国不问辽事,专心内政,力图建设,诚意与日本亲善。日本愿以诚意提携,使我公(引者注:指蒋介石)从事统一"。② 9月,日本新任驻华公使有吉明来华,并在上海发表声明,称其立志将中日两国的困难关系,"转以恢复从前之亲善状态",并"确立以两国共存共荣为基础之东方和平"。③

对于日本此举,蒋介石一语道破其真意:"一面以承认伪满为胁制,一面以统一问题送秋波。"他判断日本之目的,在于诱使中国抛弃国联与欧美,与之直接交涉,进而压迫中国放弃抵制日货、解散东北义勇军。④ 在蒋看来,日本既然已经占据东三省,承认"满洲国"只在时间早晚,所以"倭寇承认伪满,与事实无甚关系,区区名义之争,暂置之亦未始不可"⑤。顾维钧赴欧上任前,拜访蒋介石、汪精卫、宋子文、罗文干等人,汇报调查团撰写报告书的情况,并就外交政策向政府请训。蒋介石表示:"倭寇目的,乃以脱离国联,欲使中日直接交涉,俾国联无从干涉,彼乃可为所欲为,是倭寇内心尚惧国联"⑥,强调"纵使日

---

① 《蒋作宾呈蒋介石函》,1932年8月22日,《一般资料——民国二十一年(二)》,第89页,蒋中正"总统"文物,台北:"国史馆"藏,002-080200-00054-101。

② 《蒋作宾致蒋介石电》,1932年9月13日,《一般资料——民国二十一年(三)》,第362页,蒋中正"总统"文物,台北:"国史馆"藏,002-080200-00055-078。

③ 《日本驻华新使有吉之就任声明书,立志恢复两国从前亲善状态,确立共存共荣为基础之和平》,《中央日报》1932年9月5日,第2版。

④ 《蒋介石日记》(手稿本),1932年8月27日,美国斯坦福大学胡佛研究所藏。

⑤ 《事略稿本》,1932年8月27日,《事略稿本——民国二十一年九月》,第2页,蒋中正"总统"文物,台北:"国史馆"藏,002-060100-00052-027。

⑥ 《事略稿本》,1932年9月3日,《事略稿本——民国二十一年九月》,第8—9页,蒋中正"总统"文物,台北:"国史馆"藏,002-060100-00053-003。

本新任公使提出建议,亦不在《李顿报告书》发表前与日本谈判"①,明确表示了拒绝和日本直接谈判的态度。

为诱使南京国民政府直接谈判,日本在欧洲大肆散布谣言。新任驻法公使和驻国联代表顾维钧赴欧后,发现当地报纸宣称南京国民政府已经派戴季陶赴日接洽,解决东北问题,并且承诺"只要日本抛弃侵攻热河与平津",南京政府"对于日本在东三省之权益不加干涉"。顾维钧急电外交部,询问真相。②蒋介石批示:"戴院长在乡,并无赴日,且恨日甚深,决无此事。且我政府无论如何,决不为此也。"③罗文干也致电顾维钧,否认中日直接交涉传言,表示"目下日使并无与我谈判之意",并宽慰顾维钧称:"此间政策,如有重大变化,总须与在外折冲者接洽办理,请兄放心可也。"据罗文干判断,日本竭力推迟讨论报告书,并匆匆承认伪满洲国,可见报告书的公布不利于日本,如果今后日本诱使中国直接谈判,中国可以根据《李顿调查团报告书》加以拒绝。④

为驳斥谣言、澄清舆论,10月12日,南京国民政府外交部发表声明,声称中国政府对国联的信仰始终不变,"深信经调查团努力,国联必能为中日问题谋一个公平适当的解决方法"。⑤

二、探寻国联解决路径

国联审议《李顿调查团报告书》前,南京国民政府多方设法探听国联和列强解决中日争端的态度和意见。

9月,李顿、麦考益、马柯迪等人完成报告书后,乘船返回欧洲,顾维钧与其同船,赴欧上任。利用同行之便利,顾维钧就报告书提出后中日冲突的解决问题同代表们进行了交流。李顿认为问题的关键在于日本。据其判断,日本之态度不外两种:(一)以"满洲国"已成立为由,不再与中国讨论东北问题,由伪满洲国与中国谈判,并出席国联会议;(二)鉴于国际环境不利,允许在特定

---

① 顾维钧著,中国社会科学院近代史研究所译:《顾维钧回忆录》第二分册,第27页。

② 《顾维钧致外交部电》,1932年9月19日,《搜集日本违法行为资料提交国联调查团(六)》,第60—62页,"外交部"档案,台北:"国史馆",020-010102-0267。

③ 王正华编注:《蒋中正总统档案:事略稿本》(16),第534—535页。

④ 《罗文干致顾维钧电》,1932年9月20日,《搜集日本违法行为资料提交国联调查团(六)》,第114页,"外交部"档案,台北:"国史馆"藏,020-010102-0267。

⑤ 顾维钧著,中国社会科学院近代史研究所译:《顾维钧回忆录》第一分册,第65页。

条件下与中国商议解决办法。李顿称,只要日本提出的条件符合《国联盟约》与《九国公约》,"国联可以同意"。顾维钧表示,如果日本拒绝讨论东北问题,国联应根据盟约第16条对其进行经济制裁。李顿对此表示反对,认为:"经济作战较武力作战为尤酷,因一般民众所受痛苦为最深。现在列强自国正值多故,绝不愿强人民再做重大牺牲,故国际联合会只能本其主张,发表宣言,引起世界舆论之注意与评论,以待将来之变化。"①由李顿的答复可以看出,其并不赞成国联实施经济制裁,而是倾向于中日两国在国联监督下通过协商解决争端。

美国虽非国联会员国,但在解决中日冲突问题上举足轻重。顾维钧在船上询问麦考益根据报告书解决中日冲突是否可能,麦考益称:"报告书叙述事实措辞委婉,所提办法双方当能赞同。公布后,当可缓和日本国内愤慨,而促进解决希望。但日本近已正式承认'满洲国',殊属可虑。"顾维钧进一步追问:如果日本将问题推给伪满洲国,拒绝在国联讨论,岂不形成僵局?届时能否由美国召集《九国公约》签字国会议?麦考益认为:"东省情形复杂且严重,原非可望于短时期内完全解决,亦非一步可了。所虑僵局,报告书内亦曾顾及。国联如无办法,只能试行第二步。"但又称:"本国议会对国联诸多怀疑,故美政府须出之谨慎,但对于东案十分注意。其数月来行动可以证明,此后仍应继续努力。"②从麦考益的谈话可以看出,其主张中日冲突由国联主导解决,美国愿意配合国联,但对援引《九国公约》召开签字国会议持谨慎态度。

意大利代表马柯迪则持相反观点。马柯迪认为,中日问题依据《九国公约》解决更为有效。在和顾维钧的谈话中,马柯迪表示:"如日本不允在国联讨论东案,则《九国公约》明白规定远东遇有新发生之局势,签约国应彼此开诚讨论,此为日本条约上之义务……国联会员五十余国,责任散漫,不如根据《九国公约》讨论,列强专任,无可推诿,而对于日本亦易施压力,使其就范。"③

对于调查团代表的不同意见,顾维钧认为,中日问题解决的关键在于美

① 《外交部致蒋介石电》,1932年9月22日,《搜集日本违法行为资料提交国联调查团(六)》,第60—62页,"外交部"档案,台北:"国史馆"藏,020-010102-0267。
② 《顾维钧致外交部电》,1932年9月26日,《搜集日本违法行为资料提交国联调查团(六)》,第57页,"外交部"档案,台北:"国史馆"藏,020-010102-0267。
③ 《顾维钧致外交部电》,1932年9月26日,《搜集日本违法行为资料提交国联调查团(六)》,第58—59页,"外交部"档案,台北:"国史馆"藏,020-010102-0267。

国："东案无论在国联解决,或须另谋途径,美国态度最关重要。"为此,顾维钧特电外交部,建议加强对美外交,表示"颜使未回美前,嘱施使赴美接洽,颇属要着",并请外交部将施肇基赴美后与美国政府的接洽情况,随时电示日内瓦中国代表团。①

蒋作宾也在日本设法探听各国对解决中日冲突的意见。10 月 9 日,蒋作宾会晤英德两国驻日大使。英国大使表示,"英政府甚尊重其报告书,将维持其审议后之结果。日本恐不肯接受,或再予一警告,因世界皆欲和平,无一国愿战者"。德国大使称,据其观察,法国政府已经改变对美国的态度,只是美国决不肯对日开战。② 两国驻日大使的意见,都是尊重报告书,但担忧日本不肯接受,并推重美国在解决中日问题上的影响力。

在日内瓦,中国代表们多方拜会各国政要和外交界人士,探寻其意见。顾维钧抵欧后,首先拜访了新任法国总理赫里欧(Edouard Herriot)。顾维钧表示,《李顿调查团报告书》发表后,希望各国政府能采取一致态度,促使日方遵从报告书。赫里欧答称,法国、英国和美国曾经协商并且同意对东北问题采取彼此一致的行动,其本人以为第一步应尽力调停,如果调停无效,再由国联依盟约处理,无论如何,民主世界的法治精神不能抛弃。③ 第二天,法国空军部部长班乐卫派代表到使馆会晤顾维钧,表示"赫里欧的党是国民议会中比较激进的社会主义集团",其内阁政策对中国有利,但在处理东北问题上,法国将唯美国马首是瞻,英国也必然要与美国合作。④

在《李顿调查团报告书》发表之后,10 月 26 日,英国外交部代理顾问普拉特(J. Pratt)表示:"国联应接受和赞成调查团报告书竭力引导中日双方在报告书的基础上举行谈判,但国联不应被报告书提出的建议方向所束缚。国联应避免采取过于严厉的态度,一旦中日双方被撮合到一起,国联应追求一种机

---

① 《顾维钧致外交部电》,1932 年 9 月 26 日,《搜集日本违法行为资料提交国联调查团(六)》,第 59 页,"外交部"档案,台北:"国史馆"藏,020-010102-0267。

② 《外交部致蒋介石电》,1932 年 10 月 9 日,《沈阳事变(一)》,第 305—306 页,蒋中正"总统"文物,台北:"国史馆"藏,002-090200-00003-105。

③ 《顾维钧致蒋介石电》,1932 年 10 月 4 日,《一般资料——民国二十一年(六)》,第 148—150 页,蒋中正"总统"文物,台北:"国史馆"藏,002-080200-00058-074。

④ 顾维钧著,中国社会科学院近代史研究所译:《顾维钧回忆录》第二分册,第 50 页。

会主义的政策。"①英国外交大臣西蒙也认为,英国应以国联忠实会员国的姿态行事,尽量避免孤立和引人注目的行为,对于中日双方都要公正,但是一定不要惹日本麻烦。② 英国殖民部也主张英国的行动要极为小心,尽可能地同国联行政院的成员国保持一致。可见英国并不愿意扮演领袖的角色,而是希望在国联框架内促成中日两国在报告书的基础上开展谈判。

中国驻国联代表颜惠庆与出席世界裁军会议的美国代表戴维斯(Norman Davis)有过长谈,讨论列强对中日争端的态度,以及国联可能采取的措施。③戴维斯首先为颜惠庆分析了英法两国的观点:英国保守党人仍然坚信日本代表秩序、安定和力量,不愿得罪一个老盟友,法国决定维护《国联盟约》和各国际条约的尊严,但两国都接受美国的不承认政策,认为日本必须放弃其现行政策而接受报告书。当颜惠庆问及美国国务卿史汀生的态度时,戴维斯说,史汀生不愿意使中日争端变成美日争端,并且在采取进一步措施前,正等待着国联的行动。戴维斯本人相信,国联全体大会将通过一项不承认"满洲国"的决议,但在施加压力的同时,必须给日本下台阶的时间。④

对于欧洲和美国在处理中日问题上自始至终所持的这种推诿态度,顾维钧有过全面分析:

> 美国不是国联的成员,这一点从一开始就使国联深受困扰。在中、日冲突期间,它的非成员国身份使得事情复杂化,妨碍了列强的联合行动,使中国无法对国联多所期望。欧洲列强,即使其中有些国家有时愿对中国进行帮助,也都以美国的态度和支持为条件。它们解释说,欧洲事务缠身,在中日问题上不能完全放手做应做之事;而美国则完全一身轻松,从任何方面说都可以率先行动。欧洲列强不仅三十年代初期如此,在整个

---

① "No. 22 Memorandum by Sir J. Pratt", October 26, 1932, Documents on British Foreign Policy 1919—1939, Ser. 2, Vol. 11, *DBPO*, F 7669/1/10.

② "No. 53 Memorandum by the Secretary of State for Foreign Affairs", Documents on British Foreign Policy 1919—1939, Ser. 2, Vol. 11, *DBPO*, F 8097/1/10.

③ 颜惠庆著,上海档案出版社译:《颜惠庆日记》第二册,上海:上海档案出版社,1996年,第696页。

④ 顾维钧著,中国社会科学院近代史研究所译:《顾维钧回忆录》第二分册,第77—78页。

中日事件中亦复如此。所以当中国在中、日冲突问题上竭力唤起国联的注意和关心的同时,也竭尽全力劝说美国政府。从以后的情况中可以看到,我们曾一再敦促美国发挥其作用,实际上就是使其起主导作用,否则欧洲各国会感到无力采取主动行动,但是美国一直说它不是国联的成员,认为国联对维护世界和平和制止侵略才是责无旁贷的。由于美国公众舆论的情况如此,在国内存在着强大的孤立主义运动而且中立法仍然有效,因此除非国联正式采取一些行动来领导世界,美国是不便率先行动的。①

10月底,日内瓦的各国代表通过私下会晤和试探,已确定正式审议报告书的程序:先由争议双方在国联行政院进行陈述,行政院不作评议,直接把双方陈述连同报告书一起移送国联全体大会。然后国联大会要求十九国委员会讨论和起草一份供双方接受的最后建议,再提交国联大会审议。虽然普遍认为日本不会接受此项建议,但各大国反对采取强硬措施,调停还在进行。② 调解后是冗长的会议程序,国联大会对中日问题的最终审议,已势必拖至1933年。

小　结

报告书发表后,中日之间的外交斗争进入关键阶段。但是此时汪精卫与张学良因热河问题交恶,酿成政潮。汪氏以出国治病为由,挂冠而去。彼时蒋介石正在前线集中力量"围剿"苏区,汪的离职,使蒋、汪合作的局面遭遇顿挫,南京国民政府面临中枢虚化的风险。此外,山东、四川、福建等地接连爆发内战和冲突。国难当前,国内各方势力仍为个人私利斗争,造成恶劣的国际影响。日本则抓住时机,攻击中国为"无组织之国家","危及东亚及世界和平",据此反驳报告书,并为即将召开的国联会议制造舆论。

内政的混乱,对外交造成了严重干扰。日本正式承认伪满洲国后,又压迫

---

① 顾维钧著,中国社会科学院近代史研究所译:《顾维钧回忆录》第二分册,第22—23页。

② 《外交部致蒋介石电》,1932年10月27日,《沈阳事变(一)》,第347页,蒋中正"总统"文物,台北:"国史馆"藏,002-090200-00003-218。

国民政府直接谈判，试图逼迫中方和国际社会承认"既定事实"。内外交困的国民政府拒绝对日直接谈判，一意通过国联途径，以报告书为基础解决中日问题。但是此时国联和欧美列强并未有与日本决裂的准备，依然寄希望在审议报告书前，对中日两国进行最后的调解。绥靖主义的氛围下，南京国民政府为寻求国际社会的同情和支持，只得继续隐忍应对。

结　语

　　"九一八"事变发生后,南京国民政府外临强敌、内困党争,既无力以军事力量进行抗击,又不愿对日直接交涉,采取了将事件国际化、依赖国际组织和国际条约来处理中日问题的策略。正如戴季陶所言:"昔时因无国际组织,各国间亦无相互遵守之公约,故对于外国之侵略,只有和战两途,现在世界既有国际组织,有国际公约,则当然于和战两者之外,有正当之第三途径。"①

　　作为弱国政府,南京国民政府将中日冲突付诸国联的做法,其实既不新鲜也不无道理。从鸦片战争以来,以夷制夷和国际调停一直是历届中国政府处理外交问题的法宝。甲午战后,俄、德、法三国干涉,迫使日本放弃辽东半岛,就是显例。民国成立后,中国外交更趋近代化,但是利用列强之间的利益矛盾与之周旋,依然是外交上的重要御敌之策。1928年的济南惨案虽以中日直接交涉、日本撤兵而告结束,但是彼时以反帝为标榜、奉行"革命外交"的南京国民政府即曾诉诸国联并联络美国,试图以国际力量压制日本。一年后的"中东路事件"中,国民政府再次希冀通过国联来解决中苏冲突问题。此后,南京国民政府与国联的联系不断加强,并逐渐"形成了一种以欧美抑制日本的政策倾向"②。正是在这种政策倾向下,"九一八"事变发生之后,南京国民政府对日实行"不抵抗、不交涉"政策,并将事件提交国联,希望通过诉诸国际公论,寻求国际社会的同情和帮助。

　　为使国联实质性介入中日冲突,南京国民政府在事变之初便一再吁请国联派人调查,并在调查团组建后试图推动其早日来华调查。调查团来华后,国

---

　　① 《戴传贤为述中央外交方针覆某君电》(1931年12月),罗家伦主编:《革命文献》第35辑,第1278页。

　　② 彭敦文:《简论国民政府依赖国联外交政策的形成》,《武汉大学学报(哲学社会科学版)》1999年第1期,第98页。

民政府又尽其所能,予以细致周到的接待,并通过各种方式向调查团反复诉说"九一八"事变和中日争端的真相,全面表达中方的政治诉求,希望影响调查团的立场。为利用调查团来华之机实现中日间的停战撤兵,南京国民政府在蒋介石和汪精卫的主导下调整了对日策略,在东北问题的解决方案上做出重大让步,希望以承认日本的条约权益和东北实行高度自治的方式保全中国对东北地区的主权。此时的调查团,显然已成为南京国民政府依赖国联外交政策的重要凭借。

但是"九一八"之后,国民政府内部的各派力量并未因外侮快速走向协调,中央与地方之间,以及国民党内部的分裂与斗争继续存在,以抗日为手段促成权力重新分配的现象依然不断。内政缺乏应有的稳定性及一贯性,动辄陷入派系和人事的影响中,深刻影响了外交政策。即使是蒋、汪这样的谋国者,在对外政策的考虑上,为避免遭到反对力量的攻击,也往往将国内因素置于国外因素之前。"中国统一,而国民党不统一""九一八空前国难,而政府仍苦于对内"。① 政局的紊乱和派系竞逐的政治结构,在很大程度上成为南京国民政府外交活动的羁绊。此点在国民政府因应国联调查团的全过程中,都有明显体现。

从南京国民政府对国联调查团因应的成效来看,《李顿调查团报告书》在"九一八"事变和伪满洲国两个关键问题上得出了较为客观公正的结论,在公理和道德上支持了中国,使中国赢得了国际社会的普遍同情。1933 年 2 月 14 日,国联大会以四十二票对一票,通过了十九国委员会草拟的国联报告书,并接受该会不承认伪满洲国的建议。在内部机制存在缺陷、欧美列强又奉行绥靖主义的情况下,这一结果已近乎达到了国联解决问题的最大限度。对此,日本只能以退出国联加以反制,从此之后被国际社会孤立。此种情景,恐怕也是首先正式提出调查团派遣案的日本始料未及的。敌我相峙的态势中,日本在外交上的失利,某种程度上也代表了中国在外交上的斩获。从这点上来说,南京国民政府对国联调查团的因应及其依赖国联的外交政策,确有收效之处。

但是,历史形势的发展总是处于不断的变化之中。日本退出国联后,国际仲裁的努力宣告失败,中国在国联也失去交涉对象,中国外交进入阶段性反思和重新定位的抉择中。而彼时的日本,以其气势之盛,以为摆脱了国际约束,

---

① 沈亦云:《亦云回忆》下册,台北:传记文学出版社,1980 年,第 432 页。

对华侵略肆无忌惮,大举向热河、长城一带进犯。中国守军虽在长城抗战中英勇抵抗,终不能改变中日国力悬殊下的战局走向。《塘沽协定》签订后,华北危机日益深重。在此期间,国民政府对日继续采取"一边交涉、一边抵抗"政策,但是在日本的军事进攻和外交压迫下,中国方面无论抵抗还是交涉,都主要表现为不断的退守。而彼时的国联和英美等大国,依然处在绥靖主义弥漫的氛围之中。1933 年 11 月,汪精卫在国民党中央政治会议上作报告,总结"九一八"事变以来的外交成效,称:"自'九一八'事变至本年五月前,外交工作,全为'打锣求救',然国际方面已明示吾人,除道义上同情外,即经济封锁亦难办到,则实力之救助,已成空想。故自五月以来,外交上态度已易为'困守待援'。"[1]言辞之中,充满消极情绪。1934 年,中日局势更趋危急,蒋介石以徐道邻名义发表《敌乎? 友乎? ——中日关系的检讨》一文,检视中日关系的过去与未来应有的发展,希望能打开两国间的僵局。文中将"九一八"事变后未能把握住与日本直接交涉的时机和片面依赖国联和英美,视为中国方面的"错误与失计",认为"英美诸国之干涉固然不见事实,而国联除几次决议以外无表示,除所谓道义同情以外,亦更无力量,当时这种判断的错误,三年后的今日,也已证明"。[2]

　　颇多失望之下,中国虽仍尽量与国联维持合作,但主要诉求已从要求对日制裁转为争取经济技术援助。同时,国民政府以欧美大国为重点,"联美""结英""善俄",积极争取其道义上和经济上的支持。1937 年,中日之间的全面战争爆发,在国联建议下,《九国公约》签字国及其他与远东事务有直接利害关系的国家召开布鲁塞尔会议调解中日冲突,中国政府制裁日本的要求仍被大会拒绝,但是日本也被国际社会进一步孤立。至 1941 年 12 月太平洋战争爆发,蒋介石促成中、美、英、苏联合阵线的抗战目标终于达成,此时一度以抗日派面目示人的汪精卫早已叛国事敌。

　　在不同时空背景下对国民政府依赖国联的外交政策进行长时段审视,不难发现:弱国也有外交,因为国弱,更需要外交。但弱国无法从实力地位出发,

---

　　① 汪精卫:《报告外交情况》,1933 年 5 月,中国国民党中央政治会议第 386 次会议速纪录,转引自吕芳上主编:《中国抗日战争史新编 1:和战选择》,台北:"国史馆",2015 年,第 22 页。
　　② 《蒋委员长对日本的忠告》,秦孝仪主编:《中华民国重要史料初编——对日抗战时期》续编(三),第 622 页。

只能通过国际组织、国际条约和大国之间的制衡,谋求自身利益的最大化。国际关系既为大国所主导,弱国外交必须借助外部条件,只能在大国博弈的缝隙中寻求机遇。受制于人的基本性质,决定了这种外交政策在实施过程的被动性。从南京国民政府依靠国际力量解决中日问题的尝试来看,这一策略既囿于国内各方的共识不足,又为日本侵略野心的不断加强所反制,更严重依赖于国际形势的整体发展,虽然最终一定程度上达成目标,但其过程曲折而艰难。

1932 年 4 月,一贯标榜"不党不私"的《大公报》发表社评,警告政府和国民反省过于依赖国联和调查团的外交政策,内称:

> 自"九一八"以至今日,中国国家之行动,始终不离国联……而今日支配空气,咸认为重要问题者,仍是国联调查团如何,国联特别委员会如何……国联,非不宜呼吁也,一切国际形势之运用,亦非不宜重视也,然究之在人之事耳,而在我者如何? 吾今敢提出一问曰:此半年之重大外患中,究竟政府自身尽职何事? 国民一般努力如何? 此半年中,军事有何改良? 财政有何整理? 军需制造有何筹画? 交通机关有何发展? 各省各县之政治,有何策进? 贪污去否? 练兵勤否? 各地人民太甚之苦痛,曾谋减除否?……
>
> 所谓外交者,特牵制外患之具耳,欲专赖外交以巩固国家,必无是理。况中国所缺者,并非国际形势。就形势论,中国远较日本有利,其所缺者,只是本身之力量。非特物质的力量也,精神的力量关系亦巨。吾敢断言:苟中国之政治能对得起四万万人民,则必然可以攘外而中兴。[1]

外交与内政,本一体之两面。内政与外交协调发展,弱国外交才有希望。国必自伐,而后人伐之。修明内政,一致对外,是救国的基本工作,也是"九一八"之后国人的一致呼声。如何统整各方力量、团结御侮,是南京国民政府因应中日问题最脆弱的环节,也是其在当时历史条件下,除了争取国际同情和援助之外,所面临的最重要考验。

---

[1]《警告政府国民反省》,《大公报》(天津)1932 年 4 月 17 日,第 2 版。

附　录

附录一　国联调查团成员名单

委员长：

[英]李顿爵士(The Rt. Hon. The Earl of Lytton)

委　员：

[法]克劳德将军(General Henri Claudel)

[美]麦考益少将(Major General Frank Ross McCoy)

[意]马柯迪伯爵(Count Luigi Aldrovandi Marescotti)

[德]希尼博士(Dr. Albert Hermann Heinrich Schnee)

秘书长：

[法]哈斯(Mr. Robert Hass)，国联秘书处交通部部长

秘　书：

[荷]皮尔特(Mr. Ald)，国联秘书处情报部部员

[德]万考芝(H. V. Von Kotze)，国联秘书处情报部部员

[意]卡尔利(E. O. Charrere)，国联秘书处情报部部员

[捷]派斯塔柯夫(Vladimir Pastuhov)，国联秘书处政治部部员

[英]爱斯托(W. W. Astor)，国联秘书处临时人员，李顿私人秘书

[法]助佛兰(P. Jouvelet)，法国军医，克劳德私人助理

[美]皮特尔(Lieut Biddle)，麦考益私人助理

[法]迪藩勒(Mr. De Peyre)，法国驻横滨副领事，日文翻译

[日]青木(Mr. Aoki)，国联秘书处情报部部员

[中]吴秀峰(Dr. Wou Sao Fong)，国联秘书处情报部部员

专家顾问：

［美］杨华特(C. Walter Young)，纽约世界时事社远东代表

［美］勃来克斯雷(G. H. Blakeslee)，美国克拉克大学教授

［美］道夫门(Ben Dorfman)，学士，硕士

［法］台纳雷(M. Dennery)，法兰西大学助教

［加］希爱慕(T. A. Hiam)，加拿大国家铁路公司职员

［荷］开脱盎格林诺(A. D. A. de Kat Angelino)，博士

［英］莫思(G. S. Moss)，英国驻威海卫领事

附录二　国联调查团在关内会见的人员和机构名单

上海(1932 年 3 月 14 日—26 日)

3 月 16 日,国联调查团会见上海公共租界工部局总董麦克诺登(E. B. Macnaghten)。

3 月 17 日,国联调查团会见中国海关总税务司梅乐和(Frederick Maze)。

3 月 18 日,国联调查团会见"一·二八"事变时日军指挥官盐泽幸一少将和野村吉三郎中将。

3 月 19 日,国联调查团会见中国盐务署主要官员。

3 月 22 日,国联调查团会见上海日本商会代表,会见上海工商界代表,会见日本外相芳泽谦吉特派私人代表松冈洋右。

3 月 23 日,国联调查团会见上海银行界代表。

3 月 24 日,国联调查团会见南京国民政府救济水灾委员会常务委员朱庆澜。

3 月 25 日,国联调查团会见上海商会代表,会见上海战区难民救济会代表,会见上海各工会代表,会见中国基督徒代表,会见中国女权运动同盟会代表,会见广东各商行驻上海代表。

南京(1932 年 3 月 26 日—4 月 1 日)

3 月 29 日,国联调查团同南京国民政府当局进行会谈。

3 月 30 日,国联调查团会见中国国联同志会理事程锡庚等人,会见南京各大学代表。

3 月 31 日,国联调查团会见国民外交协会代表,会见农工商教团体代表,第二次同南京国民政府当局进行会谈。

4 月 1 日,国联调查团会见中国新闻界代表,第三次同南京国民政府当局进行会谈,李顿单独约见军事委员会委员长蒋介石。

汉口(1932 年 4 月 4 日—4 月 5 日)

4 月 4 日,国联调查团会见国立武汉大学代表,会见汉口工商界代表,会见汉口新闻界代表。

4月4日,国联调查团会见汉口各工会代表。

4月4日,国联调查团会见汉口英国商会代表皮科克(C. E. Peacock),会见湖北邮政专员里奇(W. W. Richie),会见日本驻汉口总领事坂根准三和日本租界商会代表。

南京(1932年4月7日)

4月7日,国联调查团由武汉返回南京,与外交部部长罗文干进行会谈。

天津(1932年4月9日)

4月9日,国联调查团会见了天津市知名人士(南开大学、新闻界、商业界、银行界、教育界、妇女协会、商会代表),会见东北旅津同乡会人士。

北平(1932年4月9日—4月19日)

4月11日,国联调查团会见英美烟草公司驻沈总经理康特(A. S. Kent)。

4月11日,国联调查团会见前东北矿务局总办王正黼。

4月12日,国联调查团同张学良进行第一次会谈,会见东北政府原任高级官员,会见翟文选、刘尚清、刘哲、蔡运生,会见国联同志会代表熊希龄等人。

4月13日,国联调查团会见东北军参谋长荣臻和沈阳北大营指挥官王以哲,会见《巴黎日报》特约记者阿尔伯特·隆德雷斯,同张学良进行第二次会谈。

4月14日,国联调查团会见满蒙王公代表,会见日本驻北平使馆代办矢野真、北平日侨代表、天津日本领事桑岛、天津日军代表竹内等人,同张学良进行第三次会谈。

4月15日,国联调查团会见东北各法团民众代表,会见北平文化机关及学术团体代表,会见北平各大学教授代表,同张学良进行第四次会谈。

4月16日,国联调查团会见张作相和万福麟,会见日本驻北平公使馆助理武官永津中佐,会见东北难民代表,会见东北各大学教授代表。

4月19日,国联调查团会见青岛市市长沈鸿烈,会见热河省政府主席汤玉麟私人代表关菁保等人。